精研细磨话经典
——《论语》今读

司庆奎　宋继和　徐　静　编著

吉林大学出版社

·长春·

图书在版编目（CIP）数据

精研细磨话经典：《论语》今读 / 司庆奎，宋继和，徐静编著. -- 长春：吉林大学出版社，2020.7
ISBN 978-7-5692-6724-2

Ⅰ.①精… Ⅱ.①司… ②宋… ③徐… Ⅲ.①儒家②《论语》-研究 Ⅳ.①B222.25

中国版本图书馆CIP数据核字（2020）第126112号

书　　名	精研细磨话经典：《论语》今读
	JINGYAN-XIMO HUA JINGDIAN——《LUNYU》JIN DU
作　　者	司庆奎　宋继和　徐　静　编著
策划编辑	李伟华
责任编辑	安　斌
责任校对	李伟华
装帧设计	王　艳
出版发行	吉林大学出版社
社　　址	长春市人民大街4059号
邮政编码	130021
发行电话	0431-89580028/29/21
网　　址	http：//www.jlup.com.cn
电子邮箱	jdcbs@jlu.edu.cn
印　　刷	三美印刷科技（济南）有限公司
开　　本	787mm×1092mm　1/16
印　　张	13.5
字　　数	320千字
版　　次	2021年3月　第1版
印　　次	2021年3月　第1次
书　　号	ISBN 978-7-5692-6724-2
定　　价	48.00元

版权所有　翻印必究

前言

2014年习近平在主持十八届中央政治局第十三次集体学习时指出："要讲清楚中华优秀传统文化的历史渊源、发展脉络、基本走向，讲清楚中华文化的独特创造、价值理念、鲜明特色，增强文化自信和价值观自信。要认真汲取中华优秀传统文化的思想精华和道德精髓，大力弘扬以爱国主义为核心的民族精神和以改革创新为核心的时代精神，深入挖掘和阐发中华优秀传统文化讲仁爱、重民本、守诚信、崇正义、尚和合、求大同的时代价值，使中华优秀传统文化成为涵养社会主义核心价值观的重要源泉。要处理好继承和创造性发展的关系，重点做好创造性转化和创新性发展。"他格外突出爱国主义为核心的民族精神和改革开放为核心的时代精神的重要意义，将中华优秀传统文化的时代价值，概括为"讲仁爱、重民本、守诚信、崇正义、尚和合、求大同"十八个字。而《论语》书中有许多内容，就与这些论述直接相关。

作为马克思主义中国化的重要理论来源之一——中华民族优秀传统文化，早在新民主主义革命时期，毛泽东就指出："中国现时的新政治新经济是从古代的旧政治旧经济发展而来的，中国现时的新文化也是从古代的旧文化发展而来，因此，我们必须尊重自己的历史，决不能割断历史。"后来他又明确要求："从孔夫子到孙中山，我们应当给以总结，继承这一份珍贵的遗产。"进入改革开放和社会主义现代化建设时期，邓小平更强调："要懂得些中国历史，这是中国发展的一个精神动力。""我们要用历史教育青年，教育人民。"江泽民、胡锦涛对继承与弘扬中华优秀传统文化也有过多次重要论述。

随着中国特色社会主义建设进入新时代，站在坚定文化自信的历史高度，习近平多次强调，弘扬爱国主义精神，必须尊重和传承中华民族优秀的历史和文化传统。对祖国悠久优秀的历史文化的理解、接纳、继承与发扬光大，是当代人们爱国主义情感培育和发展的基础性条件，是社会主义核心价值观的重要精神资源，是建设中国特色社会主义的主要精神支撑。中华优秀传统文化是中华民族的精神命脉。要努力从中华民族世世代代形成和积累的优秀传统文化中，汲取营养和智慧，萃取思想精华，展现其在新时代的重要作用和精神魅力。

儒家思想中有相当多的内容，作为优秀传统文化的重要组成部分，在中国古代社会的发展进程中长期占据主导地位，其影响力甚至超越国度，对世界尤其是东亚与东南亚各国的政治、经济、人文以及社会的各个方面，都产生了深远的巨大影响，为人类文明的进步作出了重大贡献。在纪念孔子诞辰2565周年国际学术研讨会上致辞时，习近平指出："研究孔子、研究儒学，是认识中国人的民族特性、认识当今中国人精神世界历史来由的一个重要途径。"他进而强调，对于包含儒家有关思想在内的优秀传统文化，要坚持古为今用、以古鉴今，扬弃这份宝贵的精神遗产，努力实现传统文化的创造性转化、创新性发展，以为中国特色社会主义事业服务。

正是本着这一方针，我们编著了《精研细磨话经典——〈论语〉今读》。作为记录孔子及其弟子言行的一部书，《论语》集中地体现了孔子的道德伦理思想、政治思想、教育思想等，是儒家最重要的基本典籍。也正是因其在儒学中的重要地位，历史上众多学者为之做出注疏，为我们今天准确理解孔子的思想精髓提供了有益借鉴。当前，社会上关于《论语》解读的书籍可谓汗牛充栋，但总体来看，严肃性的学术著作不适宜做普及性读物，而通俗性的作品又往往失之学理性的严谨，更有一些主观随意胡乱解读的著述书籍，严重误导了人们对于《论语》这部经典的正确认知。因此，我们试图在保证学术严谨性的前提下，以通俗的文笔编著一本适合广大群众，尤其是当代青少年朋友阅读的《论语》的书籍，这就成为本书写作的初衷与根本目的。本书如果说有特色的话，就是力争达到科学性、学术性、通俗性、普及性与大众性的有机统一。另外，每一题最后都写有一首短诗概括本题内容，也算是本书的一个创新。相信本书将对生活在当今社会的人们正确理解《论语》思想，具有一定的参考价值，尤其是对于继承儒学传统文化的精华和弘扬社会主义核心价值观，具有重要的借鉴意义。

儒家文化中的精华部分，魅力在于其饱含的丰富哲学思想、人文精神、道德范畴和先进的教育理念，具有超越时空而又与时俱进的旺盛生命力和永恒感染力。我们编著本书的目的，就是要为身处新时代的广大人民群众，尤其是青少年朋友做点普及性的贡献。倘若有读者因为这本书，而热爱上优秀儒家文化，我们将感到不胜荣幸。

司庆奎

目录

总述篇

一、孔子其人 ... 3
二、《论语》书名的确定与解读 ... 6
三、《论语》的编纂与成书年代 ... 8
四、《论语》在中国人心中的地位 ... 9
五、《论语》主旨"仁"与"礼" ... 11
六、《论语》的历代传本 ... 13
七、《论语》对世界的影响 ... 15

省诚篇

八、退而省其私，亦足以发 ... 19
九、有若无，实若虚 ... 20
十、义之与比 ... 22
十一、邦有道不废 ... 24
十二、言不及义，好行小慧 ... 26
十三、人而无信，不知其可也 ... 27
十四、君子贞而不谅 ... 29
十五、吾斯之未能信 ... 31
十六、吾止，吾往 ... 33
十七、多闻阙疑，多见阙殆 ... 34
十八、乡愿，德之贼也 ... 36
十九、士不可以不弘毅 ... 38

交 往 篇

二十、吾道一以贯之 43
二十一、有朋自远方来，不亦乐乎 44
二十二、人不知而不愠，不亦君子乎 46
二十三、君子成人之美 47
二十四、朋友数，斯疏矣 49
二十五、恂恂如也，侃侃如也 51
二十六、性相近也，习相远也 52
二十七、君子周急不继富 54
二十八、不念旧恶，怨是用希 56
二十九、躬自厚而薄责于人 57
三十、德不孤，必有邻 59
三十一、为人谋而不忠乎 60
三十二、以直报怨，以德报德 62

中 庸 篇

三十三、学《易》，可以无大过矣 67
三十四、先行，其言而后从之 69
三十五、三思而后行 70
三十六、中庸之为德也，其至矣乎 72
三十七、君子和而不同，小人同而不和 74
三十八、仁者先难而后获 77
三十九、博学而无所成名 78
四十、工欲善其事，必先利其器 80
四十一、过而不改，是谓过矣 81
四十二、不怨天，不尤人 83
四十三、患不得之，患失之 85
四十四、君子不以绀緅饰 86

做 人 篇

四十五、巧言令色，鲜矣仁 91
四十六、见义不为，无勇也 93

四十七、骄且吝，其余不足观也 …………………………… 94
四十八、岁寒，然后知松柏之后凋也 …………………… 96
四十九、道不同，不相为谋 ……………………………… 98
五十、益者三友，损者三友 ……………………………… 100
五十一、君子坦荡荡，小人长戚戚 ……………………… 101
五十二、益者三乐，损者三乐 …………………………… 102
五十三、唯女子与小人为难养也 ………………………… 104

孝 贤 篇

五十四、见贤思齐 ………………………………………… 109
五十五、孟懿子问孝，子曰："无违。" ………………… 111
五十六、父母在，不远游 ………………………………… 113
五十七、枨也欲，焉得刚 ………………………………… 115
五十八、未能事人，焉能事鬼 …………………………… 117
五十九、无欲速，无见小利 ……………………………… 118
六十、朝闻道，夕死可矣 ………………………………… 120
六十一、其心三月不违仁 ………………………………… 121
六十二、非敢后也，马不进也 …………………………… 123

仁 智 篇

六十三、不知其仁，焉用佞 ……………………………… 129
六十四、知者不失人，亦不失言 ………………………… 131
六十五、知者乐水，仁者乐山 …………………………… 132
六十六、侍于君子有三愆 ………………………………… 134
六十七、辞达而已矣 ……………………………………… 136
六十八、观过，斯知仁矣 ………………………………… 138

义 利 篇

六十九、逝者如斯夫，不舍昼夜 ………………………… 143
七十、不以其道得之，不处也 …………………………… 144
七十一、与其奢也，宁俭 ………………………………… 146
七十二、苟合，苟完，苟美 ……………………………… 148
七十三、既往不咎 ………………………………………… 149

七十四、人无远虑，必有近忧……………………………………… 151
七十五、匹夫不可夺志……………………………………………… 153

治 道 篇

七十六、动之不以礼，未善也……………………………………… 157
七十七、君子矜而不争，群而不党………………………………… 158
七十八、不在其位，不谋其政……………………………………… 160
七十九、为政以德…………………………………………………… 162
八十、小不忍则乱大谋……………………………………………… 164
八十一、道之以德，齐之以礼……………………………………… 166
八十二、父为子隐，子为父隐……………………………………… 168
八十三、刚毅木讷近仁……………………………………………… 170
八十四、有道则见，无道则隐……………………………………… 171
八十五、先之劳之，无倦…………………………………………… 173
八十六、尊五美，屏四恶…………………………………………… 175
八十七、克己复礼为仁……………………………………………… 177
八十八、人而不仁，如礼何………………………………………… 179

教 学 篇

八十九、温故而知新，可以为师矣………………………………… 183
九十、学而不思则罔，思而不学则殆……………………………… 184
九十一、知之为知之，不知为不知………………………………… 186
九十二、学而不厌，诲人不倦……………………………………… 188
九十三、知之者不如好之者，好之者不如乐之者………………… 190
九十四、三人行，必有我师焉……………………………………… 192
九十五、当仁，不让于师…………………………………………… 193
九十六、学而时习之，不亦说乎…………………………………… 195
九十七、有教无类…………………………………………………… 196
九十八、毋意、毋必、毋故、毋我………………………………… 198
九十九、由也升堂矣，未入于室也………………………………… 200
一百、敏而好学，不耻下问………………………………………… 202
一百〇一、因材施教………………………………………………… 203
后记…………………………………………………………………… 206

总述篇

一、孔子其人

孔丘，字仲尼，他的学生以及后世的中国人为了表示对他的尊敬或尊崇，习惯上把他称为"孔子"或"孔夫子"。孔子是中国历史上最早、最伟大和最有影响的思想家、政治家、哲学家之一，也是中国乃至世界历史上最伟大的教育家。两千多年来孔子都被尊奉为中国封建社会的"圣人""贤哲"。他对中国传统文化和中国人民心理的形成，都产生了极大的甚至是决定性的影响。以致后人对他的家世与生平，也做了许多带有神秘色彩的描绘和不切实际地神话。

那么孔子究竟是个什么样的人呢？且让我们根据相关史料来具体叙述一下。

公元前551年（周灵王二十一年，鲁襄公二十二年）9月28日（夏历八月二十七日），孔子生于鲁国陬邑（今山东曲阜东南尼山附近）。其父名叫叔梁纥，是个具有"武士"身份和陬邑大夫官职的士人，先世为宋国贵族；母亲是出身于平民的颜征在。在孔子3岁时，年近7旬的父亲叔梁纥去世。母亲只好带着年幼的孔子和孔子的哥哥，回到鲁城曲阜的娘家。从此，孤儿寡母相依为命，艰难度日。孔母颜征在所处的生活困境，是不难想象的。但是，这位令人尊敬的伟大母亲，不畏艰难，含辛茹苦，依靠自己纺线织布，饲养禽畜，田间耕作来艰难度日。她把自己全部生活的希望，都寄托在儿子身上。

孔子从小就尝到了贫民生活的艰辛，说"吾少也贱"，亲眼看见了母亲为抚养自己而付出的血汗和辛劳。懂事后，他特别强调"孝"道，应当说，除了时代与伦理的因素外，与他个人早年的生活经历也有密切的关系。为了减轻母亲的负担，也为了抚慰母亲孤苦的心灵，孔子很小就帮着母亲干一些杂活。

少年时期的孔子最突出的特点就是勤奋好学。他不仅在为平民子弟开设的学校里如饥似渴地学习各种知识，而且随时注意向周围学有专长的人们学习请教，真正做到了"学而不厌"。从儿童时代起，他就对当时的礼乐制度有着特殊的爱好，与小朋友做游戏时，经常摆上泥做的俎豆等礼器，并模仿大人，练习各种礼仪。鲁国是西周以来东方的文化中心，曾以完备的礼乐制度为各个诸侯国所倾慕。正是这些特有的文化气氛和深厚的礼乐渊源，为孔子身心的健康成长提供了沃土肥壤，使他如鱼得水，能够早日成才。

孔子大约在15岁之前，就学习了一般性的文化知识和射御之类的基本技能。可是由于家境贫寒，他没有条件进入为贵族子弟设立的专门学校深造，只能通过自学来提高自己的水平。从15岁开始，他就下功夫学习《诗》《书》等历史典籍，同时还学习在当时仍有广泛用途的礼和乐。虔心向学的他经常进入鲁国的太庙学习研究，遇有不明白的问题，就虚心向有关人士请教，不断使自己得到提高。另外，他还常到已故鲁国各位国君的祀庙中参观考察，辨识各种文物典籍，了解西周和鲁国的历史，学习天文与地理方面的知识。他在自学的道路上开拓前进，以此作为人生的一大乐事。对待学习他总是孜孜不倦，始终保持着"不耻下问"的好学精神。他深有体会地说："三个人在一起行走，其中必有一人能做我的老师。"他对自己唯一感到骄傲的是："即使只有十户人家的小村庄，也一定会有像我一样讲究忠信的人，只是他们不如我好学罢了。"

就在孔子学问日益长进的时候，与他相依为命、终日操劳的母亲却一病不起，撒手人寰。这一年孔子刚满17岁。由于父亲去世时，他年纪尚幼，因此，不知父亲葬在何处。但悲痛欲绝的孔子以深沉的孝心，感动了知情人，请其讲出了父亲的墓址，然后倾其所有，殡葬母亲，并如愿以偿地使父母合葬。

母亲死后，为生活所迫，孔子开始从事相礼助丧的职业（丧祝），专门为贵族和比较富裕的平民处理丧葬之事。从事相礼助丧的人，要身穿特制的礼服，头戴特制的帽子，当时称"襦服"，襦与儒同音，人们就逐渐称从事丧祝的人为儒。由于孔子长期从事这一职业，他所创立的学派就被称为"儒家"学派了。因为孔子很有学问，在丧祝活动中做得很出色，所以许多显赫的贵族也来请他处理丧事，使他的名气声望愈来愈高，连鲁国国君也注意到他了。孔子20岁时与宋国的亓官氏结婚，次年亓官夫人为孔子生下一个儿子。鲁昭公得到信息后，立即派人送来一条鲤鱼，表示祝贺。孔子受宠若惊，就给儿子起名"鲤"，字"伯鱼"，表示不忘对鲁昭公恩赐鲤鱼的感恩之情。此事令原来并不怎么看重孔子的贵族，也开始对他刮目相看。很多人登门向他请教文化知识和礼仪方面的问题，使他的知名度大大提升。他终于以自己的努力赢得了上流社会的尊重。

掌握鲁国国政的三家大夫也注意到了孔子的才能，季孙氏决定把孔子招到自己属下，发挥他的作用。先安排孔子担任"委吏"，负责管理仓库。孔子兢兢业业，认真负责，展现了很强的理财能力。第二年又安排孔子为"乘田"，管理季孙氏家族的整个牧场。孔子专心致志，把牧场管理得井井有条。在做好这些工作的同时，孔子利用空闲时间，更加孜孜不倦地学习新知识。他越学越感到自己的不足，越学越感到传承民族文化的重要性和紧迫性。因此，他珍视每一个学习机会，随时向学识渊博或有一技之长的人学习。他看到当时政局动荡、战乱不休，认识到如果不及时收集、整理传统的文化典籍，并予以广泛传播，就有可能中断中华民族文化的传承。于是他下决心承担起这个整理、继承与传播文化的任务，为此，就要开办私学。

大约在孔子30岁的时候，他开创了中国历史上学问私家传授的新局，招收各地的学子开始了正式的教书生涯，并且终身乐此不疲，成为中国历史上最伟大的教育家。他开创的儒家学派也成为中国历史上与教育联系最密切的学派。在中国这块古老的土地上从夏朝到春秋中期，长达1500年左右的历史，学校都是官办的，教育资源完全由官府垄断。这种封闭的、由少数人垄断的教育制度，已越来越不适合社会发展的需要。春秋后期，郑析、少正卯等就尝试着创办私学，但他们办学的规模和影响远远不如孔子。孔子创办私学时间虽不是最早，但是规模最大、持续时间很长的，更重要的是培养了一大批有突出才干的学生。尤其是他在办学方针、教学内容和教学方法上的大胆创新，在中国教育史都上做出了开拓性的贡献，产生了深远的影响，因此被后人视为中国古代教育的祖师，可以说他是当之无愧的。

孔子最早设立的学校，地点在鲁国国都阙里，也就是今日孔子的故居。后来因地方狭小而迁到今曲阜的杏坛附近。孔子一生从事教育40多年，弟子数以千计，据史料记载有学生3000之多，其中品德优良、才华出众者72名。他的学生遍布当时各国，不少人慕孔子大名不远千里，登门求教，彻底打破了以往贵族学校对学生国别的限制。从学生的出身来看，有的属于士阶层，有的是商人，还有相当多的平民子弟，甚至有"贱人""野人"出身的。说明孔子的教育活动，完全实践了他的"有教无类"的办学方针。

孔子遍读鲁国史籍后，决心到周朝国都洛邑（河南洛阳）参观学习。昭公二十四年三月，孔子终于到达了心向往之的洛邑城。他重点考察了礼制和文物典籍。周王室收藏的大批文献史料，使他大开眼界，也为他晚年修订《春秋》准备了条件。在洛邑最有意义的活动，就是孔子与担任周王室守藏史即国家图书馆和博物馆馆长的老子的会见。虽然两人思想观点不同，但老子那新颖、独到、智慧、精辟的见解，对孔子还是极富启迪意义的。特别是在晚年，孔子淡泊名利，主张与大自然融为一体的思想情操，很难说没有老子思想的影响。三个月以后，孔子回到鲁国，但此时的鲁国已陷入统治阶级争权夺利的内乱之中。听说齐国国君贤明，孔子只好到齐国碰碰运气。在齐国，他会见了齐相晏婴，由于两人观点有许多根本性分歧，孔子当然无法有所作为。一年后，孔子只好又回到鲁国。

他决定置身贵族争权恶斗漩涡之外，拒绝当官，甘愿过清贫生活，专心从事教育事业。从40岁到50岁的10多年间，孔子上下求索，逐渐走向成熟，创立了自己的理论体系。他在理论上的最大成就，就是用"仁"对"礼"进行了改造，提出并完善了"仁学"理论。这一理论在中国思想史上具有重大意义，对中国传统文化产生了深远影响，永远值得后人珍视、研究、继承和发扬。

鲁国内乱平息后，为了改善国家形象，大约在鲁定公九年（前501年），统治者任命孔子担任地方官中都宰。只干了一年，孔子就使中都的面貌焕然一新。因此，鲁定公将孔子提拔为管理国家工程事务长官的副手——小司空。政绩突出的孔子很快又被提升为司寇，成为鲁国最高的司法行政长官。在司法活动中，孔子遵循的原则是教化为主，决不滥用刑罚加重平民痛苦。另外，孔子还参与了鲁国大量的内政外交活动。孔子任司寇的时间只有3年，却尽职尽责地履行职责，使鲁国在社会治安上出现了良好的新局面，表现了他是一个有理想、讲原则，善于处理复杂问题的政治家的一面。

沉湎于享乐的鲁定公懒于政事，于是孔子辞官，带领将近10名学生先到卫国。住了较长一段时间，不被卫灵公信用，只好带着学生们到了宋国。眼见宋国已经丧失了复兴的希望，孔子又带着弟子走到郑国。后来又经历了在陈国、蔡国断粮的困境，才满怀希望地到了楚国。但在楚国3年，却被统治者冷落不理，孔子返回故国的愿望日益强烈起来。约在鲁哀公九年（前486年），孔子带着弟子们离开楚国，踏上了北返之路。路过陈国国都宛丘时，他得了一场大病，几乎丧命。次年病体痊愈的孔子与弟子回到了6年前离开的卫国国都帝丘，看到卫国在新君和贤臣的治理下，已呈现出安定繁荣的景象。孔子虽受到卫出公等的礼遇，但卫国君臣却对孔子的政治理想持怀疑态度，因此尽管礼遇有加，但却不予任用。孔子则利用这个机会，有意识地搜集、积累了关于"礼"的各种材料，为日后整理古代文献做准备。一年后，鲁国派出使臣到卫国恭迎孔子返回故国。他从54岁离开鲁国，到68岁回来，历时整整14年，到过卫、宋、曹、郑、陈、楚等许多国家。虽然当权从政、大展宏图的政治理想未能实现，但却极大地丰富了阅历、增长了才干，进一步深化完善了理论体系，并通过自身言行以及在各国从政的学生，为日后儒家学说传播做了准备。这一阶段他根据对政治与社会生活的深入观察，提出了"中庸""正名"等儒学的重要范畴，标志着儒家学说的成熟。

鲁哀公十一年九月，孔子与弟子终于回到了鲁国，在国都城下，受到热烈欢迎。由于孔子年事已高，不宜担任实职官员，国君决定给予退休大夫的待遇。老年孔子除继续教育学生外，最主要的工作，就是潜心于《诗》《书》《礼》《乐》《易》《春秋》六经的整理。这是他对中国古代文化成果的一次总结,也是他对中华民族的巨大贡献。此时的他也有内心矛盾纠结无法摆脱,一方面,他的理想、性格和处世态度,使他不能忘情于政治,对各国发生的大事,特别是鲁国发生的一切,一定要表明自己的政治态度;另一方面,他又看到,自己对当时政治走向的影响,越来越小了,只能心有不甘地看着时代航船向着他不愿意看的方向驶去。对此,他只能困惑、迷惘、忧愁间或还有愤怒,却又无可奈何。不幸的是,他唯一的儿子孔鲤在他70岁时先他而去,老来丧子的伤痛,情何以堪。接着,他的3个得意弟子冉耕、颜渊、子路,又先后死去,这一连串的打击,几乎要把这位年过七旬的老人打倒。他只能借助读书来排解心中的哀痛与悲伤,他的生命之火快要油尽灯干了。鲁哀公十六年二月十一日,在病榻上的孔子安详地停止了呼吸。

孔子的病逝,震动了鲁国,上至鲁哀公,下至平民百姓,纷纷前往哀悼吊唁,他的弟子们更是像对待亲生父亲一样为之守灵尽孝。悼念活动结束后,他的弟子把他安葬在鲁城北面、洙水之阳的墓地。一代哲人走完了他73年不平凡的历程,永远长眠在了生他养他的齐鲁大地上。

可谓:孔丘生平历磨难,仁礼道义担双肩;
奠基私学多贡献,华夏圣人后世传。

二、《论语》书名的确定与解读

书名是一本书的内容、性质与体裁的重要标志。而古人与今人一个很大的不同,就是在著书之前,还没有形成先为书命名的习惯,书名都是后来才定下来的,例如《诗经》《史记》,等等。《论语》的书名也是这样,是在完成许多年后由后人命名的。

首先,我们来看《论语》书名确定的时间。

《论语》成书后,曾被称为《论》《语》《传》等多种书名,称《论》时,又有《齐论》《鲁论》与《古论》等不同说法。至于《论语》之名何时确定下来,在两汉时代就已有多种说法。学术界对此问题讨论的焦点,主要集中在两个方面:一是定于成书之时,二是定于孔子后人西汉的孔安国。认为定于成书之时的,主要依据是《礼记·坊记》,以杨伯峻先生为主要代表,不过杨先生还谈到其他观点,可见,他对此说的主张并不是十分坚定。综合来看,此说破绽是比较明显的,早已有学者指出,若《论语》之名是由孔子之孙子思在编纂此书时就已确定下来,那么子思的再传弟子孟子不可能不知道,但《孟子》书中却没有一处提到《论语》这部儒学经典著作,这是不可想象的。另外,晚于子思的荀况、韩非等战国时期著名的思想家也没有提到《论语》一书的书名。可见,《论语》成书于编纂之时是缺乏根据的,或者说根据是很不充分的。东汉的唯物主义哲学家与大学者王充认为,《论语》一书定名于西汉的孔安国,并在《论衡·正说篇》中做了论述。现代学者金德建先生,对此又做了进一步考证,从孔安国的学生司马迁所著《史记·仲尼弟子列传》中,已经明确使用《论语》书名一事来看,可以说这一论点为此提供了有力证据,即:有力证明了西汉武帝时的孔安国为《论语》确定书名的史实。当然这个问题还可以继续讨论。不过从现有的材料来看,《论语》书名确定于孔安国的说法,好像根据更充分一些,起码比其他说法更有根据。

其次,我们试对《论语》书名做出尽可能准确的解读。

"论语"书名的含义应当怎样理解,关键是对"论"字的解读。对此,前人已有多种不同的解释,我们先来简单看一下。其一,东汉的刘熙与南北朝的刘勰认为,"论"实际是"伦理"之谓,既有"伦理道德"的意思,又有"有条理地叙述之语"的含义。对此杨伯峻先生已明确指出其不当之处。其二,宋代的邢昺认为,论语的"论"字是"经纶"之意,也可理解成圆转无穷的"轮"字,"论"即蕴含着天下万理。这样的解释把"论"字说成无所不包的理论,将《论语》完全神秘化了。日本学者藤冢邻予以了有力批驳。其三,宋代的陈祥道认为,"言理则谓之'论'",因此《论语》就是孔子言理以答学者的语录。有的学者早就指出,这是陈祥道将"论"字拆解成"言""仑"两字,来加以分析,与孔子"诲人不倦"之意相差甚远。其四,元代何异孙认为,"论"即"讨论"之意,《论语》就是孔子与弟子讨论问题的话语,清代的袁枚和现代学者匡亚明也基本赞同此说。但也有学者指出,《论语》中虽有许多对话,却也有许多记述孔子行状及其弟子事迹的材料,同时也有许多不是对话的语录式的话语,而且对话主要是一问一答式,很难统称为"讨论"。其五,日本学者藤冢邻认为,"论"即"定论"之意,因此,"'论语'就是由孔子论定的先王留下来的格言"。可以说这是后人从对《论语》仰视与称颂角度来讲的,其中充满了对孔子的敬仰之情。但记载孔子行状事迹的内容是不宜做此解读的,而且从书中所记的话语中分析,很难说有多少是先王留下来的格言。其六,今人刘义钦先生将"论"字界定为"选择",因此认为《论语》书名的确切含义是"选纂的孔子言语"。此说虽得到部分学者赞同,但敖晶女士认为从"论语"篇章、体裁来看,此说皆不能成立。而且《论语》中所记并不全是孔子言论。其七,当代学者唐明贵综合"论""语"二字在古籍中的含义,尤其是借鉴了国学大师章太炎先生的意见,提出"论语"的准确含义应是,编纂在一起的孔子及其弟子的话语。此说虽比较贴切、平实,但《论语》中又不全是孔子与弟子的话,还有孔子答"时人"的话,因此,依然显得不够周密。其八,今人韩喜凯先生根据上述解说,参照《汉书·艺文志》解释,将《论语》解释为"孔子应答弟子时人及弟子相与言而接闻于夫子之语"的记录。

以上八种解释,可以说唐明贵、韩喜凯先生的说法,可能更确切一些,但也存在着忽视《论语》中记载孔子及其弟子行状与事迹内容的不足。因此,笔者斗胆试着提出粗浅看法:《论语》主要是记录孔子及其弟子与时人谈话精华的言论集,同时也对孔子及其部分弟子的行状事迹做了概要记述。当然笔者的解读可能也不准确,甚至还不如上面的八种说法合适。但对《论语》书名的不同看法,并不影响这部名著的思想光芒。

对于《论语》书名的解读,尽可以见仁见智,各抒己见。相信随着讨论的深入进行,学界会得出比较一致的认识,并且是更加准确的解读,以使这部名著发挥出更大的作用!

正是:《论语》经典万古传,书名确定何其难;

释义解读费思量,见仁见智靠钻研。

三、《论语》的编纂与成书年代

《论语》究竟由何人编纂完成，以及成书于什么年代，在我国历史上历来有多种不同的说法，存在着较大争议。实际上这是两个紧密相连的问题，搞清楚了编纂者为何人，成书年代也就迎刃而解了。因此，我们只需把编纂者是何许人的问题弄清楚，这两个问题就一并能够顺利得到解决了。历史上影响比较大的说法，有以下几种。

一是孔子亲自编订说。清代的廖燕称，过去人们说《论语》是孔子弟子记录下来的，并没有确凿证据。他认为这本书就是作为大圣人孔子本人的经天纬地的雄文，绝对不可能是由其他人代笔完成。即使其中有孔子弟子的言论，也是要以孔子确定的标准决定其取舍的。与他同时代的李恭也持同样的观点。但有识之士早已明确指出，这种认识纯粹是出于维护孔子圣人的形象，并没有多少学术价值。而且我们读《论语》如果不带偏见的话，也是可以很容易地看出此说的错误，其立论是站不住脚的。

二是孔子众弟子共同编纂说。汉代的刘向、赵岐、王充都持这种观点，并分别做了说明。例如，刘向就言之凿凿地指出，《鲁论语》二十篇，都是孔子弟子记下来的孔子本人的言论。王充更进一步主张说，正是由孔子的弟子共同记下了孔子的言行，才形成《论语》一书。但早有学者指出，孔子弟子年纪相差较大，有的相差几十岁，离开鲁国的时间以及去世年月又先后不一，在当时交通极不便利的历史条件下，大家从各国同一时间共同聚集在一起，会商编纂孔子言行的说法，是没有任何根据支撑的。

三是孔子的几位高徒仲弓、子夏、子游等人编纂说。东汉的郑玄首倡此说，魏晋时的傅玄、宋代的陆九渊也持类似观点。清代的翟灏认为除上述几人外，还应加上子张，而作《论语正义》的著名学者刘宝楠论定"编辑成书，则由仲弓、子游、子夏首为商定，故传《论语》者，能知三子之名"。不过也有学者认为，这种说法的最大缺陷所在就是将曾子及其门人排除在外，与《论语》的内容和称谓是相矛盾的。

四是汉代文景博士编纂说。持此论点的是北京大学历史系的赵贞信教授，他认为："《论语》的编成早不会在文帝前，晚不会到武帝时，大约在文、景之间，而编纂人应是当时任博士职的齐、鲁大师。"其理由有二，春秋战国时期没有记孔子言行的成书，其言语多杂记于其他简册上。到秦始皇焚书时，散布于民间，汉代初年才又由官府收集起来，但版本繁多杂乱，非经整理，不会成为如此条理的著作，此其一。当时传《齐论》《鲁论》的共有13人，其中传《齐论》的只有1个是汉武帝时的人，其余5人都是宣帝、元帝以后的人；传《鲁论》的除龚奋年代不详外，也只有1个是武帝时人，其余也都是昭帝、宣帝以后的人。如果《齐论》《鲁论》过去就有，为什么只有到武帝时方有传人，此其二。复旦大学的朱维铮教授亦持类似观点。

五是邹鲁之士编纂说。曲阜师范大学单承彬教授认为，公元前428年至前372年间，鲁国都城活跃着一个由孔子及其弟子的后人、后学组成的邹鲁学术集团，正是这些"邹鲁之士"搜集、编纂了有关孔子及弟子言行的材料，形成了《论语》等儒家经典，而且他还认为以子思为代表的孔子后裔，就是邹鲁之士的重要成员与中坚力量。

六是孔子再传弟子编纂说。《汉书·艺文志》中说:"夫子既卒,门人相与辑而论纂,故谓之《论语》。"言明《论语》是孔子门人编纂。"门人"一般是指门徒弟子,进一步引申,也可以指弟子的弟子,也就是再传弟子。正是根据这一点,唐代著名思想家柳宗元早就深刻指出,《论语》是由曾子的弟子子思、乐正子春等人编纂完成的。

上述六种说法中,过去曾经被人们长期忽视的柳宗元的说法,正逐渐受到当今学术界的重视。有的学者在柳宗元说法的基础上,根据相关材料进一步做了充实发挥,提出在子思等人召集的孔门再传弟子中,应该还有许多人参加了这项工作,例如可能有闵子骞、有若的学生,同时也可能得到了子游、子夏及其弟子的帮助。这样的发挥,笔者认为是完全站得住脚的。如果这种说法成立,则《论语》的编纂者即可确定为曾子的学生,即孔子的嫡孙子思等人,时间当在战国初年,因为子思死于公元前402年。

必须指出,即使上述诸种说法可能性最大的子思编纂说,也只是推测或猜想,因为至今对此说仍没找到确凿的证据,只是符合逻辑的推论,在找到证据之前,可能永远都是推论。

正是:传世《论语》谁编纂?说法多种需细研;
　　　子思门徒多贡献,方始名著立世间。

四、《论语》在中国人心中的地位

《论语》的体例比较特殊,属于我国早期的语录体散文,集录了孔子及其弟子的言论和行为。从书中内容看,往往是一些相互之间没有必然联系的段落或短语,而且好多都只是一句话,随感而发的居多,缺乏系统性和完整性,从整体结构上看,好像比较散乱,而且,还有一些重复之处。其实,这些话都是孔子与弟子的大量谈话记录的精华,但后人读起来会感到有些突兀,原因在于离开了当时的话语环境。试想孔子当年在杏坛面对得意弟子,意气风发、谈笑风生、妙语连珠、诲人不倦,讲起课来一定会旁征博引,详尽讲解,尽兴阐发。绝不会一次只说几句话或几个字,似乎让人摸不到头脑。但当时这些精彩的讲课内容,并没有人完整记录下来,早已失传,这些不足已经是无法弥补的了。不过这种体例在后人看来,也有几大优点,一是口语化,明白易懂。例如,知者乐水,仁者乐山;智者动,仁者静;智者乐,仁者寿,等等。二是格言化。例如,吾日三省吾身;朝闻道,夕死可矣,等等。语言古朴深邃,且言简意赅,易诵易记,可以直接成为人们的口头禅。三是有关对话能够直接体现人物的性格、品质甚至气质,如孔子及其学生子路、颜渊的言行。因此,今天我们如果舍得花时间,多读几遍《论语》,再仔细去体会琢磨,一定会有更加深刻的体认和心得。如果再联系生活实际、生活经历去体会,则会给人以更多教益。《论语》之所以能千载传诵,大概魅力就在这里。

即使遭遇秦始皇焚书坑儒的劫难,《论语》的广泛流传也不曾中断。秦汉之际的著名学人,叔孙通、陆贾、贾谊、韩婴等,在其著作中都曾引用过《论语》,说明此书在当时就有极广泛的流传和影响。汉文帝时,专门设立了《论语》博士,《论语》从此在中国历史上被钦定为官学。汉武帝决定"罢黜百家,独尊儒术",从根本上奠定了儒家学派的官学地位，也为《论语》被后世更加重视打下了基础。东汉熹平四年（175年），朝廷为了统一经学，规范太学教材，决定镌刻石经于太学门外。即把标准的经书刻在大石碑上，公之于众，以统一经书版本。这是中国古代第一次公布官定经书，《论语》赫然列在其中。唐朝、五代时，《论语》经书的地位进一步得到官方的确定。宋朝则是经学史上将儒学经典最后定名的时期，先有程颢程颐兄弟，后有朱熹的大力提倡，《论语》的经学地位进一步巩固，此后再无改变。

自战国初年到宋代，《论语》从广泛流传的蒙学读本，逐渐被确定为官学经典，一方面是统治者的重视、拔高，另一方面则是它确实受到了人们的喜爱、欢迎。在中国，没有任何一部书能像《论语》这样，对社会所有成员都产生了如此广泛深刻的影响。在两千多年的封建社会里，上至80多岁的老翁，下到10岁左右的儿童，不管是否读过书，几乎没有不知道孔子和《论语》的。尽管古代绝大多数人不识字，但每个人都可能知道几句《论语》中的经典名言。在21世纪初的今天，30多年来掀起的国学热潮一浪高过一浪，对《论语》的研究和重视，更是达到了新中国成立以来的最高峰。读《论语》、学《论语》、用《论语》甚至成了如今一些人的文化时尚。之所以出现这种情况，主要是因为《论语》中的许多思想，已经和中国人（不管是古代人，还是现代人）的思维方式、行为方式、工作方式乃至生活方式紧紧连在一起，不能分开了。对于中国人来说，《论语》不仅积淀在人们的血液里，甚至可以说已经深入到骨髓中了。其实，即使在改革开放前的一段非正常时期，全国因特殊的政治原因，而大规模展开和进行的所谓"批林批孔"运动中，孔子创立的儒家学派及其经典《论语》，也是批而不倒、批而不臭。从中我们可以看出儒学及其经典《论语》，对广大人民群众巨大的潜移默化作用。这清楚地说明靠一两次政治运动，是不可能抹去《论语》在中国人心中崇高地位的，是不可能撼动中华民族精神根基的。

认真研究《论语》对中国几千年历史的多方面影响，厘清中华民族文化发展的道路，在当前是极其必要和有益的。我们正处在一个文化的转型期，整个民族文化传统、国民精神面貌，正经历着社会主义市场经济大潮的洗礼，尤其是在中国特色社会主义发展进入新时代的今天，如何学习、利用、借鉴、继承、扬弃中华民族传统文化，特别是儒学及其经典《论语》的积极方面，为建设中国特色社会主义文化提供可资汲取的精神资源，为构建社会主义和谐社会做出新的贡献，无疑是当前文化建设的一项重要任务。在浩如烟海的民族文化典籍中，对民族文化经典巨作《论语》的研读与扬弃，显然是居于首要地位的，是重中之重的任务。对此，我们必须有清醒的认识与自觉，绝对不能容许有丝毫忽视或幻想绕过去的想法。

《论语》早已成为几千年来中国人安身立命、处理军国大事以及人事关系、家庭关系、亲友关系、为人处世的精神依托和根本指导思想。有人形容说，《论语》对于中国人的作用犹如《圣经》对于基督徒、《古兰经》对于伊斯兰信众和佛教经典对于佛教徒那样，具有决定性的意义。此言的确不虚，基本符合中国的实际。从大的方面来看，中国文化、中国历史、中华民族的性格，乃至中国人的行为方式、生活方式和思维方式都受到了或者说受惠于《论语》的影响，这是确定无疑的。实事求是地看，《论语》那博大精深的宏伟思想体系、博爱仁慈的伟大精神世界，具有广泛普世意义的经典格言警句，富有人生哲理的实用理性概括，正是吸引一代又一代学人去诵读、思考、研究的感人魅力所在。人们在其中可以发现人生真谛，学习为人处世的经验，加强自己的道德修养，提升自身的精神世界，提高治国理政的本领，丰富充实自己对传统文化的体认。当然用两分法的观点来看，儒学及其经典《论语》，存在的缺陷与不足等消极方面也是不容忽视的，许多专家、学者对此已有非常专业的深刻论述，其观点总的看是恰当准确的。但这一点，比较《论语》对于中华民族精神塑造所起的积极作用来说，毕竟是次要的、第二位的。总之，《论语》如同历史上任何伟大的经典著作一样，其具有的不竭生命力和得以万古流传的原因，正是在于这部伟大作品自身的语言洗练、思想深刻、寓意深远和丰富多彩。

正是：《论语》经典万世传，民族灵魂铸其间；

研读扬弃千古事，和谐社会续新篇。

五、《论语》主旨"仁"与"礼"

关于《论语》一书的主旨究竟是什么的问题，学术界有很大争议，有主张主旨是"仁"的，有主张是"礼"的，有主张是"仁"与"礼"并重的，也有主张是"推己及人"的，当然还有其他主张。那么，《论语》的主旨即中心论题是什么呢？笔者经过拜读多家论说，感觉是"仁"的说法，好像更符合本书的原意。当然"礼"作为"仁"的表现方式或形式也是不可忽视的，但"礼"是服从于"仁"的。

在《论语》这部篇幅一万六千字左右而又极精彩的著作中，"仁"字竟出现过109次左右，可见孔子及其弟子对它的极端重视。可以说，"仁"就体现了《论语》的中心思想。孔子讲到"仁"的地方很多，意思很广泛，从《论语》的论述来看，几乎包括了做人处事乃至政治行为的全部规范。在《论语》中，仁包括忠、恕、孝、悌、智、勇、恭、宽、信、敏、惠等含义。可以说，仁是孔子最高的政治原则和道德准则。在他看来，离开了"仁"，忠孝信勇智等就都丧失了意义。那么"仁"的最根本含义是什么呢？孔子在回答学生樊迟问仁时，说是"爱人"。孟子在总结孔子思想时，更肯定"仁者爱人"。这可以说是不易之论。

作为由奴隶主贵族向封建地主阶级转化时期的思想家孔子，他说的仁者"爱人"，当然不是从劳动人民立场出发的，而是适应新兴封建地主阶级要求的。但是也不可否认，"仁"具有比较广泛的含义，一方面是如何处理剥削阶级和劳动阶级之间的关系问题，另一方面是如何处理剥削阶级自身之间关系的问题。而按照孔子观点，有了"爱人"的主观愿望，才能处理好人与人之间的关系，才能自觉地按照上下尊卑的等级制度的要求孝顺父母、忠于君主；作为统治者来说，对劳动者才能给以恩惠，从而得到劳动者众人的拥护。但是，"爱人"并不是什么人都能做到的，孔子认为只有"君子"才会有这种美德。

孔子讲的"君子之道"，有"宽则得众""养民也惠"与"使民也义"等，显然，这里"宽""惠"和"义"的对象主要是劳动者。他把"爱人"推广到劳动者，只是为了让他们安分守己地好好劳动，并不是不要劳动了。所以，对老百姓施"仁政"，得到利益的仍是统治阶级。但是，在统治阶级得到利益时，劳动群众当然也会有"安居乐业"得求"温饱"的生活。孔子强调的"仁者爱人"，更为重要的一方面是讲它是处理统治者内部关系的原则。孔子主张在统治者内部要做到推己及人，要实行"忠恕之道"。

另外，孔子的"仁"还有一个比较重要的含义，就是"尚贤"。"尚贤"就是要注重个人的道德、学问和才能，而不必管他出身如何、家庭等级的高低贵贱。这个主张在实际上破坏了奴隶主贵族的世官世禄制度。例如他讲的"学而优则仕""学也，禄在其中矣"等。在孔子看来，要做官就应该有学问，这个看法对中国两千多年的封建社会有很大影响，一方面它打破了世官世禄的贵族政治，又能吸收有才能有知识的各色人等，为当权的封建统治者服务；但另一方面却将读书人与"仕途"紧紧连接在一起，最终不能使知识分子摆脱依附于封建政治的轨道，对自然科学的发展起到了消极的阻碍作用。孔子认为没有学问没有才能的统治者，只能是害人乱政的统治者。因此，不能设想只靠世袭土地与世袭劳动者就可以进行统治，而且这样的统治是不可靠的。在他看来，只有有了好的统治者，才能把国家治理好，把人民统治好，国家才能安定。

孔子认为，个人的努力同样也很重要，他说："人能弘道，非道弘人。"他所说的"道"就是"仁"。靠个人的努力可以使"仁"发扬光大，并非靠了"仁"，自己不努力，他就可以前程光大了。可见，孔子既看不惯也看不起那些不求上进、不努力的人，认为这样的人没有出息。由于孔子重视了个人的主观努力，相对地说，也就降低了"天命"的作用，这也可以说是对西周以来"天命"观的某种否定。因此，《论语》中心思想"仁"，不仅是一个道德范畴、政治范畴，而且也是一个哲学范畴，它标志着对人自身努力与否的重视和对超自然力量"天"的作用的限制。

"周礼"是西周以来奴隶制上层建筑的集中表现。它是用来维护奴隶制的上下尊卑等级关系的。如何对待周礼问题，正表现了孔子作为从奴隶主转向封建主思想家的特性。孔子不仅和旧制度、旧思想有着千丝万缕的联系，而且他还自觉地意识到"礼"作为一个维护上下尊卑的等级制度，对于新兴的封建地主阶级同样是需要的。如果没有这套制度，地主阶级就无法统治下去。而在春秋末期，天下大乱，"礼崩乐坏"，奴隶和平民的暴动以及奴隶的逃亡已很严重。因此，孔子看到，光维护一些"礼"的形式，是不能真正维护社会秩序安定的，必须给"礼"以新的解读、新的意义。因此，他认为，"礼"必须和"仁"相联系，他说："人而不仁，如礼何？"人如果没有了"仁"的品德，要"礼"又有什么用呢？孔子把"仁"看得比"礼"更根本，要用"仁"的精神来讲"礼"，这就是他所说的"克己复礼为仁"。也就是说，"仁"的要求有两方面，一是克己，就是对自己要有克制私欲的要求，应该推己及人，应该己所不欲、勿施于人；二是"复礼"，就是说必须在"礼"的范围内行"仁"，即应在上下尊卑的等级关系的范围内讲"仁"。克己就是要求有自觉性。如果不是自觉地来实行"礼"，那是没有意义的，"礼"就仅仅成了一种形式。

孔子"仁"学思想关于强调人的自觉性的观点，对后来封建社会的影响非常大，《大学》以及儒家其他经典中讲修身为本，然后可以齐家、治国、平天下这一套道德修养，就是从《论语》的"克己复礼为仁"发展而来的。封建社会的统治者，特别是那些儒家思想家要求人们不仅要遵守封建社会的纲常名教，而且要自觉而不是勉强地遵守。从这方面看，《论语》对后代治国以及治家所起的作用，是绝对不能低估的。

正是：《论语》真知后人恋，"仁"学精神居其间；

  统摄言行光万代，精华糟粕细分辨。

六、《论语》的历代传本

我们在对《论语》做具体的解读前,还需要对《论语》的历代传本做一简要介绍,以期能为今天有意研读《论语》的朋友们,提供些许资料方面的参考与帮助。

《论语》成书很早。按照前文《〈论语〉的编纂与成书年代》的推测,《论语》或是孔子去世后由孔子的孙子子思等人主持编撰而成,大约成书于战国初年。因此,在经历了秦朝焚书坑儒及秦末汉初的战火,《论语》到汉代出现了很多版本,最著名的是《古论语》《齐论语》《鲁论语》三个版本。其中《古论语》属于由秦朝统一文字前的古文字所作的古文经,《齐论语》和《鲁论语》属于由汉代通行的隶书所作的今文经。

《古论语》有21篇,由西汉前期的鲁恭王刘余在孔子旧宅中发现,其字为战国古文,当时难以传授,仅有孔安国为之训解。《鲁论语》为20篇,主要在鲁地学者中传习。《齐论语》有22篇,比《鲁论语》多出《问王》和《知道》两篇,主要在齐地学者中传习。鲁、齐《论语》最初各有师承,到西汉灵帝时,安昌侯张禹先学了《鲁论语》,后来又学习《齐论语》,他沿袭《鲁论语》的基本篇目,删去《齐论语》中的《问王》《知道》两篇,把两个本子融合为一,称《张侯论》。张禹是汉成帝的老师,地位尊贵,因而他的本子在当时成为主流,形成了我们今天所见到的始自《学而》终于《尧曰》的《论语》篇目基本框架。而《齐论语》《古论语》则近乎失传,仅有后世学者辑佚文献传世。值得庆幸的是,2015年海昏侯刘贺墓在江西省南昌市新建区被发掘出土,据考古人员介绍,在出土的竹简中发现了《论语·知道》篇,由此,失传一千八百年的《齐论语》或许有重见天日的可能。可以预料,随着整理工作的进一步开展,《论语》研究必将迎来一个新的高潮。

由于《论语》在中华文化史上的特殊重要地位,后世研习者不胜枚举。关于《论语》的集解、集注、正义、疏证等著作,据学者考证达四千多本,可谓汗牛充栋。就思想内容和流传程度而言,在历史上产生重要影响的主要是以下经典文本。

东汉末年,著名经学家郑玄以《鲁论语》为基础,参考《齐论语》《古论语》,编校成一个新的本子,泯灭了三家的差别,并加以注释,后人习惯称之为郑玄本《论语注》。该版本实现了对《论语》文本的再次整合,完成了汉代以来《论语》的定本工作。

魏晋南北朝时,何晏著《论语集解》十卷,集西汉包咸、周氏、孔安国、东汉马融、郑玄及魏王肃、周生烈等各家之说并附以己见,是汉代以来《论语》的集大成之作,为现传最早的《论语》完整注本。皇侃著《论语义疏》十卷,在《论语集解》的基础上,采各家之说作疏,重在以魏晋玄学阐发《论语》,是南北朝义疏之作完整流传至今的唯一一部,对于研究义疏著作也有重要意义。

自汉至南北朝的近800年时间里,注解《论语》者很多,可以考知的有60余家,但到后来纂修《唐书·艺文志》时,只存18家;到纂修《宋史·艺文志》时,只有何晏的《论语集解》和皇侃的《论语义疏》可见,其余皆亡佚。

到了唐代,科举制度的兴起对经典的准确性和权威性提出了更高要求,于是包括

《论语》在内的儒家经典被勒石成文，立于长安城国子监内，被称为《开成石经》，原石今存于西安碑林。这些书籍是当时知识分子的必读之书，石经文本也成为读经者抄录校对的标准。

宋代注解《论语》成果更加丰富，其中以《论语注疏》《论语集注》《癸巳论语解》为代表。《论语注疏》也称《论语正义》，为邢昺等人编纂，原为十卷，现在只有注疏合刻本传世，以清代阮元南昌府学本为最佳，《十三经注疏》所收即为此本。《论语集注》共十卷，南宋朱熹编纂，是宋代《论语》注释的集大成者，该书是《四书章句集注》的一个组成部分，是朱熹用力最勤的代表作之一。朱熹在其中既注重探求经文本义，又注重义理阐发，将训诂学与义理学熔为一炉，避免了对经文的穿凿附会，阐发之义理建立在对经义的解释之上，因此成为《论语》学史上最有影响的一部著作。《癸巳论语解》十卷，宋张栻撰，此书是由作者与朱熹反复辩论而产生的，能够体现宋代对《论语》和儒家思想研究的面貌。

元明时代，以"考究典故，以发明经义"为宗旨，虽间有新思想，但总体没有超越前人的思想，这其中以陈士元《论语类考》二十卷为代表。

清代，考据学兴起，这时的成果以《四书改错》《论语后案》《论语正义》为代表。《四书改错》二十二卷，毛奇龄著，主要针对的是朱熹《四书集注》中的错误所作。《论语后案》二十卷，黄式三著，该书反复申述"礼"的重要性，认为"理"即"礼"，天理就在社会规范之中。《论语正义》二十四卷，刘宝楠著，堪称《论语》整理研究的经典之作，该书以何晏《论语集解》为底本，充分吸收前人的注释成果，并注重文字训诂、史实考订和阐述经义，是清朝以考据学研究《论语》的集大成者，弥补了宋人邢昺解《论语》的疏陋不足之处，且有独到见解，成为研究《论语》的指南。

近代以来，有《论语集释》四十卷，程树德编纂，是又一部《论语》研究的集大成之作，所引书目 680 种，共 140 余万字，为研究《论语》提供了自汉到清的详尽资料。《论语疏证》二十卷，杨树达编纂，该书强调以《论语》证《论语》，很具有方法论的意义。《论语译注》二十篇，杨伯峻著，注释简明，全篇今译，注释注重字音词义、修辞手法、历史知识、名物制度等的考证，书后附《论语词典》，对《论语》的研究和普及有重要意义。

另外，近现代以来还出土了一些《论语》文献，有敦煌、吐鲁番地区的《论语》写本、1973 年河北定县八角廊汉墓中的汉代竹简《论语》等。这些文献的出土，为研究《论语》提供了新材料，也启示了新的研究方法，有助于厘清长期以来《论语》研究中聚讼不已的问题，推动《论语》研究的深入发展。

《论语》新材料问世的同时，大批早期学术文献也在不断出土。郭店楚墓竹简、上海博物馆竹书、清华大学藏战国竹简等出土文献又激活了不少传世文献，其中就包括与《论语》研究直接相关的《孔子家语》《礼记》《大戴礼记》《孔丛子》等著作。学者们将这些典籍与《论语》对比研究，从而得出了不少新的认识。

2013 年，习近平视察孔子研究院时，看到杨朝明先生所著的《论语诠解》和《孔子家语通解》两部书，表示"要仔细看看"。《论语诠解》将《论语》置于中国古代文明的大背景中进行考察，注重文献的合观参验与综合比对，整体考察孔子思想学说，条分缕析字词典故，提出了许多新的见解，是近年来注解《论语》的优秀代表作品。

新时代以来，人文社会科学研究工作迈上了崭新的台阶，从研究质量、研究数量和研究影响来看都取得了丰硕的成绩。我们有理由相信未来会涌现出更多优秀地对《论语》的诠释之作，而作为中国的宝贵典籍，《论语》也将继续闪耀着智慧的光芒，为今天和未来的发展提供营养资借。

正是：原始《论语》古齐鲁，刘贺墓掘新出土；
四千传本赫然在，中华文明烁千古。

七、《论语》对世界的影响

作为儒家最为重要的经典之一，《论语》不仅对中国历史产生了巨大影响，而且被译为日、韩、英、法、德等多国文字，传播到世界各地，对世界历史的发展也产生了重要的推动作用，深刻影响了世界思想史和文化史。明朝来华的意大利传教士利玛窦在其《中国传教史》中便说道："中国最伟大的哲学家是孔子。他所说的和他的生活态度，绝不逊于我们古代的哲学家；许多西方哲学家无法与他相提并论。故此，他所说的或所写的，没有一个中国人不奉为金科玉律；直到现在，所有的帝王都尊敬孔子，并感激他留下的遗产。"

从地理上看，中国和东亚各国或比邻接壤，或一衣带水，往来频繁、交往密切，因此，《论语》在历史上首先传播到了东亚国家，并深刻变革了当地的人文历史和思想文化。

据日本史书记载，早在晋朝，王仁便把《论语》带到了百济（当时朝鲜半岛上的一个国家），百济王朝专门设立《论语》博士，作为经籍博士之一，成为士人学习的主要经典。此后的新罗、高丽王朝对《论语》更加重视，将《论语》设置为科举考试内容的同时，还在民间广泛传播、普及。到了朝鲜王朝，《论语》的影响已经遍及政治、哲学、文学等领域，对君主施政和人们的日常生活有着潜移默化的指导作用。这时期，文人在所作诗词和艺术作品中大量引用《论语》中的名言，同时也涌现出《论语释义》《论语古今注》《论语集注详说》等一大批对《论语》的注释作品。可以说，《论语》对朝鲜的发展产生了至关重要的影响，而朝鲜学者也立足当地地域文化丰富发展了《论语》思想。时至今日，韩国的重点大学、中小学都开设有儒学课程，《论语》是其中的必读书。

《论语》对日本文化和政治的影响则更为广泛、深入。在古代，圣德太子在日本全国设立学问所，尊孔子为"先圣"，要求学生必学《论语》；他还借助《论语》等儒家经典进行政治改革，制定了《十七条宪法》，实行"冠位制"，即以德、仁、礼、信、义、智表示官员职位的大小高低。在近代，明治维新后，日本政府在学习西方科学技术的同时，以君主的名义确定了"道德以孔子为先"的制度，《论语》在日本思想史上的地位明确得到了官方的肯定。著名哲学家伊藤仁斋更是尊奉《论语》"为至高无上宇宙第一书"，他说："《论语》一书，万世道学之规矩准则，其言至正至当，彻上彻下，增一字则多余，减一字则不足，道至此而尽，学至此而极。"

《论语》在西方的传播得益于西方传教士。明朝中后期来华的传教士罗明坚和利玛窦首先将《论语》翻译成了拉丁文，此后，新教传教士马士曼又用英语对《论语》进行了全文翻译。从19世纪50年代到20世纪50年代这一百年间，《论语》在西方的翻译进入发展与成熟期，英国理雅各、法国顾赛芬和德国卫礼贤都对《论语》进行了翻译。需要重视的是，此一时期的翻译工作不单单是语言的转换，更包含对《论语》撰写的时间、作者、计划等学术问题的研究。《论语》在西方的广泛传播，一方面，使得西方人对中国有了更深入的了解，对中国几千年的文化传统有了更加具体的认识。另一方面，《论语》同西方基督教文化的结合也推动了西方社会的发展与进步。

法国启蒙思想家伏尔泰在《论孔子》中写道："没有任何立法者比孔夫子曾对世界宣布了更有用的真理"，"'己所不欲，勿施于人'是超过基督教义的最纯粹的道德。"他宣称："在这个地球上曾有过得最幸福的、并且人们最值得尊敬的时代，那就是人们遵从孔子法规的时代。"因此，有学者认为"启蒙运动思想的一些很重要的方面，与其说和当时教会的思想相类似，不如说和孔子思想的立场更相类似……这一事实已为启蒙运动的领导人物所承认和广泛宣扬"。

进入现代社会，《论语》中的儒家思想受到全球各国的认同，而且随着全球化进程的加快，这种认同变得愈加广泛，可以说，在一定情况下，孔子的思想代表了某种程度上的共识。比如，联合国在处理国际问题时早已将"己所不欲，勿施于人"的理念贯穿其中，要求各国和平相处、平等相待。甚至当人们出现错误时，有时候也会引用《论语》中的话进行批评指正。比如，《纽约时报》批评美国总统小布什语言表述含糊、用词不当时就说道："孔子说过，名不正，则言不顺；言不顺，则事不成；事不成，则礼乐不兴；礼乐不兴，则刑罚不中；刑罚不中，则民无所措手足。小布什的行为恰恰是这段话的确切写照。"

不止于此，《论语》中的孔子思想，像以爱人为核心的仁爱精神、有教无类的教育理念、无过无不及的中庸思想、和而不同的和谐观念等等已经深入到现代各个阶层、行业之中，成为不可改易的价值标准，对促进当今世界的和谐发展具有重要意义。也正是有鉴于此，截至目前，我国已在140多个国家和地区建立500多所孔子学院和1000多个中小学孔子课堂，积极向世界传播孔子思想和儒家优秀文化，为世界文明的繁荣昌盛和有序发展，做出了重大的发展。

党的十九大为新时代弘扬优秀传统文化，做好优秀传统文化的创造性转化和创新性发展工作，指出了正确方向，明确了发展思路。作为对世界产生了重要影响的宝贵遗产，将《论语》的思想切实同当下生活紧密结合，发挥其巨大的思想价值，是我们责无旁贷的义务，也是我们倍感光荣的使命。让这部古老的典籍展现出青春的风采，我们任重而道远。

正是：《论语》经典多国传，日本越南和朝鲜；
　　　更有欧洲版本多，孔子学院世界全。

省诚篇

八、退而省其私，亦足以发

孔子在评价他最欣赏的弟子颜回时说："我同颜回讲学一整天，他没有任何不同意见，像个笨家伙一样。但他回去后，经过深刻的自我反省，却往往又能提出新的见解（退而省其私，亦足以发），可见颜回并不笨（回也不愚）。"比照老师的讲课内容，对自己的言行进行反省、思考，是颜回进一步理解与发挥孔子学问的方式。也是孔子对颜回的评价——从表面看起来的"愚"到实质上的"不愚"——转折的关键。事实上，《论语》对反省非常重视，除上文引孔子的论述外，我们耳熟能详的曾子所讲的一句话也与反省有关，即"我每天多次自我反省"（吾日三省吾身）。

"省"是一个会意字，它的甲骨文写作 ，下面是一只眼睛，上面是一棵小草，如同眼睛窥察小草一样，"省"最初就有察看、观察的含义。所谓反省，就是要有一双向内看的眼睛，时时来照察自己，反思自己。对于一个人、一个团体来说，通过反省能发现自身存在的缺点和不足，以便于改正，这样就会取得长足的进步；对于一个民族、一个国家来说，透过反省能够总结历史经验教训，为今后更好更快地发展扫清障碍、奠定基础。

第二次世界大战期间，纳粹德国在欧洲乃至非洲发动侵略战争，残酷迫害犹太人，给各国带来深重的灾难。1970年12月，当时的西德总理勃兰特访问波兰，在华沙犹太人隔离区起义纪念碑前默哀时，突然跪下双膝，代表德国人民虔诚忏悔，为当年纳粹德国所犯下的罪行真诚地向犹太人民道歉。勃兰特的这一跪，意味着德国真正反思了自己在二战中的所作所为，对历史有了清醒、客观的认知。须知在德国法西斯肆虐时，勃兰特就是一个坚定的反法西斯战士，并且受到希特勒法西斯的疯狂迫害，法西斯在二战中所犯下的滔天大罪，与他是没有任何关系的。但他却为了化解外界对德国的敌意，仍然真诚地代表德国跪地谢罪，表现出为了国家、为了人民敢于担当的无畏气概。一个能够反思、善于反思的民族、国家，自然也会顺利地为外界所接受、欢迎。德国和波兰随后签订条约，外交关系实现正常化，以此为标志，战后的德国也逐渐为世界各国所接纳，走上发展的快车道。可以说，跪下的是一个总理，站起来的是一个全新的德意志民族。

现实生活中，我们虽未必能如勃兰特一般直接参与国家的治理，但学会反省、反思却必不可少。十八大以来，在群众路线教育实践活动中，习近平多次强调广大党员"要用好批评和自我批评武器，有一点'辣味'"。如果说，他者的批评需要特定的环境，但反躬自省却是随时随地都能进行的。

像"省"字是用眼睛观察一棵小草一样，对我们每个人而言，反省也应当从细微之处着手。就反省的具体内容来看，主要有两方面，首先是自身的道德与言行。著名教育家陶行知先生说："道德是做人的根本。"人之所以不同于禽兽，很重要的一点就在于人有仁爱、宽容、诚信、友善等善良的道德品质，它们集中地体现在人的具体言行之中。因此，反省的第一步就是要对自己的道德与言行加以反思，看言行是否符合道德规范，自己所制订的计划、目标是否按时完成，对待学习工作是否尽心尽力，反省道德言行的过程就是自己和自己做朋友的过程，通过反复、深入地追问，让自己了解自己内心真实的想法，符合道德规范的继续坚持，违背道德规范的就逐渐改正，从而让自己悦纳自己。

与他人的相处交往同样需要经常反省自己。人是社会性的存在，任何人都不可能脱离现实环境、脱离他人而单独地生存，尤其在发展如此迅速、联系如此紧密的今天更是如此。面对与人相处交往中的问题，孟子讲："做事情不顺利，又或人际关系处理得不好，就应自我反省，一切都要从自己身上找原因（行有不得者皆反求诸己）。"在与他人交往中是否排除了私心与偏见，他人的不理解是否是自身原因造成的，是把他人当作"工具"还是有血有肉、有情有义的"人"……反省与他人相处交往的过程，就是自己和世界做朋友的过程，将自己置身于社会生活中不断地加以审视，是否还有不足，有则改之，无则加勉。这一层面的反思则是为了让世界悦纳自己。

就反省的方式来说，我们常常认为反省是私人的事情，而往往采用"闭门造车"的方法一个人自我审视。其实，我们还应学会借助他人的力量。要特别注重请教、听取他人尤其是师友的建议。《孟子》中记载，孔子的学生子路听闻别人指出他的过错就非常高兴。老师和朋友与我们交往密切，他们能清楚地发现我们身上存在的缺点，及时向他们请教，认真听取建议，加以反思，就能准确地抓住问题的要害。北宋著名理学家程颢说，古代从君主到平民，一定需要老师和朋友的帮助才能成就盛德大业，就非常明确地指出了师友所给建议的重要性。

那么，反省要达到什么程度呢？《论语》中也有清楚的说明。弟子司马牛曾问孔子怎样才算是一个君子，孔子说："君子是不忧愁、不恐惧的人。"司马牛又问："做到不忧愁、不恐惧，就可以叫作君子吗？"孔子回答："自我反省而没有愧疚，又有什么好忧愁和恐惧的呢？"在孔子看来，省察自身而问心无愧，达到不忧愁、不恐惧的境界，反省才算成功。实际上这应当是一个人穷其一生努力追求的境界，其中知非改过的过程一定有各种困难，然而正是因为困难，才会使我们孜孜以求、永不倦怠。

正是：反省自身少犯错，担当须学勃兰特；

自律他律洁身好，无忧无虑是盛德。

九、有若无，实若虚

曾子说："能力强的人却向能力弱的人请教（以能问于不能），知识丰富的人却向知识少的人请教（以多问于寡），有学问如同没学问一样（有若无），满腹经纶如同毫无知识一样（实若虚），别人冒犯自己也不计较（犯而不校）；从前我的一位朋友（昔者吾友），就是这样做的（尝从事于斯矣）。"曾子的这位朋友，就是孔子最得意的高徒颜回。可见，颜回有很高深的学问和很强的能力，以及深思好学与诚恳待人的谦谦君子之风，不仅得到了孔子的青睐，同时也得到了他的同学的高度赞誉。尤其是他"有若无，实若虚"的为人处世谦恭态度，更值得后人学习借鉴。

俗话说得好："满招损，谦受益。"一个人学富五车、才华出众的人，即使没有表现出骄傲的神态，但因为你才华横溢、经常显露出过人的才能智慧，所以就很容易受到别人的攻击，甚至受到损伤。因为你的本领使你周围的人都感到自己相形见绌，低你一等。所以，你越是能干，越是有学问，就越有可能得罪人。也许，你完全没有意识到这一点，甚至百思而不得其解，但事实却往往如此。这就告诉人们，不管做什么事，都应当留有余地，都要注意以谨慎谦恭的态度待人。不要那么锋芒毕露，不要那么咄咄逼人，不要那么凡事都尽显你的聪明才华。要使人家感到他们需要你的聪明才华，而又不会受到你的能力与气势的震慑和威胁。这就是"有若无，实若虚"的真谛所在，颜回是真正参透了儒家做人的这一根本点了。

　　人的一生是漫长的，其中风险与坎坷常常伴随着人的成长，没有谁会一帆风顺、永远成功，我们应当切记这一点。历史上，有些深通"有若无，实若虚"道理的人，会时常不经意地把微小的才干不时显露出来，而把匡扶天下的更大才智隐藏起来。但当他们遇到合适的时机，真实的才华一旦显示出来，则足以令世人震惊。渭水垂钓的姜太公、躬耕南阳的诸葛亮，不就是这样做的典型例子吗?!当然，即使微小才干的经常显露，也不应矫揉造作，而应顺其自然，自然而然，以谦虚达观的态度表现出来，且不可太过。在小事情上过分显露才华，难免会给人浅薄与粗俗之感。

　　一个人，尤其是一个有才华的人，要做到不露锋芒，凡事尽量不出人头地，既能有效地保护自己，又能适时充分发挥自己的过人才华，不仅要注意克服、战胜凡人都可能有的自我感觉良好甚至骄傲自大的病态心理，更要逐渐养成谦恭待人、礼让他人的君子美德。有句民谚说得好"花要半开，酒要半醉"，因为鲜花盛开到最娇艳的时候，就是走向凋落衰败的开始；酒喝到酩酊大醉的状态，什么大事小情就都会耽误了。但花总是不开，就不能称其为花；酒不喝到一定程度，就不能显示出本真的自我。人生何尝不是这样，当一个人志得意满时，切记不可趾高气扬，目空一切，须知"人外有人、天外有天"的俗理。所以，一个人不管有多么杰出的聪明才智，也一定要谨记，不要把自己看得无所不能、太了不起，不要自以为是把自己太当一回事，不要眼空四海目中无人，不能真的以为离开自己地球就不转了！还是收敛锋芒，内藏才华，埋头实干，夹起尾巴做人吧。须知"有若无，实若虚"这一处事做人箴言，已经被多少代的中国人的实践，证明了它的正确性。

　　历史的经验告诉我们，才华毕现、锋芒太露者往往容易招惹祸灾。在漫长的封建社会中，将帅或能臣克敌制胜、功高震主者，为君主所嫉恨而惨遭杀戮的，不在少数。例如秦末汉初、元末明初，逐鹿中原争夺江山时，各路英雄豪杰纷纷汇聚于雄才大略的君主麾下，锋芒毕露，各显过人才华与绝技，真是一个比一个有能耐，一个比一个有本事，一个比一个更杰出。雄主们自然是唯才是举，大加提拔重用，借助这些人的辅佐帮助，才实现了自己君临天下的勃勃野心。但当雄主们坐稳了皇帝宝座时，为其打天下的将帅或能臣的过人才华，却不会随之消失。这时他们的文韬武略以及各种过人才能，就成了新皇帝们的心病，让他们感到极度地担忧和恐惧，让他们感到震慑与威胁，让他们感到自家的江山终究还不是那么稳固。所以就屡屡出现开国之初大杀与滥杀功臣的惨剧。杰出的军事家、为汉朝建立立下赫赫战功、自称用兵"多多益善"的著名军事家韩信，以及大将彭越等，就先后被汉高祖刘邦及其妻吕后，找各种借口诛杀，而战将九江王英布被逼反后，也被杀掉，就是值得后人深思的。至于文武全才、且对朱元璋忠心耿耿的大元帅徐达，以及能臣胡惟庸、大将蓝玉、李文忠等，先后也被明太祖找借口杀掉，并且大兴冤狱，杀掉许多他们的同僚及部下，把开国功臣几乎杀绝，更是"卸磨杀驴"的绝好注脚。由此也可以看出封建社会那血淋淋的君臣关系之实质。即使这方面做得好一些的仁慈君主赵匡胤，为了巩固自家的独裁统治，也上演了一出"杯酒释兵权"的好戏，显示出帝王对功臣战将的嫉妒与戒心。真是早知有这样的下场，这些武将能臣还不如没有任何能耐，像普通百姓那样平凡地度过自己的一生。

在中国特色社会主义进入新时代的今天，面对改革开放的历史潮流，"有若无，实若虚"的道理，也并没有完全失去意义。"枪打出头鸟"在国人思维方式乃至行为方式中，还是有一定市场的，不管它是起积极的作用，还是起消极的作用，总是起着其该起的作用。对于青少年朋友来说，敢于竞争充满自信，敢想敢说敢做敢试敢闯，当然是一大优点。但也应切记"人怕出名猪怕壮"的俗语，如果凡事无所顾忌，在非原则性的小事上也咄咄逼人、锋芒毕露，就很容易得罪身边的朋友或同学、同事，甚至对上级也形成一种震慑，给自己进步制造阻力，可能会破坏自己所从事事业的成功。也许会有朋友这样提出问题：采取不露锋芒的方法，不就永远失去了别人了解自己才能的机会了吗？其实这是一种误解，表现自己才能的机会并不是在细枝末节上，不是在无关紧要的小事情上，而是在关键时刻和重大关头上，这时就需要你当仁不让，在大家一筹莫展时，挺身而出，敢于担当，抓住机会，充分展示你的能力才华，做出骄人的业绩来。此时，大家当然会了解到你的才能，更会赞扬你敢于负责任的无畏精神，钦佩你所做出的显著成绩。像这样能充分表现才华与本领的机会，一个人一生是会遇到多次的，就怕你准备不够，与机会失之交臂；就怕你才华本领有限，不能做出令人感到满意惊叹的成绩。

可见，如果你已具备了真才实学，就要留意表现的机会；如果你还缺少本领知识，那就赶快努力学习深入实践，多做准备吧。机会并不是留给有所准备的人，而是留给准备好了的人。所以"有若无，实若虚"的道理在今天还应是我们谦恭待人、低调做事的重要指南。

正是：有无实虚辩证看，为人做事须恭谦；
自古谦逊成大业，从来骄狂处世难。

十、义之与比

孔子说："君子对待天下的各种事情（君子之于天下也），既不存心敌视（无视也），也不倾心羡慕（无莫也），只以符合正义作为衡量标准（义之与比）。"这话深刻反映了孔子通权达变思想。其实，世界上的事情，本来就没有非此即彼、非友即敌的绝对对立的两极。因此，处理事务只要是符合正义的原则就可以了。对孔子这一思想，孟子可以说深得其中之精妙，他这样赞美孔子说："可以做官时就做官，应该辞职时就辞职，可以继续干时就继续干，应该走时就立即走人。"在这里，只有符合"正义"才是唯一标准，所以，孔子被称为识时务的圣人，是真正的俊杰。

"正义"可以说是孔子伦理思想和政治思想体系中的核心范畴，它集中体现了"仁"的本质，是人的一切社会行为的基本伦理准则，是最高层次的道德风范。《论语》对"义"做了多方面的阐释。

孔子说:"君子对于事业,应以合乎义为原则,依礼法去实行,用谦虚的语言说出来,用诚实的态度完成它。这才是一位真君子啊!"强调"义"就是君子成为君子的根本所在。在回答子路君子是否最崇尚勇敢的问题时,孔子回答:"君子认为义是最重要的。如果君子只讲勇敢而不讲义,就会作乱造反;而小人只讲勇敢不讲义,就会做土匪强盗。"勇当然是孔子思想体系中的重要内容,但它必须服务于正义、服从于正义,这在孔子看来是毫无疑问的。通观孔子所说"义"的内容,可以从以下几个方面去把握。

首先,从国家政治生活来看,恪尽职守,效忠国家,公而忘私,勇于献身,就是"义",准确的称谓叫"大义"。这是符合"义"的一切行为中最本质、最高尚、最核心的行为。孔子赞扬那些手执干戈保卫国家安宁的勇猛卫士,说他们的英名不朽,高度评价学生冉有挥舞长矛杀入敌阵的行为是"义"。孔子这里说的"义",就是国难当头,为拯救国家民族危难不惜勇敢献身的思想和行为品质。《论语》中明确提到与赞赏的"见危授命",就是指在国家遇到危难时勇于献出生命的壮举。在孔子看来,具有"义"这种最高尚道德的人,是可以把国家的命运和前途为之相托的;而这些真正的忠义之士,也一定会为了国家的安危,在个人生命面临生死存亡的关头,也要坚决抗争到底,而绝不会向任何邪恶势力妥协或屈服。屈原、苏武、岳飞、文天祥、张煌言、杨靖宇、张自忠、赵尚志等英烈,就是其中的光辉代表。

其次,从社会公共生活方面来看,"义"是处理一切问题、判断是非曲直的根本标准。什么事该做或不该做,要根据"义"去裁定。在这里,"义"就具体表现为一种与人为善、助人为乐、先人后己、舍己为人的道德品质。前面提到孔子强调的"义之与比",就是这个意思。学生子张请教什么样的人才能叫作通达,孔子说,通达的人,就是品质正直,能以合乎"义"的行为态度去对待别的人和事。他主张并鼓励,学生们应积极地去做合乎"义"的事,要有见义勇为的精神,在"义"与其他东西甚至是自己的生命,发生冲突时必然要为了"义"的实现,而舍去其他。历史上的那些清官如寇准、包拯、于谦、于成龙,以及新中国出现的雷锋、王杰、刘英俊、朱伯儒、郭明义等,就是我们学习的光辉榜样。

最后,从经济生活来看,"义"就是获得物质利益的正当性,其内涵是不损公肥私,不自私自利,遵章守法,照章纳税,以勤奋的劳动与合法的经营,赚取劳动报酬与合法收入。孔子主张人应当见利思义、见得思义,"义"利兼得。他很形象地说:"财富如果可以求得,就是拿着鞭子做市场上的守门人,我也会去干。"反之:"做不义之事,虽能获得财富并当上高官,但对我来说,也好比是天空中飘来荡去的浮云一样,没有任何价值。"可见,孔子并不是否定物质利益,而是主张获取物质利益必须符合"义"的要求、遵守"义"的规范,体现"义"的精神。在孔子看来,富贵与"义"都是很重要的,但决不能为了富贵而舍去"义",相反,为了符合"义",在特定条件下,应该舍去暂时的富贵、牺牲必要的物质利益。历史上以及改革开放后40年的今天,出现的以战国时期陶朱公范蠡和改革开放的今天四川新希望集团董事长刘永好、福建福耀集团董事长曹德旺等为代表的大量富有社会责任感与奉献精神的儒商,就是这种"义利兼得"、先"义"后利的典型事例。

"义之与比"这句话告诉人们凡事都要采取灵活洒脱的态度,只要不违背"义"的大原则,过一点或欠一点,先一点或后一点,多一点或少一点,左一点或右一点,浅一点或深一点，都无伤大雅，无关宏旨，不必求全责备，吹毛求疵。这大概就是我们常说的坚持原则性与灵活性的统一。现代人的行为方式和生活态度，不再像过去那样较真，好像更符合孔子说的此话。但是我们应当切记，正义的原则这个大前提，却是绝对不容忽视、绝对不能放弃的。今天人们处理问题的许多做法，不够的方面恰恰在于灵活性有余，原则性却不能一以贯之的坚持。因此，强调在坚持"义"的基础上，根据实际情况，适当变通行事方式，是取得事业成功的重要方法。

有这样一个营销小故事，说的是兄弟两人，来到一个偏远蛮荒之地做生意。此地的人都不穿衣服，所以人称"裸人国"。哥哥看到这种情况，皱起了眉头。弟弟却不以为然，率先进入了裸人国。过了十来天，弟弟派人来告诉哥哥，一定得按当地风俗习惯行事，才能做成生意。哥哥一听十分生气："难道要我们也照着畜生的样子，在光天化日之下，赤身裸体做事情吗？这是君子的所作所为吗？"他越想气越大，不禁破口大骂。裸人国的风俗是，每逢初一、十五的晚上，大家用白土在身上画上各种图案，戴上各种装饰品敲击着石头，男男女女手拉着手，唱歌跳舞。弟弟学着他们的样子，与他们一起歌舞娱乐。结果，裸人国的人，上至国王，下至普通老百姓，都十分喜欢他。国王把他带去的货物全都买下来，付给他较高的价钱。而他哥哥则气呼呼地指责裸人国这也不对，那也不好，不仅被狠揍了一顿，还差点丢了性命。

这个故事告诉人们，坚持原则与适当变通缺一不可，原则什么时候都要坚持，但不可将它看成是僵死的教条；变通要根据实际情况权变，但又不能违背原则。这就是"义之与比"告诉我们的道理。

正是：原则如磐铁石坚，灵活变通有指南；
"义之与比"可行事，义利兼得保万全。

十一、邦有道不废

孔子形容学生南容的做法时说："国家政治清明的时候（邦有道），他可以出来做官管事（不废）；国家政治黑暗的时候（邦无道），他能够知进退，免于招致刑罚（免于刑戮）。"用今天的话来说，就是在太平盛世要勇于任事，以施展抱负；在暗无天日的时代，则要后退一步以保全自己，孔子对此做法是赞同的。孔子还在赞扬卫国大夫宁武子时说："国家政治清明时（邦有道），他就充分发挥自己的聪明才智，为国尽心做事（则知）；国家政治黑暗时（邦无道），他就装疯卖傻，以求自保（则愚）。他的聪明才智，像他这样的人都可以做到（其知可及也）；但他装傻所达到的程度却是人们无法做到的（其愚不可及也）。"可见，孔子并不主张人们去做一个黑暗时代的牺牲品，要求聪明人处事还应讲究一点艺术，实质上，包含了反对后来封建专制时代的"君要臣死，臣不得不死"愚忠的内容。可见，孔子主张，人们在能够发挥自己聪明才智时，应竭尽全力为国家办事谋利；否则就需要韬晦沉冥，以待时机。

著名作家罗贯中在其不朽的名著《三国演义》中，就塑造了一个很会看时机与环境的高人刘备（当然这个"刘备"与历史上真实人物是有差距的）。东汉王朝末年，朝政腐败，民不聊生，致使天下大乱，群雄并起。作为杰出政治家与军事家的曹操乘势而起，以丞相的名义控制了朝廷的实权，并迎来傀儡皇帝汉献帝刘协，达到了"挟天子以令诸侯"的目的，号令天下，好不威风。而在镇压黄巾军起义中拉起队伍的刘备，虽然已从一个编卖草鞋的商贩上升为朝廷的左将军一职，但却因被吕布击败，不得不投到曹操麾下，受曹操挟制。与曹操强大的实力相比，这时的刘备已成光杆司令，纵有一定的人望，其力量可以说微乎其微，与曹操不成比例。不久，对曹操在朝中作威作福极度不满的一部分朝臣，私下密谋要推翻曹操，他们暗中与刘备联合，秘密写下血书，发誓要共同行动，等待时机成熟，发动政变，一举灭掉曹操及其党羽。深谋远虑的刘备，为了避免引起曹操怀疑，装作胸无大志的样子，大门不出，二门不迈，一心只在家中的后花园里种菜，俨然一个平庸的菜农。但突然有一天，曹操把刘备请去赴宴，好像是无意识地向刘备问道："最近，我听说你在干一些很有趣的事情。"刘备听了，不觉暗暗吃了一惊，但当他得知曹操不过是问他种菜的事时，才放下心来。很快酒菜就摆上来了，他们二人边喝边谈，曹操又问刘备："你领军南征北战，见过大世面，结识了许多头面人物，你认为当今之世谁才能称得上是英雄呢？"刘备举出袁绍、袁术、孙策等人，都被曹操否定。刘备只好请教曹操，曹操十分肯定地说："当今天下胸怀大志的英雄，只有你和我两个啊！"刘备闻听此言，顿时脸色大变，手中的筷子也吓得掉到了地上，心中叫苦不迭，只以为自己韬光养晦的计谋被曹操识破了。恰恰就在这时，早已阴暗下来的空中突然响起一声惊雷，刘备急中生智，连忙掩饰说："突闻惊雷，受到惊吓，不觉失态了，还请丞相原谅！"终于蒙混过关。接着，书中专门赋诗一首赞扬刘备的应对机智，诗中写道："勉从虎穴暂趋身，说破英雄惊煞人。巧借闻雷来掩饰，随机应变信如神。"刘备正是以假痴不癫的韬晦之计，骗过了聪明过人、号称奸雄的曹操，保全了自身，为后来的风云际会，东山再起，与曹操、孙权三分天下，做好了准备。

　　清朝扬州八怪的重要代表郑板桥，说过一段富有哲理的话："聪明难，糊涂亦难，由聪明转入糊涂更难。放一着，退一步，当下心安，非图后来福报也。"聪明与糊涂作为矛盾的两个方面，也是相互依存、相互作用、相互影响、相互转化的。而且在一定意义上说，聪明就是糊涂，糊涂就是聪明。如同郑板桥那样，有时装糊涂恰恰表现出了他的真正大聪明，其中道理是需要我们细加琢磨研究的。当然，我们在现实生活中，也经常能够看到一些貌似很聪明的人，结果是"聪明反被聪明误"，尽办一些糊涂的傻事，误事害己。这与他们过于计较蝇头小利的短浅眼光以及狭隘的胸怀直接有关。其实，有大聪明之人，都知道应当经常收敛自己聪明过人的锋芒，在小事上绝不斤斤计较，显出一种大智若愚的风采，就像宁武子那样的"愚不可及"。只有当风云际会，时机来临时，才是他们大展才华，成就一番惊天动地伟业的时候。专心种菜的刘备与难得糊涂的郑板桥，就是这样一些绝顶聪明之人。历史上许多明智之士，在时机不成熟时，常以"卧薪尝胆"的磨砺功夫，刻意隐藏起自己"以天下为己任"的宏大抱负。但在机会降临时，则当仁不让，敢为天下先，该出手时就出手，做出惊人的成就、骄人的业绩。

　　改革开放新时代的青少年朋友们，祖国现代化建设事业正蒸蒸日上，民主法治的社会环境正逐渐完善起来，你们正处于中国历史上最好的发展时期，过去那些束缚人、限制人发挥聪明才智的条条框框，正在逐步被打破，那种"邦无道"的时代，一去不复返了。虽然，前进的征途上，还会有挫折和风雨，但是，人的全面发展的社会条件，正在一点一点日积月累的具备起来。国家现代化的建设伟业,中华民族21世纪复兴的历史重任,正需要你们大显身手,这是你们施展自己才华的最好时机,让我们大家共同努力,为建设强大的现代化社会主义国家而奋斗吧!

正是:**国家有道愿献身,天下无道可退隐;**

欣逢盛世感好运,才华尽显看新人。

十二、言不及义,好行小慧

孔子说:"大家整天聚在一起(群居终日),谈话丝毫不涉及道义问题(言不及义),却喜欢卖弄小聪明(好行小慧),这样的人很难有出息啊(难矣哉)!"孔子批评的这种喜欢夸夸其谈、卖弄小聪明的人,大概当时并不少见,要不然孔子也不会专门对此提出严肃批评,并认定他们是一群没有出息的人。当然,孔子批评这些人,同时也意味着告诫自己的弟子以及后人,不要去做这种人,不要去干那样的事。

孔子批评的这种卖弄小聪明的人,在今天也没有绝迹。如若不信,请让大家来看:如今的茶肆酒楼、卡拉OK歌厅等娱乐场所,有些人一坐就是半天,甚至整天混迹其中,许多人聚在一起,无所事事百无聊赖,海阔天空乱谈一气。像说些什么天气、股票、伊拉克战争、阿富汗恐怖爆炸、以色列与巴勒斯坦之争、叙利亚战事以及中东政局演变等,显示自己无所不知的能耐。当然其所谈论的内容,并不是严格考证的,只是道听途说、人云亦云,甚至是信口开河、凭空虚构而已。不过,这还算是好的。令人吃惊的是,有的人还经常谈起张家长、李家短的琐事,不一而足。总之其中好多话是捕风捉影,上不了台面、见不得阳光的言论。这不就是孔子严肃批评过的"群居终日,言不及义"现象吗?!当然,我们并不是说那些娱乐场所不能去。人们从事紧张繁忙的工作学习后,到那些地方休息一下,放松放松,唱唱歌、跳跳舞,愉悦一下紧张的身心;朋友、同事以及同学之间聊聊天、谈谈心,相互交流一下,还是很好的。也不是要求每个人谈话都要中规中矩,一句废话、一句闲话也不能说。但是所说的全部都是废话、闲话,甚至破坏团结、挑拨同志之间关系的话,就应该是一个值得重视的问题了。而且,长此以往,不仅不利于同志们之间的团结,也把宝贵的时间全都浪费在无聊的扯闲篇子上了。要知道,随便浪费时间就是浪费生命,这对任何一个人来说,都是很可惜的。鲁迅先生就尖锐批评过扯闲篇子耽误别人的时间的做法,是"图财害命"。

其实,言不及义也好,无所用心也罢,都还只是无聊找个由头解闷而已,有点既涮了自己,又拿别人开涮的意思。可偏偏就有很少部分人,为要出人头地还卖弄起小聪明来。他们有预谋地凑在一起,专门研究张三、琢磨李四,还捎带上王五。要些小心眼、出些鬼点子用来整人、害人,今天攻击张三,明天打击李四,后天批判王五,搞得人心惶惶,造成了不应有的混乱。在制造混乱方面,这些卖弄小聪明的人,真是八仙过海各显神通,他们往往无中生有、添油加醋、落井下石,甚至造谣中伤、信口雌黄、含沙射影。这种人大概不会干什么正经事,只会群聚在一起,做出一些伤天害理的整人害人勾当,而且整起人来一发不可收拾。

所以，我们切不可轻视这种小聪明造成的危害。应当说人有聪明才智，并不是坏事情，关键是看怎么使用、用在什么地方、所用产生的效果如何。真正聪明、有智慧的人，都会正确使用自己的聪明才智，为国家为人民或为他人谋利益，当然也可以为自己及其家人谋取合法的利益。平时他们往往不卖弄、不显示、不标榜，貌似普通平常，但到关键时刻则该出手时就出手，成就一番事业。而那些貌似聪明的小聪明者，却经常耍弄小聪明，不管场合、时机，也不管在什么人的面前，时时处处显露着精明强悍，高人一头。其实这种"聪明"，不仅不会导致事业成功，很可能会招来灾难。东汉末年的聪明人杨修，之所以失去性命，就是因为他时时处处显示出自己的聪明，屡屡将曹操的良苦用心说破，结果给自己招来了杀身之祸。这可以说是"聪明反被聪明误"的典型例证。

从哲学的观点来看，聪明作为人生的一种财富，也具有两面性。我们都知道，财富能使人过上很好的生活，但财富把人毁掉的例子也不少。真正聪明的人使用自己的聪明，常常是深藏不露，不到关键时候不轻易使用，从外表上看应是一副大智若愚的样子，拙朴浑厚，不显山，不露水，这样才不会让人们眼红你、琢磨你、提防你。而耍小聪明者，则将自己的聪明财富随意显摆，时常招摇过市，生怕别人不知道。岂不知这正是十足笨蛋的做法，因为这样往往会给自己带来灾祸。所以，不管是从政还是经商，是做工还是治学，切记不可耍弄小聪明。

孔子只说耍小聪明的人是没有出息的，这还是留有了很大余地的。古今中外许多生动事例，早已证明，耍小聪明的人，对于任何大事业，都只能是成事不足，败事有余。在现实生活中，耍小聪明的人，可能会给自身带来两大灾祸：一是被人猜忌，作为对手时刻被人防范，在你想有一番作为还未做之前，就先给你使上绊子，而给你招来灾难；二是在小事上虽可得益于一时，但在长远的大事上，一定会因为众人的反对或不配合而失败，从而导致灾祸。因此，耍小聪明虽然可以使人得意于一时，暂时获得虚荣心的满足，但是终究还是要导致一事无成，甚至在事业上自我毁灭，永远不会取得真正的成功。这就不仅是没出息所能概括得了。

所以，有小聪明还不如不聪明，免得害了自己。因此，在这里奉劝那些"聪明人"，切记应在大事上聪明，小事上不妨糊涂一点。这既是明哲保身的需要，也是保证事业真正成功的前提。

正是：无聊群居实不该，卖弄聪明会招灾；
　　　才智用在正当处，惠人利己好运来。

十三、人而无信，不知其可也

孔子说："作为人却不讲诚信（人而无信），真不知他如何立身处世（不知其可也）！"孔子非常强调"信"的作用，把它看成是一个人安身立命、立身处世的基础。他强调做人要"主忠信""敬事而信""谨而信""言忠信""言而有信"。而对统治者则提出更高的要求，说作为统治者"信则人任焉"、要求"上好信"。子夏发挥孔子思想说："统治者得到老百姓的信任后，才去使唤他们（君子信而后劳其民）；没有得到信任，老百姓会被认为是伤害自己（未信则以为厉己也）。"

可见，孔子是把诚信看作是人与人交往的最起码道德品质，不管是统治者，还是一般的人，失去了诚信，都将寸步难行。当然他讲的诚信，是要受"仁""义"精神指导的，必须是符合仁义原则的。孔子在回答学生子张之问——如何使自己到处都能行得通时，语重心长地说："如能做到，说话忠诚守信，行事厚道谨慎，那么即使到了野蛮落后的地方，你也会畅通无阻。如果说话不忠诚守信，行事不厚道谨慎，即使在本乡本土，又怎么能行得通呢？站立时，就好像'忠诚守信厚道严谨'几个字，就在自己的眼前；坐车时，就好像这几个字就刻在车辕横木上，总之时刻不忘这几个字，这样就处处行得通了。"

诚实守信，已成为中华民族的传统美德。几千年来，这一美德伴随着一代一代的中国人走过沧海桑田，经历雪霜磨砺，早已沉淀为民族精神的精华。对于这一光辉民族精神的传承，以《论语》为经典的儒学，无疑起到了决定性的积极作用。为人以诚，待人以信，不但是人们的内在品质和精神要求，也是最基本的社会规范。今天，诚信已经成为社会生活对人的必然要求，同时也是个人获得社会认可的前提条件。2001年中共中央印发的《公民道德建设实施纲要》，第一次系统明确地提出"爱国守法、明礼诚信、团结友善、勤俭自强、敬业奉献"的公民基本道德规范，将诚实守信作为公民道德建设的重点。

历史上就有许多讲诚信的格言、事例和故事。如一言九鼎、一诺千金、一言既出、驷马难追，君子之言信而有征，失信不立，信言不美、美言不信，大丈夫以信义为重，等等。事实上，做人、处世、为政，诚信都是基础性的道德要求。诚实守信是树立良好个人形象的关键所在。人不可轻易许诺，而一旦承诺，就必须兑现。机遇绝不会凭空降临于一个言而无信的人。现实生活中有不少人喜欢信口开河，说过之后很快就忘记了。或许他答应别人的只是无足轻重的小事，但对小事的失信，会使人有理由怀疑他对大事的信用。丧失了信用的人如同一张空头支票，没有任何价值和意义。

春秋时期，晋文公重耳出兵攻打原国，事先与将士们约定10日内攻下。结果打到第10天还没打下来，他就准备收兵回国。有一位将军劝说道："再有3天就攻下来了，请暂缓收兵。"群臣也纷纷建议再等几天。但晋文公却说："我已和将士们约好10天，10天到了我不退兵，将失去信用。为得到原国一地而失去信用，这事我不能做。"于是立刻下令大军撤回。原国人听到这事，纷纷传说："像这样守信的君王，我们为什么不赶紧归顺呢？！"于是主动派人联系，归降了晋国。卫国人得知此事，也主动归顺了晋文公。

孔子的得意弟子曾参，对老师关于诚信的教导牢记在心。历史上记载的"曾子杀猪"的故事，两千多年来被传为美谈。曾参的妻子去赶集买东西，年纪尚幼的儿子想随同前往，而带着他显然会误事。于是，曾妻就哄骗他说："好孩子，在家待着，妈妈回来把猪杀掉，给你煮肉吃。"曾参在一旁站着，默默无语。曾妻从集上回来后，曾参拿起屠刀，直奔猪圈去杀猪。曾妻急忙拦住他说："我刚才不过是哄孩子随便说说，没必要当真。"曾参严肃地说："孩子还小，不懂道理，正随时从父母的言行来学习做人的道理。你已经答应杀猪而又不想杀，不是欺骗孩子吗？我们做父母的教育孩子，说话一定要守信用，说到做到，这样孩子长大后才会严守信用。"说的曾妻无言以对，只好让曾参把猪杀掉，给孩子饱餐了一顿肉食。

中华民族的抗日战争胜利后，全国人民热切盼望和平建国。中国共产党及其领袖毛泽东代表全国人民的心声，冒着极大的危险，毅然飞赴重庆与国民党进行和谈。充分证明了中国共产党人坚持民主团结、争取国共合作与和平建国的极大诚意，从而取信于天下，终于达成了国共《双十协定》。但以蒋介石为首的国民党政权，置人民与国际社会的和平呼声于不顾，很快就背信弃义，悍然撕毁《双十协定》，命令几百万军队向根据地进攻，发动了反共反人民的内战。在全国人民的支持下，经过三年苦战，中国共产党打败了貌似强大的国民党政权，建立了中华人民共和国。蒋介石政权不能不为失信于全国人民，而付出惨重代价，最终被大陆人民所唾弃。

在发展社会主义市场经济、构建社会主义和谐社会的过程中，更需要大力提倡诚实守信的美德。因为，第一，诚实守信是市场经济条件下经济活动的一项基本道德准则。市场经济是讲究信用的经济，我国实行的是社会主义市场经济，更要注意发挥包括诚信在内的传统美德，对推动社会主义市场经济健康发展的巨大作用。而且市场经济越发达，对诚信的道德要求就越高。第二，诚实守信是职业道德的一项基本要求。诚信要求各行各业的从业人员在自己的工作岗位上，都要诚实劳动、实事求是，杜绝弄虚作假、虚报浮夸现象。第三，诚实守信是做人的一项基本道德准则。诚信要求人们为人诚恳，待人诚实，做事实在，追求信誉。因此，诚实守信是一个人安身立命、为人处世应当遵循的基本准则，也是一个社会维持正常秩序和有效运行的必然要求。

可见，小到一个人，大到一个政党或国家政权，一个社会，都必须以诚信自立。失去了诚信就失去了自立的基础，当然更谈不到自我或事业的发展。做人必须以诚信对人，以诚信对己，以诚信对待一切；社会必须以诚信为存在的根基，各成员之间诚信相对，才会有和谐的人际关系、社会关系。我们可以做这样的比喻：诚信犹如一轮万众瞩目的圆月，唯有与茫茫苍穹对视，才能沉淀出对待生命的本真；诚信是高山之巅的天然净水，能够洗尽浮华、躁动和虚伪，留下启悟人的心灵的真谛。

正是：诚信做人善美真，仁义原则乃指针；
　　　传统美德光百代，今朝更应入人心。

十四、君子贞而不谅

孔子说："君子只固守正道而不拘执于小信用（君子贞而不谅）。"他还说："愿意遵守诺言却不愿意学习（好信不好学），其弊病是害人害己（其蔽也贼）。"这样的说法同上文强调"诚信是做人的基础"似乎是矛盾的。其实孔子是在告诉我们，在特定的情况下或特定的环境中，"信"也有一定的负面意义。这正是日常人们所经常忽视的，不能不引起我们的格外关注。

从《论语》整部书中去看，在"仁"与"信"的关系上，孔子非常强调"仁"（也包括"礼"）的根本性决定性，认为"信"只是第二位的，必须在合乎"仁"的前提下讲"信"。也就是说，"信"要服从于"仁"和"礼"，决不能孤立地讲"信"。如果离开仁、礼的大原则，不问是非地讲"言必信"，这只能是小人对信的理解，君子是不会这样做的。

《论语》中的一段话，比较清晰地表现了孔子对"信"的定位。子贡问孔子："怎样才可以叫作士?"孔子说:"自己行为有知耻之心,出使外国能完成君主的使命,可以叫作士了。"子贡又问:"请问次一等的呢?"孔子答:"宗族众人称赞他孝顺父母,乡党之人称赞他恭敬尊长。"子贡接着问:"请问再次一等的呢?"孔子道:"说话一定算话(言必信),做事一定要得到结果(行必果),不问是非地固执己见,那是浅薄固执的小人啊(硁硁然小人哉)!但也可以说是再次一等的士了。"子贡说:"现在执政的那些人怎么样呢?"孔子不屑一顾地感叹:"唉!那些气量狭小的人,怎么数得上呢!"

在儒家看来,诚信当然是非常重要的道德品质,在成事做人方面起着关键的作用。但"它"毕竟又是第二位的。孔子在他多年游历与教学的实践中发现,弟子和社会人员中有这样一种现象:平日不好学习,对仁义大节认识不够,可也不失质朴率真的品性,谨守"言必信,行必果"的信条。这种人往往好坏掺杂、优劣并存,远远达不到君子光明正大的品行。而君子是道德品质全面高尚的表率,其最本质第一位的道德科目是仁义,也就是"贞"。因此,在孔子看来,如果没有了正心正义正行正道,即缺失了"仁",那么其他一切(包括信)就都失去了意义。

过去社会中,那些闯荡江湖的艺人,甚至黑社会中的成员,也有许多是非常推崇诚信的,但他们所讲的诚信以及讲诚信的目的结果,无非是私人或小集团的利益或名誉,有些甚至充满了血腥与罪恶,这样讲"诚信",在全社会的公平与正义面前,难道是值得称道和赞赏的吗?!不懂大仁大义,只拘于江湖兄弟之间的所谓信用而丧命或失去大义的实例史不绝书。《水浒全传》最后一回《宋公明神聚蓼儿洼徽宗帝梦游梁山泊》就讲到,宋江在灭方腊起义军后,自己的实力已损失了十之七八,虽然一度受到较高封赏,但仍被童贯、高俅之流所算计。他们先谋害了卢俊义,然后又送放入慢性毒药的御酒给宋江。宋江喝下毒酒后,自觉将不久于人世,遂想到:"我死不争,只有李逵现任润州都统制,他若闻知朝廷行此奸弊,必然再去啸聚山林,把我等一世清名忠义坏了。"于是他便连夜派人到润州叫李逵前来。李逵来后,宋江先让李逵喝了药酒,接着说道:"贤弟不知,我听得朝廷差人送药酒来,赐与我吃,如死,却是怎的好?"李逵立即叫着要造反,宋江却不应允。第二天李逵走时,宋江才对他说道:"兄弟,你休怪我!前日朝廷差天使,赐药酒与我服了,死在旦夕。我为人一世,只主张"忠义"二字,不敢半点欺心。今日朝廷赐死无辜,宁可朝廷负我,我忠心不负朝廷。我死之后,恐怕你造反,坏了我梁山泊替天行道忠义之名。因此,请将你来,相见一面。昨日酒中,已与了你慢药服了,回到润州必死。你死之后,可来此处楚州南门外,有个蓼儿洼,风景尽与梁山泊无疑,和你阴魂相聚。我死之后,尸首定葬于此处,我已看定了也!"李逵也只能垂泪说:"罢,罢,罢!生时服侍哥哥,死了也只是哥哥部下一个小鬼!"宋江、李逵死后,吴用、花荣两人先后来到坟前,祭拜一番,双双悬于树上,自缢而死,算是实现了他们对于宋江的承诺。如此"诚信",毫无价值地付出了生命的代价。怎不让人感到荒唐。在今天,有些犯罪的愚汉莽夫更是为了所谓的对朋友的"诚信"而杀人抢劫,走向犯罪的道路。这种不顾大仁大义的"诚信"行为,当然是应被批判和禁止的,而不能被提倡。再如,医院的大夫给病人看病,为了不给病人增添精神压力,缓解病人的恐惧情绪,也可能说一些善意的谎言,这都是出于最终治好病人疾病的需要,是完全正当和应当的,是符合"正义"、应该提倡的。

所以,孔子的上述思想是正确的。后来,孟子继承并发展了孔子的这一思想,他有一段话的大意是这样说的:"有德行的人,说话不一定句句守信,办事不一定件件落实,一切都按照仁义的标准来衡量。"从一个重要历史人物的作为，可以比较深刻理解孔子的这个观点。唐代初年名臣魏征早年值隋末战乱，曾投瓦岗起义军，成为李密部下。后入唐充任太子李建成掌管图籍的洗马官。太宗李世民即位，他又主动投靠，先充谏议大夫，继任中央行政长官之一的侍中。魏征以性格刚直、才识超卓、敢于犯颜直谏著称。作为太宗的重要辅佐，他曾恳切要求太宗使他充当对治理国家有用的"良臣"，而不要使他成为对皇帝一人尽职的"忠臣"。每进切谏，虽极端激怒太宗，而他神色自若，不稍动摇，使太宗也为之折服，终于成就了中国历史上一段君臣同心协力，共同缔造唐初"贞观之治"的佳话。虽然魏征三次改换门庭，并不是为一个君主效忠，但后世千年，没有人认为他为政不守诚信。因为魏征胸怀治理天下的雄心壮志，顺应历史潮流，勇于择良木而栖，正体现了他的大仁大义。

"君子贞而不谅"，根本意蕴在于强调"大义（贞）"的重要性，明确说明当谅（信）与贞发生矛盾冲突时，应取贞舍谅，以谅服从贞。而当贞与谅相一致时，当然是贞谅双全，都坚定的坚持。如果坚守谅与贞没有关涉时，当然还要守"信"的。因此，这里丝毫没有否定诚信的意思，当然这一说法更不能成为个别人不守信用的借口和理由。

正是：贞谅相较贞为先，大义当前敢承担；
小信牺牲不足憾，仁心广布大义全。

十五、吾斯之未能信

孔子想让学生漆雕开去做官（子使漆雕开仕），但漆雕开却拒绝了，他对老师说（对曰）："我还不具备做官的能力，对做官没有信心（吾斯之未能信）。"孔子听了非常高兴（子说）。孔子还曾问子贡："你和颜回哪个更强一些？"子贡回答："我怎么能和颜回相比？他能够以一知十，我能做到以一知二就不错了。"孔子听了认为子贡说的是实话，表示赞成说："你赶不上他，我同意你的说法。"在这里，孔子肯定和赞扬了有自知之明的弟子，也显示了他对做人的一个基本要求。

孔子对漆雕开的回答感到高兴，并不是因为漆雕开拒绝自己的意见，他高兴的是漆雕开有自知之明。漆雕开能正确认识自我，看到自己不具备做官的能力，于是就实事求是地承认不足，婉拒老师的意见。而不是一听老师吩咐，就不管三七二十一地答应下来，然后走马上任，在官场上敷衍了事。这说明他有自知之明，知道自己吃了几碗干饭，孔子因此而感到高兴。子贡同样非常明智的看到自己不如颜渊的地方，当然，他也以自己独特的人格魅力而留名千古。孔子不能不为之感到欣慰。

有这样一句富有哲理的话说："诚实地向自己展开自己，这是人生一道优美的风景线。"自知就是知道自己、认识自己、了解自己，不仅要了解自己的优势与长处，更要知道自己的短处与不足。俗话说"人贵有自知之明"，把人的自知称之为"贵"，可见自知是多么不容易。把人的自知称之为"明"，又能看出自知是多么大的一种智慧。很多人都无法做到自知，道理正如"目不见睫"一样，人的眼睛在气象条件好时，甚至能够看到几里以外的东西，却看不到近在分毫的睫毛。这是因为，人都爱听好话、顺心话、奉承话、吹捧话，不自知的人听到这样的话，就会信以为真，误把其当作客观的真实评价，陶醉在这些话中，飘飘然起来，顿时觉得自己是多么的了不起，根本就不考虑说这种话的人，居心何在，有何目的，结果往往会吃亏上当。社会实践告诉人们，做到自知之明是很不容易的。

赵括纸上谈兵的史实，就是一个缺少自知之明招致灾难的惨痛教训。公元前260年，赵孝成王为击败秦军的进攻，把名将赵奢之子赵括找来，问他能不能打退在长平的秦军，解除国家危难。从小谈起兵法来就头头是道，自以为天下无敌，其实只会纸上谈兵的赵括，大言不惭地说："要是秦国派白起来，我还得认真考虑如何对付。现在来的是王龁，他不过是廉颇之类一般战将的对手，要是换上我，打败他可以说是易如反掌！"赵孝成王听了，非常高兴，立即要拜赵括为大将，让他到前线去接替廉颇对付秦军。赵括母亲劝谏赵王不要重用赵括，说赵括父亲早就说过，赵括言过其实，不可重用，如果用他带兵，一定会给国家带来灾难，但被赵王否决。于是，趾高气扬的赵括出任赵军统帅，马上就废除了廉颇制订的防守制度，命令必须迎头痛击秦军的进攻。结果秦军秘派白起为大将，替换回王龁。白起设计，切断赵军粮道，使赵军不战自乱。最后40万赵军被全歼，赵括也落得个身首异处的下场。这是一个没有自知之明误国害己的典型事例。

汉朝初年曹参当丞相所推行的办法，则是有自知之明，因而取得成就的好例。惠帝时，任用曹参接替病逝的丞相萧何。曹参上任后，采用清静无为的办法，一切按照萧何已经规定的章程办事，什么也不变动，他每天也好像无所事事。汉惠帝看到曹参这副样子，认为他是倚老卖老，就责问曹参为什么不作为。曹参一面向皇帝请罪，一面反问皇帝，陛下同高祖（刘邦）相比，谁更英明。惠帝回答当然是高祖。曹参又问，我与萧相国相比，谁更有水平。惠帝回答是萧相国。曹参立即表示赞成，并说："陛下说得都对，陛下不如高祖，我又不如萧相国，高祖和萧相国平定了天下，又给我们制定了一套规章制度。我们只要按照他们的规定照着办，不失职就是了，就用不着我们画蛇添足另搞一套了。"惠帝这才明白过来。曹参的做法，保证了国家的稳定，没有给百姓增添更多的负担，使国家逐渐恢复了生机。历史上把这称为"萧规曹随"。具有自知之明的曹参因其"不作为"，也对历史做出了应有的贡献。

其实，凡做任何一件事情，都需要有个基础，成功是需要诸多条件的，既要有客观条件，又要有主观条件。正像流行歌曲中唱的那样："没有人能随随便便成功。"其中的主观条件，就是完成此项事业的个人的能力、水平、本领是否具备。这就要求主体对自己能够有一个客观真实的评价。既清楚地知道自己的优势所在，又知道自己的弱点是什么。如若评价是正确的，则在客观条件具备的情况下，就能够扬长避短，达到预期目的，取得成功。如果不能正确认识自己，不愿承认自己的短处，就会过高估计自己的才能，去做一些力不胜任的工作，结局只能导致全盘皆输。上面讲的赵括与曹参的不同做法，就是证明。可见是否具有自知之明对于做人、成事都是必不可少的。作为一个身心健全的现代人，既应看到自己的长处和能力，又要正确认识自己的缺陷与不足，并注意在今后的学习与实践中，克服这些缺陷和不足。只有这样，他的心态才是健康的，他才具有了时代所需要的事业成功的资本。

因此，孔子赞成并主张的人要有自知之明是极为可贵的见解，我们切不可轻视它。

正是：*人贵之处在自知，自闭狂妄乃大敌；*

赵括曹参史实在，败事成事须深思。

十六、吾止，吾往

孔子说："好比积土成山（譬如为山），离成功只差一筐土时（未成一篑），就停止不积了（止），那是我自己要停止的（吾止也）。又好比在一块空地上（譬如平地），即使才倒下一筐土（虽覆一篑），但仍要继续干下去（进），那也是我自己要干的（吾往也）。"在这里，孔子以积土为例，说明做什么事都要靠自己做决定，是继续前进，还是后退一步，相应的成功与失败的后果，都需要由做事者本人承担。

《尚书》有言"为山九仞，功亏一篑"，只差一筐土就可以造成山，却不再干了，以致前功尽弃。是谁造成的这一后果，孔子说，责任在自己。同理，要填平一块空地，虽然现在才倒下一筐土，但只要锲而不舍地干下去，终究会成功，这又是谁的功劳呢？孔子认为还是自己。按照孔子的说法，干一项事业能否成功，关键是看自己能否有坚持到底的决心。

这里孔子告诉我们一个简单的道理，对于某一事业的进退与否，主要取决于从事这一事业的人的主观自身。那种推卸责任，说什么"进退皆身不由己"的俗语，过多地强调了客观原因，是不恰当的。实际上，在任何一件事上，或做或不做、或退或不退，当事者是有主动权的。因此，进退绝不可盲从于他人。当然，从事一项工作的进与退可能受制于他人、受到客观条件的制约、也受到主管能力的限制，但进与退的主动权，始终是取决于自身的，是在于从事这项事业的这个人的。可是在我国的传统文化心理中，有一种不好的东西，就是多数人办事往往是看别人怎么做，随着大溜走，不愿自己下决心，盲目从众的心态比较严重。

有这样一个类似寓言的小故事，在一艘游船上正举行着多边经贸谈判，突然船坏了，看形势只能弃船逃生了。船长叫大副紧急安排各国代表穿上救生衣离船，但大家都不理会大副的劝告，而是你看看我、我看看你，犹豫不定，不信大难即将临头。船长只得亲自出马，他很快就让各国代表顺从地穿上救生衣，离船而去。大副问船长采用了什么好办法，船长笑着说："叫他们下水其实很简单。我给英国人说，跳水是一项有益健康的运动，应该一试；给意大利人说，不下水是不允许的，违反法令；给德国人说，下水是命令，不得违抗；给法国人说，下水是一种时尚，非常时髦；给俄国人说，下水就是革命，造福后世；给美国人说，下水保险早已买好，不必有顾虑；给中国人说，你看大家都跳水了，还犹豫什么！"故事活画出各国文化的差异，其中说的中国人缺乏主见和盲目从众的心态，很值得我们深思。

盲目从众是与中国两千多年封建专制历史分不开的，今天也仍见其影响。例如，改革开放后，山地车在一些城市开始流行起来，这对于一些山城来说是很合适的。因为这种车适宜爬坡，在崎岖不平的路上骑行，也比较省力和方便。但对于平原上的大城市与平坦的公路来说，则不相适宜。因为山地车大架子坚实沉重，车把设计的僵硬别扭，转弯笨拙迟缓，对城市复杂的交通状况，骑起来比较吃力。但相当多的年轻人，看到人家在骑，也不管三七二十一，买来就骑，结果给自己带来许多不方便。当然最近几年由于国家汽车工业的大发展,汽车已经逐渐取代了自行车,山地车早已风光不再。另外,近几年各地的追星族,也叫"粉丝"或"拥趸",也是有增无减,有的甚至接近于病态的疯狂。杨丽娟疯狂追刘德华,导致她的父亲被逼死,就是一个极端典型的例子。由于追星族声势浩大,从而使一些本来没有心态追星的大中小学学生,为了不被人看作是落伍或另类,也自觉或不自觉地加入了追星大军,使这些青少年的宝贵时间空耗,学业也受到极大的消极影响。其实,不管追星族为明星付出了多少心血,花费了多少钱财,浪费了多少时间,白搭上多少资源,明星们也并不理解你,不认识你,从根本上说也并不在乎你。真正为你付出的只能是你的父母、家人、朋友、老师。因此,追星族应该梦醒,应把更多的爱给自己的亲人、朋友,而不是只给自己追求与倾慕的明星。

盲从于别人,凡事进退都看别人脸色行事,完全丧失了主观自我,丧失了自己的判断力,丧失了主观能动性,这种人绝对不能算作一个现代人。孔子在两千多年前就告诫人们,进退主动权应该掌握在自己手里,看来这话仍然没有过时。我们做事要想取得成功,做的使自己满意,发挥出自己的主体性能动性,就要摆脱盲目从众的心态,真正运用自己的大脑来思考问题,把进退的决定权放在自己手中。当你一旦取得成功时,切记不可轻飘飘,忘乎所以;而当你遇到挫折时,又应当清醒看到,这并不是世界末日,没有什么了不起。保持一颗平常心,凡事用心思考,注重自己决定进或退,勇于自己承担事业成功或失败的结局,不要怨天尤人。不要让别人把握左右了你的前途,自己把握自己的命运才是最根本的。

《国际歌》中有这样几句:"从来就没有什么救世主,也不靠神仙皇帝!要创造人类的幸福,全靠我们自己。"相信自己,充实自己,发展自己,完善自己,创新自己,超越自己,归根结底,事业的成功取决于自己的努力与必要的条件。就像孔子所说的那样,进或退都取决于自己。

正是:**主体价值在自身,进退不可靠别人;**
坚持努力勤发奋,事业辉煌付出真。

十七、多闻阙疑,多见阙殆

《论语·为政》篇记载,子张(名,颛孙师)问孔子为官之道,孔子回答说:"多倾听,疑问的地方保留(多闻阙疑),自己肯定的谨慎地说出(慎言其余),就会少犯错误;多观察,危险的事情不做(多见阙殆),自己肯定的谨慎地做(慎行其余),就不会后悔。讲话错误少,行为后悔少,官职俸禄就在其中。"子张性格直爽,为人豪迈,做事大大咧咧,跟他的师兄子路(名,仲由)有些相似,孔子曾评价他"师也过",即为人处世时很容易做过头。所以,孔子在这里因材施教,劝诫子张在官场上要多听少说、多看少做。或许也正是听取了孔子的建议,子张才避免了像子路那样在卫国内乱中被杀的悲剧。

我们置身其中的世界是纷纭复杂的,由于每个人自身的经历、学识、见闻有限,因此在面对复杂的世界需要做出判断时,智慧也是有局限的,难免会在一些事情上出现失误。更为关键的是,某些失误的产生往往是致命的。"当局者迷,旁观者清。"因而,不固执己见，虚心地倾听别人的建议，从中吸取适合、恰当的见解，弥补自己的不足，以做出正确的决定就变得相当重要。俗话讲，听人劝，吃饱饭，就是这个道理。

公元前206年十月，经过艰苦卓绝的努力，刘邦率领军队成功占领咸阳。作为秦朝首都，咸阳城繁华无比，秦皇宫殿更是富丽堂皇，奇珍异宝不可胜数。面对着这一切，军中将士垂涎欲滴，纷纷乘乱抢夺金银财物。此时的刘邦也忍不住诱惑，沉浸在华丽的宫室、成堆的金银珠宝和后宫的美女之中不能自拔，因为留恋秦皇宫的富贵而不忍离开。有鉴于此，樊哙和张良及时劝谏刘邦："残暴无道的秦皇因丧失民心才有您的今天，为清除暴秦的残余势力，您应当以节俭为本，善待咸阳城中的百姓，如若沉浸在声色犬马之中便是助纣为虐。"恍然大悟的刘邦，欣然接受他们的建议，当即命令兵士查封秦皇宫的府库，然后率领士兵退出咸阳，并同百姓约法三章：杀人要处死，伤人要抵罪，盗窃也要判刑。正是听取了张、樊二人的建议，刘邦才克服自身的缺点，赢得了百姓的信任和拥护，最终在楚汉争霸中打败项羽，建立起西汉王朝。

也正是深知决策者能否切实听得进意见关系到政权兴衰成败的道理，2013年12月，习近平在党的十八届三中全会第二次全体会议上着重强调了，广大领导干部要提高改革决策的科学性，很重要的一条就是要广泛听取群众意见和建议。身处新时代的我们每一个人都迎来了新的发展机遇，把握机遇并成就一番事业，个人的努力是基础，而善于听取他人的意见则是成功的另一重要原因。

所谓善于听取他人给出的意见，就是既要做到"能听"，又要做到"会听"。所谓能听，即能够容得下、听得进尖锐和反对或批评的意见。"良药苦口利于病，忠言逆耳利于行。"他人之所以会提出尖锐的意见，就在于以诚相待，视我们为可信之人；之所以能提出尖锐意见，很重要的一个原因就是别人考虑到了我们所不曾考虑到的方面。这对我们从更加全面的角度考虑问题，照顾到事物发展的每一个细节都有着很重要的作用。因此，我们绝不能因为他人的意见与自己相左而充耳不闻，轻视待之。要知道"海纳百川，有容乃大"的道理。所谓会听，一方面要尽可能多听取、多征求不同人的建议，汇聚众人力量，所谓"兼听则明，偏听则暗"即此；另一方面则要从多种意见中，根据自己所处的实际情况，采取具体问题具体分析的正确态度，选出最适合的一种意见付诸实施。"能听"彰显的是一个人的肚量，"会听"则体现一个人的智慧。

对于"能听"和"会听"，官渡之战时的袁绍就为我们提供了一个值得深思的反面例证。公元200年，官渡之战前，依附曹操的刘备攻占了沛县，与曹操反目，曹操亲自率兵征讨。此时，谋士田丰向袁绍建议："能够与您共争天下的是曹操，现在他去攻打刘备，后方空虚，正是我们用兵的好时机。您现在应该调动军队，一举荡平曹操。"然而，袁绍却推辞说他的儿子正在生病，无暇出兵。田丰以杖杵地，愤恨地说："天赐良机，竟然因孩子生病而失去，真是可惜啊！真是可惜啊！"刘备战败后投奔袁绍，回过味来的袁绍这才要南下进攻曹操，但田丰认为时机已经错过就不应强行出兵，因此向袁绍劝谏道："曹操虽然兵力少，但是却擅长战术，将军不可轻敌。您现在占据要塞，拥有四个州的土地，对外应该结交英豪，对内应该发展农业和军队，然后精兵简政，等待时机，出奇谋、用奇兵，扰乱河南，曹操救右则击其左，救左则击其右，让他疲于奔命，民生不安，不出两年，就能打败曹操。如果现在出兵，求一战定胜负，万一失败就后悔莫及了。"刚愎自用的袁绍根本没有听取田丰的建议。而田丰倔脾气上来，又不依不饶继续进忠言，被惹怒的袁绍以扰乱军心的罪名将田丰关押起来。后来，袁绍战败，有人告诉田丰这一消息说："袁将军不听您的建议导致战败，等他回来，一定能够重用您。"但深知袁绍脾性的田丰却说："若我们的军队取胜，我还能生还，今我军战败，袁将军无地自容，一定会杀了我。"果然，袁绍班师后，担心田丰耻笑他，就把田丰给杀了。这里袁绍自以为是，听不进田丰的忠言直谏，是谓"不能"听；贻误战机，却又一意孤行，不明确自己的战略定位，两次建议中都未能采纳合适的建议，是谓"不会"听。既不能又不会，失败也就成为必然。

听取建议和给出建议是一个事物的两面，两位一体而不可分离。人在生活中总有着多重身份，有时我们是听取建议者，有时又是建议者。在上面的故事中，我们还应当知道，在听人劝的同时，也应当成为一个合格的劝人者。在给人建议时，一者，要切中肯綮、抓住要点，真正给出建设性的意见；再者，要分清场合、时机，"因地制宜"地给出合理建议，或委婉、或直接、或全部、或部分地表达自己的想法，且都要因时、因事、因人而异，不能一概而论。

正是：多闻阙疑错减弱，多见阙殆成事何；
　　　刘邦袁绍正反例，后人吸取教训多。

十八、乡愿，德之贼也

孔子说："不分是非曲直、八面玲珑的老好人（乡愿），就是败坏道德的小人啊（德之贼也）。"后来，《孟子·尽心》中，对孔子的这种观点做了进一步发挥。孟子说："八面玲珑、四面讨好的人，就是乡愿。"其学生万章问："全乡的人都说他是好人，他也到处表现出自己是一个好人，孔子却把他看作是败坏道德的小人，为什么呢？"孟子答道："这种人，你要批评他，却举不出他什么大错误来；你要指责他，好像他的表现又使你无可指责。他所做的一切都符合世俗，为人也好像忠诚老实。因此大家都喜欢他，他自己更认为行事做人皆正确。其实他的所作所为与尧舜之道背道而驰，所以孔子才说他是偷着败坏道德的人啊！孔子说过，他厌恶那种似是而非的东西；厌恶狗尾巴草，怕它把禾苗搞乱了；厌恶巧言谄媚的才智，怕它把道义搞乱了；厌恶夸夸其谈，怕它把诚信搞乱了……厌恶伪善的人，怕他把道德搞乱了。"

可见，孔子之所以厌恶、指责"乡愿"这种老好人，就是因为老好人四处讨好、八面玲珑，无论在什么事情上，都搞无原则的一团和气，不愿得罪人，不敢主持正义，结果使正义的道德原则得不到伸张，邪恶的歪风邪气得不到打击遏制。又由于他总是以老好人的面目出现，不像那些公开做坏事的坏人那样使人反感，所以，即使他败坏了道德原则，大家也都依然茫然不知，因此这种人就像一个偷着败坏道德的贼一样。孔子对这种人的深刻揭露和批判，真可以说是一针见血。

其实，这种老好人不管是在历史上，还是在当今现实生活中，还真有不少。明朝文学家冯梦龙在《谭概》中，曾写过一个"好好先生"的故事，讲的是东汉末年，有个名叫司马徽的人，从不谈论别人的短处，与人交谈时，不管别人说什么，他都说好。有人问他身体健康吗？他说好。有人对他说起自己儿子死了，他却说太好了。他的老婆责怪他说："人家以为你是一个有同情心的人，才将儿子死去的消息告诉你，为什么你听了人家儿子死了的消息，反而还说好呢？"司马徽回答："啊！像你说的这些话真是好极了。"总之，无论别人讲什么事，他都一律说好。后来人们就送了他一个"好好先生"的绰号。唐代武则天当政时，娄师德因其才华受到重用，也受到朝中许多人的嫉妒，为免除祸灾，他干什么事都小心翼翼。其弟被朝廷外放代州当官，向他辞行时，他嘱咐弟弟凡事一定要忍让。他弟弟就说："就算别人把唾沫吐在我的脸上，我也不会生气，自己擦掉就可以了。"娄师德说："这样还不行，你擦掉就是违背别人的意愿，你要能让别人消除怒气，你就应该让唾沫在脸上自己干掉。"这就是历史上"唾面自干"故事的来历。还有五代时期的冯道，从后唐明宗时起，就当上了宰相。后来，他又在后晋、后汉、后周三朝为相，在每一个朝代的主子面前，他都是永远的一副奴才相，投其所好，阿谀奉承，居然还讨得了各位新主子的欢心。即使在辽兵占领汴京的时候，他也主动朝见辽朝君主，完全不顾中原国家的脸面与尊严，对敌国极尽巴结谄媚之态。而那些新建的短命王朝的皇帝，也乐得利用这个唯命是从的老臣。所以，冯道历仕四朝，始终保持着宰相、太师、太傅类似的重要职位。这位没有廉耻、不知气节为何物的冯道，居然还自鸣得意地称自己是"长乐老"。类似"好好先生"也好，"唾面自干"也罢，以及"长乐老"之类，都是孔子严厉批判的"乡愿"。他们一味讨好别人甚至敌国，而不讲人格；只想巴结上司与同事，而不讲原则；只愿和气一团，而不问是非对错；只求保住自己的官位、俸禄与利益，而不讲什么廉耻与气节。他们奉行的处世哲学就是"好人主义"。

现实生活当中老好人更常在我们身边，我们的潜意识里面多少也存在着老好人的某些因素。而这种"乡愿"思想，不但害人，而且误己。它是我们事业成功的拦路虎，虽然不是凶神恶煞般景阳冈上的大虫，却是害人更甚的笑面虎。它的存在，可能会使我们逐渐失去斗志，飘飘然起来，慢慢丧失进取心，最终导致一事无成，事业完全失败。所以我们要有所作为，就必须清除思想上的"乡愿"这种好人主义意识，行动上坚决不做"好好先生"那样的人。

认真说起来，好好先生其实也很可怜。他们没有自己做人的原则，也没有自己独立的见解和主张，脑袋似乎拴在了上司或专家权威、别人的裤带上。上司或专家权威乃至别人说好，他们就忙着点头称是，连说好好好，并接着凭空杜撰好的根据；上司或专家权威乃至别人说不好，他们还是忙着点头，连说不好不好不好，并赶紧寻找不好的理由，吹捧上司或专家权威乃至别人的论断是如何英明，依然是上司或专家权威乃至别人的"高"与"好"。这样的人，怎么会有创新性思维，怎么会有独立人格与自主意识呢？！他们活着只不过是别人的附属品，其庸庸碌碌的一生不会有任何出息。他们在工作岗位上，只不过是尸位素餐的混混；他们活在世界上，只不过是一堆行尸走肉而已。

乡愿不但使自己一生远离事业成功，还会使其巴结伺候的人，很可能陶醉于那一片叫好声中，过高的估计、评价自己的水平和才能，而偏离成功的方向，最终滑向失败深渊。例如今天的一些贪官，有些开始还是很想有所作为的，干得也还不错，所以才获得提拔晋升。但当掌握大权后，禁不住身边的那些"好好先生"们天天吹捧，大唱赞歌，不管他干什么事耳边都是响着谄媚之声，堪称"颂歌盈耳神仙乐"，致使其头昏脑热，忘乎所以，最后走向自我毁灭之途。贪官们犯罪固然要受到惩罚，但那些乡愿们对贪官纵容吹捧，对其胡作非为推波助澜，使其在错误乃至罪恶的泥潭中越陷越深，难道不也是犯罪吗?！这种乡愿难道不应该受到道德法庭的严正审判吗?！

遗憾的是，在今天"好人主义"在个别地方仍有较大市场，奉行这一套的人，在当地居然就能够吃得开、行得通、玩得转。这是应当特别引起警惕的。当然，只要大家真正认识到其危害性，而坚决同其作斗争，这种歪风其实也没有什么了不起的能量。上面已经讲到，好人主义本质上就是没有原则，不分善恶。它使人们多的是私心，少的是公心；多的是俗气，少的是正气；多的是圆滑，少的是刚正；多的是巴结谄媚，少的是原则立场。这种早就被孔子所唾弃的乡愿"好人主义"，在今天已经进入新时代的大环境下，我们更应该齐心合力，尽快把它送进历史的垃圾堆，以纯洁、净化我们所处的社会环境。

不过，我们反对"好人主义"，并不是说不应该做好人，要划清"好人主义"与好人的界限，每个人都应当努力做个对社会、对他人有利有用的好人，同时又要杜绝"好人主义"的思想意识，这也是一个问题的两个方面。

正是：乡愿意识害人深，不讲原则怎做人？
　　　　记取教训防冯道，善恶分清诤友真。

十九、士不可以不弘毅

2015年，习近平总书记致信中华全国青年联合会第十二届委员会全体会议和中华全国学生联合会第二十六次代表大会开幕。信里，他引用《论语》中曾子的话"士不可以不弘毅，任重而道远"，勉励全国各族各界青年和青年学生要树立弘大志向，培养坚毅品质，以勇于担当的精神努力实现人生梦想。

曾子的原话这样说道："士不可以不弘毅，任重而道远。仁以为己任，不亦重乎？死而后已，不亦远乎？"这里，"弘"为宏大之义，"毅"是刚毅之义。翻译成现代白话文也就是：士人不能够不胸怀宽广，坚强而有毅力，因为他们的责任重大，路途遥远。将仁爱精神的实现作为自己的责任，难道还不算重大吗？奋斗终生，至死方休，路途难道还不算遥远吗？

如果回到具体历史语境当中来看曾子的这段话，我们会发现其中有着比字面意义更为深刻的内涵。一方面，先秦时期，我国在政治体制上为奴隶制，社会存在明显且严格的等级次序，由上到下分为贵族、庶民、奴隶三个阶层。其中，在贵族这一阶层，由上到下又包括天子、诸侯、卿大夫、士五层群体。所以，士在贵族中是排位最末的一个群体。另一方面，曾子作为孔子的学生，生活于春秋末年，正值社会剧烈动荡的时期，周天子的权威早已不复存在，诸侯国与诸侯国之间为争夺霸权征战不休，即便在诸侯国内部也存在着权力斗争，卿大夫操控诸侯或者取代诸侯而自立的现象不时发生，社会混乱无序，百姓生活受到严重干扰，苦不堪言。在曾子看来，尽管在贵族阶层中排居最末，但当国家处于危亡之际，百姓陷于水深火热之时，士人便应自觉承担起救民于水火的历史重任，积极宣传仁爱精神，重新构筑美好的社会秩序，这也是士人所应有的使命担当。因为这份担当的重要性和长远性，就必然要求士人面对纷乱局面时具有一种自强不息、刚强坚毅的精神。

秦朝以后"士"概念的内涵与外延均发生变化，所指群体由原来的贵族之末变为士农工商四民之首，成为知识分子的通称，但曾子所倡导的"弘毅"精神却未曾减退。相反，它早已融入民族的血脉之中，成为古人自我要求的标准和尊奉的原则。

明朝末年，明军在与后金的作战中接连失败，东北告急之时，朝廷任命孙承宗代替原蓟辽督师坐镇辽东。孙承宗到任后，培养选拔了袁崇焕等大一批优秀将领，创造性地构筑了关宁锦防线，率领军队逐步收复大片失地，安置因战乱而流离失所的百姓，修筑大小城池四十多座，逼迫后金将战线撤后七百余里。面对功勋卓著的孙承宗，魏忠贤等阉党威逼利诱想拉其入伙，孙承宗终究不为所动，后罢官回家。崇祯十一年，清军进攻高阳，赋闲在家的孙承宗明知大势已去，但仍旧亲自组织民兵，率领全城军民共同抗敌。他的儿子、侄子、孙子、侄孙大都牺牲在战场上，孙家百余人遇难。城破后，孙承宗被抓，面对清兵的反复劝说拒不投降，最终面向京城自缢而亡。终其一生，孙承宗以其"天下兴亡，匹夫有责"的具体行动，坚守着作为一个士人应有的弘毅精神，"富贵不能淫，贫贱不能移，威武不能屈"。

不唯在古代，近代无数革命志士为了国家的独立、民族的解放和人民的幸福英勇抗争，即使付出宝贵的生命也在所不惜，他们也是"士"，是用自己的鲜血践行曾子所说的"士不可以不弘毅"的勇士、烈士。

1932年，杨靖宇受党中央委托赴东北组织抗日联军，在冰天雪地的白山黑水之间同日寇进行艰苦卓绝的斗争。八年时间里，杨靖宇率领部队积极开展敌后游击战争，牵制日本关东军入关，给予敌人以沉重打击。1940年，在叛徒的出卖下，敌人对杨靖宇部队进行了疯狂地围剿，使得部队被冲散，杨靖宇一人在饥寒疲惫的情况下仍然同敌人周旋战斗，直至最后牺牲。残忍的日寇肢解他的尸体时，发现杨靖宇肠胃里没有一粒粮食，全是树皮、枯草和穿的棉袄上的棉絮。杨靖宇为打败日本侵略者，为了祖国独立和民族解放战斗到最后一息，流尽了最后一滴血，这种不屈不挠的大无畏精神，就充分体现了革命志士的弘毅精神。

郭齐勇先生指出，曾子强调的"弘毅"精神除了胸怀宽广、刚毅坚卓之外，还包括"立志有恒，宁静致远"的含义。"士子不要急于求成，应心无旁骛，虚心学习，专心历练，在实际工作中修身成德，才有恒久的耐力。富贵、温柔易销蚀其志。在顺境与逆境的考验中坚守节操，老而弥坚，才能实现远大的境界与目标。"因此，"弘毅"也就不单纯地指勇猛精进，它的背后还有一种淳厚笃行的力量；其精神也就不单纯地体现在为国家与民族所做的"大事"之中，它还时时刻刻体现在当下所思、所行的"小事"之中。坚持做好每一件平凡、普通的小事，用真诚对待每一位遇到的朋友，这也是"弘毅"。

李素丽只是北京市21路公交车上的售票员，可就在这么一个平凡的岗位上，硬是让她干出了不平凡的业绩。根据不同的乘客，李素丽会提供不同的乘车服务。面对老幼病残孕乘客，她主动上前搀扶；面对外地乘客，她耐心帮他们指路；面对上班族追车，她就尽量不关车门等他们；堵车时，她会拿出期刊，缓解乘客急迫的心情；看到有人晕车，她会赶忙递上一个塑料袋；面对方向感不强的乘客，她用"前后左右"代替"东西南北"来指路……李素丽所做的每一件事都不"大"，可每一份情都很"真"，她利用自己的岗位将每一件小事都做到极致，最终那一件一件的小事也成就了她的生命。李素丽在1992年荣获"首都劳动奖章"，1993年获"全国五一劳动奖章"，1994年被评为"全国建设系统劳动模范",1996年后先后荣获"五四奖章""全国三八红旗手""全国职业道德标兵"和"全国优秀共产党员"等荣誉称号,受到党和国家领导人的亲切接见。

"弘毅"不必非要在轰轰烈烈中完成,真切生活中更能体现。青年人是国家的未来和希望,任不可谓不重,路不可谓不远,越是如此越应该学会在学习、生活和工作中绽放自己生命的本真之美,踏实做好手中的事情,不做好高骛远之事,不发高谈阔论之言,有恒心坚持、有毅力坚守,此方谓之为"士"。

正是：志士弘毅美名传，坚守精神人格全；

民族英雄杨靖宇，热血撑起神州天。

交往篇

二十、吾道一以贯之

孔子说:"曾参啊!我的学说贯穿着一个基本思想(吾道一以贯之)。"曾参回答:"是。"孔子出去后,别人问曾参:"老师的话是什么意思呢?"曾子说:"老师的学说,只是'忠恕'两个字而已。"至于什么是"忠",什么是"恕",曾参没有解释。但是孔子在《论语》书中其他地方,却对二字有过比较清楚的解说。

孔子说的"忠",就是"己欲立而立人,己欲达而达人"。即自己要想有所作为,也要尽心尽力地让别人有所作为,自己要想飞黄腾达,也要创造条件让别人飞黄腾达。本质上就是通常说的待人忠心的意思。孔子说的"恕",就是"己所不欲,勿施于人"。即自己不愿干的事,也不要强迫别人去干。忠恕之道就是人们常说的将心比心,推己及人。现在我们说的换位思考就是这个意思,凡事要站在对方角度上想一想,自己想这样,也要想到人家也想这样;自己不想这样,也要想到人家也不想这样。既不强加于人,也不强人所难。

前面我们讲过,孔子的中心思想是"仁",而忠恕的本质其实就是仁。从"忠"字的结构来看,是由上"中"下"心"两字组成。即"忠"就是"中心"的意思,要求人们把心放在当中,就是对人对己都要公正。怎样才能做到把心放在当中,就是孔子说的"己欲立而立人,己欲达而达人"。从"恕"字结构来看,是由上"如"下"心"两字组成。即"恕"就是"如心"的意思,要求人们凡事都要将心比心,要设身处地站在对方的立场上,想一想是否合理。怎样做到将心比心,就是孔子说的"己所不欲,勿施于人"。忠是从正面、积极方面讲的怎样做到"仁",恕是从反面、消极方面讲的怎样做到"仁"。

在《论语》书中,"忠"字共出现过17处。孔子讲的"忠"主要是竭尽自己的心力,是对自己处世为人的要求。即要求自己端正对人对事的态度,真心诚意,积极为人,勤勉办事,恪尽职守。每天都要再三反省自己,看替别人办事是否尽到了最大努力;忠于一个人,就要对他的错误进行劝说,为他着想,等等。忠的这一切表现,都是爱人原则的要求和体现。只有做到了"忠",才真正实践了崇高的仁道。"忠"主张的尽己为人,体现了"仁者爱人"积极方面的意义。侍奉君主,是否竭尽全力,尽职尽责,是"忠"的另一层含义。随着我国封建专制社会的发展,这一方面又逐渐演变为"忠"的主导方面。对此,似有加以辨析的必要。古代人强调"君臣大义""忠孝两全",主张为国尽忠,为君尽忠,认为这是做人的大节,是大德大义。但是细加分析,我们可以看出《论语》中忠君的思想,与后代的忠君思想相比有很大不同。后代尤其是秦始皇建立了高度专制的封建帝国以后的忠君思想,其要求是绝对的、无条件,主张的是"愚忠"。即不管帝王所作所为是否正确、合理,臣子都要竭尽忠心,效忠于帝王,即使为虎作伥也在所不惜。而《论语》中讲的忠君,则是和君的慈爱、有"礼"、恩惠联系在一起的,是有条件的、相对的,并不是盲目的"愚忠"。孔子讲忠君,是把它放在由"仁"所规定的等级秩序中去阐述的。虽然君臣不是一种平等关系,是上下级的隶属关系,但这种隶属是有条件的,是以各守其

· 43 ·

道为前提的。君道要求国君对民慈惠，使臣以礼，敬事而信；臣道要求臣子事君以忠，以道事君。君臣各安其位，各尽其职，共同为国家与人民办事。如果君不守其道，不慈爱人民，不使民以时，不使臣以礼，就不能要求臣下对他忠诚。《论语》说"君使臣以礼，臣事君以忠"，前者是后者的前提条件，没有前者则无后者。孔子就讲，臣子尽自己的才力去担任职务，如果行不通就辞职，不能对无道之君盲目遵从。他强调，臣子应以正道侍奉君主，对其过错应当面规劝，犯颜直谏。反对臣子对国君奴颜婢膝，曲意逢迎，盲目顺从，唯命是听的做法。他认为那种不分是非的忠君做法，就是小人的做法。

"恕"则从另一方面讲如何贯彻仁道。当子贡请教孔子有没有一个字可以终身奉行时，孔子回答说："那就是'恕'啊！"即己所不欲，勿施于人；将心比心，推己及人。费孝通先生认为，孔子社会思想的关键、儒家思想的核心，就是这个推己及人。推己及人最重要的是"己"字，这是在社会上，人同别人打交道、做事情的基础。怎样对待自己，怎样对待别人，老吾老以及人之老，幼吾幼以及人之幼，首先就是这个"己"。考虑一个事情，首先想到的是怎样对得起自己，而不是做给别人看，这可以说是从"己"里面推出来的一种做人境界。这样的境界，费孝通先生认为是最好、最高的。自己觉得对的才去做，自己感觉到不对的、不舒服的，就不要那样去对待人家。这是很基本的一点。现在社会上缺乏的就是这样一种做人风气。年轻的一代人好像找不到自己，自己不知道应当怎样去做。而要想找到自己，办法是要知道自己。不能知己，就无从推己；不能推己，就不能及人。儒家不光讲"推己及人"，而且讲"一以贯之"，强调要终身奉行。可见，"恕"在儒家思想中的极端重要性。

"忠恕"过去要讲，要身体力行，要终身尊奉；在今天同样要讲，更应身体力行，强调要终身尊奉。在党和政府提出建设社会主义和谐社会的今天，"忠恕"之道中的合理成分，是应该得到大力继承和发扬的，因为这是做人之本。

正是：忠恕之道贯古今，立人达人是行"仁"；

"推己及人"高境界，和谐社会万象新。

二十一、有朋自远方来，不亦乐乎

2018年6月9日21点，上海合作组织青岛峰会灯光焰火晚会震撼开演，绚烂夺目的烟花腾空而起，照亮整个夜空；华灯璀璨倒映在海面，波光粼粼美不胜收；胶州秧歌、鼓舞、剪纸轮番呈现，向世界展现齐鲁文化深厚底蕴的同时，也传达出中国对全球未来发展的美好憧憬和共建人类命运共同体的永恒愿望。值得注意的是，不仅晚会的内容充分体现了中国传统文化特色，就连其主题《有朋自远方来》也是出自《论语》首章"有朋自远方来，不亦乐乎"。意思是：有朋友从很远的地方来我处做客，不也是很值得高兴的吗！那么，晚会为什么会以此为题？这其中又有什么深刻的含义？

"朋"字的甲骨文写作拜，像两串贝壳拴系在绳子上。上古时期，先民视贝壳为珍贵物品，便以之为货币，五贝为一系，两系为一朋。因为"朋"由相同的贝壳组成，故

· 44 ·

也用来表示数量较多的同一类事物，由此衍生出类和群的意思。古人习惯上把同门师兄弟、同僚同事称为"朋"，因此清代学者宋翔凤在《朴学斋札记》把"有朋自远方来"的"朋"解释为弟子、学生，意思是孔子在教导弟子时说，有同学从远方赶来，不让人感到由衷的快乐吗？今天，我们可以直接将此处的"朋"引申为志同道合的朋友。

志同道合的朋友从远方来相聚，孔子为什么说应当感到快乐？我们可以从两个角度加以分析，首先这快乐源自情感上的满足。远方的朋友阔别已久，长时间未能见面，如今老友重逢，共话友情，足以让人在感情上感到愉悦。再者，在孔子那里，志同道合的朋友相聚在一起并非单纯地联络感情，而更多的是"以文会友，以友辅仁"。《周易》兑卦《大象传》讲："君子以朋友讲习。"朋友间透过相互探讨，明了学问与道德之于人生的重要意义与价值，进而增进双方的学识涵养，提升彼此的道德境界，而这更是快乐的应有之义。

《论语·先进》篇记载了孔子与四位弟子之间的一段对话。孔子问子路、曾点、冉有、公西华："我只不过年长你们几岁，不要顾虑我是老师。你们平常总说没人认识、赏识自己，如果有人认识、赏识你们，你们打算怎么做？"子路急忙答道："拥有千辆兵车的国家被夹在大国中间，国外有敌人威胁，国内有大饥荒，如果让我来治理，只要三年，就能让老百姓有勇有义。"孔子微微笑了一下，问："冉有，你呢？"冉有说："如果我来治理六七十里或五六十里的小国，三年，可以使百姓富足安康，然而至于推行礼乐，就唯有等待君子来做了。"孔子又问："公西华，你呢？"公西华对答到："不敢说能怎么样，只是愿意学习。我愿意做一个司仪，穿着礼服，戴着礼帽，主持祭祀或者接待外宾。"孔子继续问："曾点，你呢？"正在弹琴的曾点停了下来，回答说："我不同于他们三人所讲。"孔子说，"又有什么关系呢？只不过是各自谈谈自己的志向罢了。"曾点接着说道："暮春时节，春服穿定，与五六位青年人、六七个小孩子，在沂水旁洗洗澡，在舞雩台吹吹风，然后悠然地唱着歌儿回家。"孔子长叹一声道："我赞同曾点的做法。"

从这个故事中，我们一方面可以管中窥豹，看到孔子与学生之间日常交流的具体情形。老师与学生相聚并非随意散漫地谈天说地，而是交流各自的志向，每个人都毫不隐瞒地各抒己志，充分地表达自己的想法，这种"学以聚之，问以辩之"的教学和受学方式本身就是让人值得高兴的事情。另一方面，我们又可以从师徒的对话中看到孔子所乐的精神实质。曾点之言的背后，是一种对生命和生活的审美期待，而这一期待是在同友人的互动中实现的，孔子对他的志向表达高度地认同，本质上也就是对追求自由境界和洒脱气象的认同。志同道合的朋友"相视一笑，莫逆于心"，从天地自然中畅游身心，乐不就在其中吗？

谚语讲，"一个篱笆三个桩，一个好汉三个帮"。现实生活中，无论小到个人，还是大到团体和国家都需要结交自己的朋友，从而在生活上互相帮助、在事业上相互扶持。而"有朋自远方来"这句话也内含着结交朋友的原则。上文说到"朋"是指同类事物，这就告诉我们，在交友过程中，应当不受地域限制，主动寻找同类朋友，这一"同类"还应是积极、向上、正面的，即志同道合者。

西汉刘向在《列士传》中记载了一个"羊左之交"的故事。左伯桃是战国时期燕国人，素有治世之才，可是年近四十时仍然无所建树。当时，他听说楚王招贤纳士，就冒着严寒去楚国，途中借宿羊角哀家中，受到羊角哀热情接待。晚上，两人交流学问，交谈得十分投机。第二天,他们就结为兄弟,并决定结伴一同前往楚国拜见楚王。然而,在前往楚国的路上,尽是风雪,他们所带干粮不多,身上衣服单薄不足以抵御严寒。在这种情况下,左伯桃想如果两个人都去楚国,一定不会成功,而如果一个人带着另外一个人的物资单独去,希望更大,但这样就必须有一人面临冻饿而死的危险。于是,左伯桃脱下衣服、拿出干粮送给羊角哀,让他一人前去。羊角哀坚决不肯,坚请左伯桃独去。两人争执不下,最后,左伯桃以自杀来劝,羊角哀怀着无限悲痛,取了衣服和干粮向楚国进发。到楚国,羊角哀受到楚王重用,拜为上卿,名噪一时,然而羊角哀并未久留,而是立刻回到左伯桃冻死之处,埋葬了左伯桃的尸体。后来,文学作品又对这一故事进行了深度演绎:因为左伯桃的坟墓临近荆轲墓地,所以夜夜受其侵扰,羊角哀有感于左伯桃势单力薄,遂自刎而死,葬于左伯桃的墓旁,助他解除了荆轲的袭扰。

羊左之交的故事虽近乎传奇,但其中传达出的朋友情谊却感人肺腑。"士为知己者死",是中国古代社会交友所信奉的价值标准,在今天看来,其中虽有言过之处,但结交到真诚可靠的朋友,却是我们每个人内心的真诚愿望。这就首先要求我们自身要有一颗诚挚之心,不是出于任何功利动机去结交朋友,不这样做,只能沦为酒肉之交。另外,我们也要学会辨别。孟子讲他自己有一大本事——知言,即能够分辨别人的言语是真是假,与人交往、结交知己"知言"也是我们应当掌握的一项本领。总之,诚挚之心是结交真挚之友的前提,而真挚之友则是我们日常中的"良师益友"。

正是:友朋贵在志和同,虽远万里心相通;

羊左故事堪赞颂,道义为重利为轻。

二十二、人不知而不愠,不亦君子乎

孔子说:"别人不知道我,我却不怨恨(人不知而不愠),不也是君子吗(不亦君子乎)。"孔子还说:"不担心别人不知道我(不患人之不己知),却担忧我不了解别人(患不知人也)。"

从常识上讲,别人不了解我,我仍然是我,这于我来说并没有任何损失。所以"人不知而不愠",应当是很正常的一件事。但人世是复杂的,事情也并不是这么简单,真正做到这一点的人,可以说是少之又少。在日常生活中,人们往往都会过高的估计自己的能力和水平,尤其是中国的知识分子,自古以来就有个"求名"的困扰。屈原《离骚》诗中说:老境慢慢地将要到来,我唯恐美名不能建立。这可以说是知识分子真实的共同心声。因为"名"关系于"不朽",是自认为才识卓越者的终身追求和人生寄托所在。人的一生虽然短暂,不过几十年、最多百年的时间,但总奢望能够青史留名,以达不朽之愿。其实,亿万老百姓勤劳一生,创造了人类社会赖以存在发展的物质财富和部分精神财富,却并从来就没有使姓名流传于青史的想法,他们虽无存名于后世,但也并不与草木共朽。所以,马克思主义认为,人民群众是推动历史发展的根本动力,人民群众就是历史的创造者,确实是石破天惊之论,道出了几千年来被人们长期忽视,但又是最普通、最平凡却也最深刻的真理。而历代的文人墨客们,则大多是为求盛名而去学习,去做事,所以才有曲学阿世，为成名而无所不用其极者。就拿今天来说，在社会主义市场经济条件下，名声更是直接与物质利益相联系。因此，求名的读书人以及各色人等，好像比古时候更多了不知几何。所以，在今天做到"人不知而不愠"的，可以说更是微乎其微了，当前社会上的喧嚣与浮躁、势利与虚伪，已到了非常严重的地步了。看看那些虽是极个别却也很典型的，院士作弊、校长抄袭、博导剽窃别人科研成果的腌臜烂事，真是令人触目惊心。

更有甚者像华中科技大学的知名教授肖传国，竟因为想当"院士"，以获得更大物质利益的初衷未遂，而不惜雇凶伤人甚至杀人，更是令人发指的犯罪行为。肖传国在这一事件中，已不是一般的为没得到"名"怨恨，而是"怒从心头起，恶向胆边生"，不惜以伤人杀人以泄愤了。当然，这也使肖传国真正出了大名，不过不是他日思夜想所追求向往的、能够为他赢得巨额回报的"院士"之好名，而是身败名裂犯罪嫌疑人的恶名，是被依法治罪的臭名。

谁都知道雇凶伤人，是触犯法律的严重犯罪行为。对于具有高智商的肖传国来说，应当很清楚这样做的后果。甘冒巨大风险如此去做，显然是低智商的行为，最终会落个身败名裂、锒铛入狱的下场。肖传国为泄被举报打假之愤，走上罪恶之路，真是利令智昏。从世人的眼光来看，肖传国即便是没有被评上院士，还不是照样风光依旧，岂止是依旧，甚至说照样风光无限。但欲望极强的肖传国，却为落选院士使心中留下难以言说的剧痛。而院士这些年已被罩上无数神圣光环，拥有院士头衔，也就意味着拥有了权势、资源和影响力，其背后的种种巨大的物质与精神利益自会源源而来。据近日有关媒体报道，西部某高校对引进来的两院院士，直接分配给 330 平方米、全装修的院士别墅一幢，还一次性发放了安家补助 20 万元，而给院士的科研资助及人才梯队建设费更是不少于 300 万元。对于肖传国来说，缺少的可能就只是院士的称号了。有人成为阻碍其成功当选院士的绊脚石，自然是要痛打以泄心头之恨，同时也警告那些胆敢科技打假的人士。结果却搬起石头砸了自己的脚，使自己身败名裂走上犯罪道路。

其实，"人不知而不愠""不患人之不己知"，最根本的一点，就是把握住自己生命个体的价值与尊严，走自己的路，成就自己要成就的事业，做自己需要做的事。切记人首先是为自己而活，要活出自己的价值和尊严，活出一个真实自我，至于外界是否知晓，那不是自我可以把握的。因此，就不要太介意出名与否的事。"毁誉无动于衷，荣辱在所不计"，自己就存在于自我认识之中，而不在别人是否知道你。肖传国反面事例的教训，是值得每一个读书人深思借鉴的。孔子讲的"人不知而不愠，不亦乐乎"的道理，看似浅显，却是无数个体生命人生经验的正确概括和总结，是流传几千年来的至理名言啊！

正是：踏实做事自不彰，人不知亦好心情；
　　　价值尊严须自守，切忌怨怒博虚名。

二十三、君子成人之美

孔子说："君子成全别人的好事（君子成人之美），不成全别人的坏事（不成人之恶）。小人与此相反（小人反是）。"

· 47 ·

应当说，成人之美是一种高尚的道德。要做到它，需要有宽阔的胸怀、助人为乐的精神。对于患得患失、一切都要算计自己能得到多少好处的人来说，这样做是不可想象的。因此孔子认为做到这个堪称君子。

具体说到成人之美，也有两种不同情况，一是自己好也成全别人好，自己富也帮助别人富，自己能做到什么也愿意支持别人做到什么，有钱大家赚，有快乐与大家一起分享。这种成人之美就是前面讲的"己欲立而立人，己欲达而达人"。一般人要做到应当说不大容易，但是也并不是太难。二是自己过得并不好，却能够真心实意成全别人好，自己一贫如洗，却能够帮助别人发财。能达到这种境界，就是非常不简单、非常不容易的了。

成人之美从根本上说，就是帮助支持别人成就或实现正当的良好的愿望。这样的事例，在历史上有许许多多。春秋战国时期，苏秦助张仪成功的故事就是一个好例。苏秦张仪本是好友，而苏秦知道张仪才能比自己强。可是苏秦却先取得了成功，挂了六国相印。依然落魄的张仪只好来投奔苏秦。不想却遭到冷遇。于是，他决心只身赴秦国以图发展。苏秦暗中派人关照资助，直至张仪担任了秦国相国，才明白了苏秦的良苦用心。苏秦可以说是把成人之美作了高度甚至是艺术性的发挥。而在新中国，雷锋精神可以说就是助人为乐、成人之美的典型。

第二种情况也不鲜见。春秋战国时，楚国令尹孙叔敖少年时就曾做过这样的好事。有一次孙叔敖到外面去玩，看见一条两个头的蛇，就杀了蛇并把蛇埋了，回家后，很忧伤而不吃饭。母亲问他原因。他说："我听说见了两头蛇的人一定会死，今天我见到了，我害怕我就要离开母亲先死了。"母亲问："蛇现在在哪里？"他回答说："我怕后来的人又见到这条蛇，导致更多人死亡，就把它杀死，并挖坑埋了。"母亲说："好孩子，不要害怕了。我听说有良好道德的人，一定会得善报。苍天只会降福于你，是绝不会叫你受难的。你将来一定会在楚国有大作为。"孙叔敖实际上是以自己的生命为代价，来保护别人的生命，以成全别人、成人之美。这种道德境界无疑是很高尚的。因此，后来孙叔敖尽心为国为民做事，担任了楚国高官，这不是偶然的。

钢城鞍山的共产党员郭明义同志，几十年来一贯学习雷锋做好事的感人事迹，同样体现了助人为乐、成人之美的崇高境界。郭明义自己家中并不宽裕，却屡屡用省吃俭用节约下来的钱，来资助贫困学生、帮助周围生活困难的同志。实在是以牺牲自己来成人之美，其事迹使人震撼、令人感佩之至。在接受记者采访时，郭明义告诉记者，人做每件事都是有所图的，我也不例外，我在帮助别人时收获的是快乐，而这种快乐是用金钱无法衡量的。"在帮助别人时收获的是快乐。"这就是郭明义愿意成人之美的快乐观。

郭明义同志的快乐观，很容易使我们想起英国流行的一句谚语，叫作"赠人玫瑰，手有余香"。这句谚语浅显易懂，你送给别人一支玫瑰，自己手中也会留下玫瑰的芬芳。赠人一支玫瑰微不足道，但受赠之人自然感激万分，赠者也可以收获"快乐"的芬芳。"赠人玫瑰，手有余香"让我们明白了付出本身在帮助了别人的同时，也会给自己带来快乐。如果只懂得收获，就会失去这种快乐。生活中常有这样的情况，方便了别人的同时也会给自己带来方便。在现实生活中，确实有一部分人信奉"各人自扫门前雪，莫管他人瓦上霜"的处世之道，甚至还有人连门前雪也懒得扫，希望别人来给自己扫。他们完全关上了"乐于助人，乐于奉献"的大门，戴上"事不关己，高高挂起"的金钟罩，在生活中专门等着人家来给自己送温暖、给自己以帮助，却从不想自己伸出援手帮助别人。正是这种现象的逐渐蔓延，久而久之，许多人都在心中纳闷，为什么现代社会交通条件越来越便利、通信工具越来越发达，但人与人的思想沟通却越来越困难了？人与人的关系为什么越来越复杂化、越来越淡漠、越来越不好处了？为什么现代社会雷锋越来越少了？为什么物质生活条件越来越好，但自己却越来越感觉不到快乐幸福了？在很多疑问号接踵而来之后，人们开始反思并发现，快乐与物质生活条件的改善关系虽然很大，但是并非改善了物质生活条件后，人们就一定能够拥有快乐幸福。其实在拥有了一定的物质财富以后，人们之间精神上的关怀，感情上的贴近关爱，相处关系的和谐融洽，才是更根本的。从这个意义上说，社会关系的复杂与冷漠，是与我们每一个人都有关系的，我们不应该认真反省一下吗？郭明义同志的快乐观告诉我们：助人为乐其乐无穷，成人之美就是成就自己之美。

"活着，工作着，人是快乐的"这句富有哲理的话，包含着深刻的内容。但郭明义的故事告诉我们，这句话再补充几个字会更好，就是"活着，工作着，奉献着，人是快乐的"。在社会这个大家庭里，人们之间你敬我一尺，我敬你一丈。只要我们每个人都拥有郭明义的快乐观，人人都献出一点爱，乐于帮助别人，乐于成人之美，把帮助别人、成人之美视为自己快乐的源泉，这个社会将会变得更加温暖、更加美好、更加文明、更加和谐。每个人的人生旅途也会更加充实、更加幸福、更加丰富多彩。大家都来做成人之美之事，自己在其中既帮助别人解决困难得到应有的快乐，也在自己困难时及时得到了别人的帮助成就了自己之美。这样一来，中国特色的社会主义和谐社会就一定能够早日建成！进入新时代的中国就一定会胜利完成"两个一百年"奋斗目标的中国梦！

当然，我们在把"成人之美"作为自己的自觉行动时，同时也就杜绝了"成人之恶"的思想和行为，做到了像孔子所说的那样"不成人之恶"，这是不需要多言的。

正是：成人之美乃君子，扶危救难是正理；
别人脱困我亦乐，多做贡献尽善意。

二十四、朋友数，斯疏矣

子贡向孔子问交朋友的事，孔子说："诚心诚意地告诫他，好心好意地开导他（忠告而善道之），如果他不听从，那就算了（不可则止），不要没完没了自找侮辱（毋自辱焉）。"孔子的高徒子游，发挥老师的这一思想说："与朋友相交太频繁琐碎（朋友数），反而会遭到疏远（斯疏矣）。"孔子主张的这种交友之道，核心就是给别人留下一些私密空间，与人交往保留一定距离，不可过多干预，还是很有道理和值得重视的。

在与朋友的交往中，其实每个人都有自己的做人原则，每个人都有自己的生活方式、行为方式和思想情趣。正所谓人各有志，不能勉强别人认同你的价值观或做人原则与行为规范。君子之间、朋友之间在交往时，彼此应当保留一定的距离，这样反而会实现真正的融洽和谐。俗话说的"香远近臭"、庄子讲的"君子之交淡如水，小人之交甘若醴"也就是这个意思。如果朋友之间关系太近，到了不分彼此的程度，你的就是我的，我的就是你的，凡事都强求一致，那就离断交不远了。

例如，你作为朋友，当感到友人做事不够恰当时，当然有义务进行劝说或告诫，否则，就不能说是对得起朋友。但如果别人不听，不愿采纳你的意见，你就应当见好就收了。因为你该说的话说到了，该尽的义务尽到了。同时你的建议也未必是完全恰当正确的，或者你的意见即使是对的，但人家大概也有难言之隐不便接受。此时，别人不接受你就不要再坚持了。如果你硬要朋友接受你的意见，非要显示你的"友谊"的真诚，你的"忠心"的可嘉，像祥林嫂一样见人的面就唠叨起来没完，喋喋不休，强人所难，好像人家不接受你的意见就不与人家干休。给人以咄咄逼人的感觉，其结果必然是适得其反，惹得朋友不愿再见你、疏远你、讨厌你，弄得不好，还会自取其辱。那样你就会真正实践一次子游说的"朋友数，斯疏矣"了。

大型舞蹈史诗《复兴之路》总导演、中国人民解放军原总政治部歌舞团副团长、解放军艺术学院院长张继刚将军，在谈到他作为副手，协助著名大导演张艺谋，共同策划组织2008年北京奥运会开幕与闭幕式时说，他们整个团队的合作是非常愉快的，大家齐心合力，群策群力，扬长避短，互相配合，最终圆满完成了这个光荣任务，为举办一个举世无双、无与伦比的奥运会竭尽了全力，为祖国为中华民族争得了巨大的荣誉。当记者问道，作为副总导演的张将军，如果同总导演张艺谋的意见不一致时，如何处理两人的关系。张继刚的回答，就很值得我们思考与借鉴。他说，如果他认为自己的意见确实是对的，而没有被接受，就会再一次提出建议，希望受到重视。但如果还不被接受的话，他当然会按照总导演张艺谋的要求与决定，保质保量地完成好自己应当负责的任务。张继刚说，他这样做的目的是坚持自己认为正确的意见，又不固执己见。这样来处理朋友或同事乃至上下级之间的关系，就做到了既坚持原则，又不会伤了同志们之间的和气，对于工作和朋友、同事之间的友谊，就都是有益的。这种做法对我们是很有启发的。

毋庸讳言，在今天社会上哥们义气那一套带有浓厚"江湖"色彩的落后意识，也还在一定程度上存在着。比如，拜把兄弟、干姐妹等现象就从未绝迹。在这些所谓的"兄弟姐妹"之间，好像不分彼此，亲密无间，但是却是一荣俱荣、一损俱损，毫无原则可言。其中核心的是一切都由老大说了算。试问在这样的人际氛围中，人们几乎丧失了自我，还何谈什么人的独立性与自主性呢。这与当代青少年全面发展的目的，不是南辕北辙吗？

实际上，朋友乃至同事相处之道，彼此之间理应互相尊重，每个人都是平等独立的，因此，任何人都绝对不能将自己的意志强加于人。即使忠言善告，也应适可而止；如果对方不接受，也就作罢，否则只会是自讨没趣。这种与朋友相处之道，在今天不但没有过时，而且还应当进一步继承发扬，因为它是符合于人际关系平等的朋友交往之道的。李泽厚先生认为它不仅是个人的"处世之道"，它还显现了作为本体的人际关系的具体的情感刻度，而过此刻度正常的朋友关系就不能再维系。在这一层意义上说，儒学中的朋友之道，是最适于现代社会公德的。因为它是以独立、自主、平等的个体关系为基础的。维新派政治家、思想家谭嗣同，以冲决封建罗网的斗争精神，尖锐批判了封建纲常名教和专制制度。但他认为封建宗法社会的君臣、父子、夫妇、兄弟、朋友"五伦"关系中，儒家主张的朋友关系，是唯一可以保留的，其他四伦都要废弃。因为只有朋友关系才是真正尊重人的自主性、个体性的，所以才符合社会进步的大潮流，因此需要保留并进一步发展。可见，平等待人，包括平等对待朋友，是人际交往中的一个基本原则。

"朋友数，斯疏矣"，年轻的朋友们，你记住了吗？

正是：**朋友相交贵自尊，独立人格不可侵；**

　　　劝告有度情意重，听从与否在别人。

二十五、恂恂如也，侃侃如也……

《论语·乡党》篇的其中一章，集中记载了孔子说话行事的君子之态。大意是说，孔子在老乡中间，表现恭顺谦逊（恂恂如也），好像不大会说话；在宗庙和在朝堂之上，他却讲话雄辩，但很谨慎；在朝廷中，他与同僚说话，直率畅快（侃侃如也）；与上级说话，温和恭顺（訚訚如也）；而当国君在坐的时候，他则严肃恭敬得很，而举止极为安详（与与如也）。国君命令他迎接外宾，他面色马上变得庄重，起步快速。向站着的人们作揖行礼，或左或右，他的衣服前后飘动，都很整齐。他快步行走，像鸟张开翅膀一样。宾客走后，他一定回来报告，客人已去不会再回来了。当孔子走进国君的大厅时，弯着腰，好像容不下自己似的。不站在大厅中间，行走不踩踏门槛。而走过国君的座位时，他面色变得庄重，行走快速，话也好像没有了。他提着衣襟走上台阶，腰仍弯着，轻声呼吸而不喘大气。出大厅后，走下一个台阶，就放松容貌，才展现出了一副舒适愉悦的样子。走完了台阶，再快步前进，像鸟展翅。回到原来的位置，他又是一副敬畏不安的样子。手里拿着玉圭，弯着腰，好像负担不起。上举，像作揖；下举，像交接。面容庄重，战战兢兢。用紧凑的小步行进，像一条直线一样。献礼时，脸色凝正。私下相见，则轻松愉快。

以上就是《论语》中对孔子公私生活的一段真实记述，包括孔子的行为举止、态度容貌和对礼的践履，涉及多种仪礼制度。孔子在不同的人之间的言语、行为方式，初看起来似乎很可笑，但却是当时孔子忠实履行由古代巫术演变为规范化的礼制的常规做法。而从根本上看，它告诉我们，在不同的场合，对待不同的人，应当用适合那个场合、那种人的不同语言和行为方式。这并不是庸俗、低俗、媚俗，而是讲的待人处事应恰如其分。

孔子的做法可以说为后人树立了一个榜样。他在父老乡亲面前毕恭毕敬，很少说话；而在庙堂和朝廷上却明辨是非侃侃而谈，显示出雄辩的一面。他与作为诸侯国高级官员的上大夫讲话，与作为一般官员的下大夫讲话，以及与作为国君的君主讲话，各有不同的语言方式和仪态。我们今天的每个人在日常生活中何尝不应当如此呢？试想，如果在子女面前说话如同给上级汇报工作一样；或者反过来，在向上级汇报工作时，用教育子女的态度和口气。那会产生什么样的后果，这是不言而喻的。

所以，在什么人面前说什么话，是人们正确处事的基本原则。俗话说，看菜吃饭、量体裁衣，到什么山上唱什么歌，说的就是这个意思。只是注意要把它与那种"见人说人话，见鬼说鬼话"，阳奉阴违的两面派行为区别开来就是了。这里讲的在什么人面前说什么话，只是就态度和口气讲的，是根据对方的实际情况而谈的，是针对具体对象便于接受而言的，绝不是出尔反尔，当面一套，背后一套的阴谋手段。《论语》中记载，子路问孔子说："听到了是否要立即付诸行动呢？"孔子答道："有父亲兄长在，怎能不向他们请示就贸然行事呢？"过了一段时间，冉有也向孔子请教同样的问题，孔子果断地说："听到

· 51 ·

了当然要马上行动!"这两次谈话,公西华都听到了,他对老师给同一问题的两次截然相反回答,表示疑惑。就问孔子说:"子路问您听到了就行动吗,您回答说要征求父兄意见;而冉有问听到了就行动吗,您却说听到了就马上行动。您的回答相互矛盾,我弄不明白!"孔子解释道:"冉有办事畏缩犹豫,所以我鼓励他办事果断一些,叫他看准了就马上去办;而子路好勇过人,脾气急躁,所以我要约束他一下,让他三思而行,征求一下父兄的意见。"孔子的讲话艺术和极强的针对性,不能不让人佩服。他根据学生们的不同脾气、秉性特点,分别采取不同的讲话方式,真正起到了事半功倍的教育效果,对后世具有广泛的借鉴意义。

唐宋八大家之一的文豪苏洵,讲过一个带有寓言色彩的故事,说的是三个人,一个个性非常勇敢,一个个性一般化,一个个性非常懦弱胆小。如果把他们带到断崖边上,对他们说:"能跳过这条断崖才称得上勇敢,否则就是胆小。"那个勇敢的人会以胆小为耻辱,必然能跳过去。而另外二人却不可能跳过去。此时如果对另二人说:"能跳过去的,就奖给他1000两黄金。"这时那个个性一般的必然能跳过去,而那个胆小的还是跳不过去。突然一只猛虎凶猛地扑过来,此时不用再给那个胆小的人说什么,他一定也会像前两人一样,迅速跳过断崖。从这个事例可以看出,如果要求个性不同的三个人去做同一件事,必须要用三种不同的激励措施,不可等同对待。

这就告诉我们,说话做事要根据具体情况,要看对象,不能搞千篇一律的简单化。作为教师、部门负责人或公务人员,在接待学生、下级或来访人员时,一般应注意,对头脑简单者,谈话时可采用激将法;对沉默寡言者,则要以多方开导为主;对性格急躁者,谈话应当简单明了直来直去;对性格倔强者,似应从其最感兴趣的话题逐步引入;对优柔寡断者,则必须使用坚决果断的话语应对。孔子言行告诉我们的这些道理,无疑是非常宝贵的。当然,像孔子那样"亦步亦趋",一切都有严格礼仪的规定,给人造成极大束缚的时代,已经一去不复返了,我们今天所要继承发扬的,只是孔子"做事说话要分场合"这一精神实质,绝不是复古倒退。

正是:说话做事分场合,原则不变靠灵活;

不同人事不同处,事半功倍业绩多。

二十六、性相近也,习相远也

人性问题在中国思想史上是讨论最为广泛的议题之一。

所谓人性是指人之所以为人的原则与根据。我们熟悉的蒙学经典《三字经》开篇即讲到:"人之初,性本善;性相近,习相远。"就这句话的出处来看,前半句出自孟子,后半句则出自孔子。孔子说:"人的本性是相近的,由于后天习染便相去甚远(性相近也,习相远也)。"

通读《论语》,我们会发现,孔子对人性的直接论述就只有这一条,孔子的学生子贡也说:"先生讲文献方面的学问,我们能够听到;先生关于人性与天道的学问,却是听不到的。"但是,这是不是就代表孔子对人性没有进行深入思考呢?

南宋大理学家朱熹认为，大概是圣人之门的教育有先后顺序，子贡学到此处才问这一问题。朱熹的这一答案虽带有猜测的成分，但确实启发我们要反问一句，如果孔子不曾对人性有所思考，子贡又为何提及此呢？加之"性相近也，习相远也"这句话，我们有理由相信，孔子一定思考过人性问题。

那么，孔子是如何看待人性的？事实上除了"性相近也，习相远也"这一直接论述外，孔子还有"只有上知与下愚之人不可迁移"的间接论述。联系这两条线索，我们可以管窥孔子的人性思想至少包含三方面内容：其一，人的本性是相近的而不是相同的；其二，人性之所以说是相近而不相同是因为存在天生的上智之人与下愚之人，中间之人则可上可下是为"近"之群体；其三，人之所以由"近"而产生差别是因为受到后天环境的影响，但上智之人与下愚之人即便受到影响也不可迁移。

就实质来看，孔子的这一人性思想是将人分为上中下三等，上智之性和下愚之性均固定不变，唯有中间之人，也就是绝大多数人的人性是可以变动的，受到好环境的影响便趋于上智之人，受到差环境的影响便趋于下愚之人。

经此分析，大家或许已经发现，孔子的这一思想同我们日常所认知的"性善"或"性恶"不同，一方面他并不笼统地认为所有人的人性都是一样的，人性可以简单地划为一，而是先天即存在差别；另一方面，孔子也没有将人性与善恶相联系，即不单纯地以善或恶来指称人性。

不可否认，现实生活中的人确实是复杂的，既有所谓的天才，又有所谓的天生愚笨之人，当然更多的是普罗大众。孔子将人性三分的观点着眼的正是现实世界中复杂的人格存在。所谓上智之人是圣人，是一种理想人格，是中间之人应当努力追求的目标；所谓下愚之人即是天生智力存在缺陷的人，是中间之人应当努力避免坠落的方向。因此，与其说人性三分观点的价值在于揭示了人作为现实存在的不同情状，倒不如说更重要的是强调了人应当接受良好的后天教育，在实践中转化提升自身的气质，不断趋向理想人格。

强调学习是孔子思想的重要内容之一。"玉不琢不成器"，人之出生，作为具有社会性的动物存在，只有接受道德的熏陶、礼乐的教化，学习各种知识，才能不断完善自我、成就自我。因此，孔子根据学习情形的不同又将人分为不学即会的、主动学习的、被动学习的和从不学习的四类，他说："生来就知道的，那是最上等（生而知之者，上也）；学习才知道的，是次一等（学而知之者，次也）；经历困境才知要学习的，又次一等（困而学之，又其次也）；若经了困境，仍旧不学，那就只算是下等了（困而不学，民斯为下矣）。"生而知之者即上智之人，困而不学者为下愚之人，学而知之者和困而学之者都属于中间之人，人之"相远"或许就在于学习的主动与被动上。主动之人，其发展方向是向上的，无限趋近于上智之人；被动之人，其虽然也学，但不困不学，发展方向是下坠的，由此差异得以显现。

孔子有关人性的思想对后世影响深远，汉代大儒董仲舒和唐代学者韩愈所持的"性三品"观点即出自此。但相较于孔子不言善恶，董仲舒和韩愈都在他们的人性观点中引入了善恶的范畴，这无疑是受到孟子和荀子的影响。

历史上，孟子首次倡导人性本善，在他看来，人之性善在于心善，人人都有"恻隐""羞恶""辞让""是非"之心。他举例说，路人突然看见一个小孩将要掉进井里，都会顿时产生惊恐同情想要上前抱住小孩的心理，而这不是因为想要同孩子的父母结交关系，不是因为要想在乡邻中谋求好名声,也不是因为厌恶孩子的哭叫声,只是人有不忍之心。荀子则与此相反,持人性本恶的观点,在他看来,人之性恶在于欲恶。他认为人生来便好利,因此会产生争夺;生来就有妒忌憎恨之心,因此会产生残杀陷害;生来就有耳目感官的欲望,因此会产生混乱。

如果说人性本善,那么恶是如何产生的?如果说人性本恶,那么人又能否完全变善?这些都是性善论和性恶论需要回答的难题。董仲舒和韩愈的"性三品"说在继承孔子对人性三分观点的基础上又进行了分类讨论,不单以善或恶为性。

如在董仲舒看来,人性有上中下三等即圣人之性、中民之性和斗筲之性,其中圣人之性纯善无恶,斗筲之性纯恶无善,均不可改易,只有中民之性经过教化可以成为善性。他以禾苗可以生长出米来为比喻,强调善好比米、性好比禾苗,善出自性是因为人性中有善的潜能,但并不能就此说善就是性。因此,人必须接受后天的教化,才能实现善,成就善。当然,按照唯物史观的认识,董仲舒的说法无疑是荒谬和错误的。

在社会呈现多元化的今天,尽管许多曾经被奉为金科玉律的标准被打破,但使自己成为一个有道德、有理想、有知识的好人,却是今天每一个人都应有的追求。孔子人性三分的观点便在此启发着我们,无论性善还是性恶,重视生命当下的实然情状,不断学习,接受教育,避免不良环境的同化,努力激发我们的善良潜能才是最关键的。

正是:人性相近习乃远,为学之人可四分?

性三品说虽荒谬,避恶向善亦本真。

二十七、君子周急不继富

《论语·雍也》记载,公西赤出使齐国(子华使于齐),冉有为公西赤的母亲请求小米(冉子为其母请粟),孔子说:"给六斗吧(与之釜)。"冉有请求增加一些(请益),孔子说:"那就给十六斗吧(与之庾)。"冉有却自作主张给了八十斗(冉子与之粟五秉)。孔子知道后说:"公西赤到齐国去(赤之适齐也),坐着肥马驾的车子(乘肥马),穿着贵重的皮大衣(衣轻裘)。我听说过(吾闻之也),君子应救济贫穷而不给富人增添财富(君子周急不继富)。"

这一事件的背景,应当是在孔子当政为官的条件下发生的。所以才有学生公西赤到齐国出使,孔子按国家规定拨给他安家口粮的问题。考虑到公西赤家境比较殷实,孔子只做了一般性的安排。但负责具体拨付粮食的冉有,可能是为了照顾同学的关系,居然违背老师的指示,擅自作主,一下子给了关系密切的同学公西赤的老母亲远远超过老师规定的安家口粮。对于冉有不遵法度乱作为的错误,孔子并没有大发雷霆,也没有做出将冉有撤职查办的决定,而是语重心长地告诉学生:"公西赤到齐国去,家里仍然会过得很好,他完全有能力担负起母亲的生活开销。因此,我们这些做师长或同学的,就没有必要再为他锦上添花了。君子要做的是及时去周济那些处于贫困状态的人们。"在这里,孔子把师生或同学的关系这种私谊,与君子为国家所从事的公事,各自应当采取的做法,作了明确区分。

冉有的不当做法,与孔子主张的"君子周急不继富"形成了鲜明的对比。其实,像冉有这样做法的事,在西方社会也普遍存在,"马太效应"就是这种情况。马太效应是指好的愈好,坏的愈坏,多的愈多,少的愈少的一种现象。它来自圣经《新约·马太福音》中的一则寓言。《新约全书·马太福音》第25章中讲到,天国里一个人要往外国去,就叫了仆人们来,把他的家业交给他们。按着各人的才干,给他们银子。一个给了五千,一个给了二千,一个给了一千,他就往外国去了。那领到五千的,随即拿去做买卖,另外赚了五千。那领到二千的,也从事商业活动,照样另外赚了二千。但那领到一千的,却去自家田里挖开地,把主人给的银子埋藏起来。过了很久,主人终于回来了,当面和他们算账。那领五千银子的,又带着另外的五千来了,汇报说:"主人啊,你交给我五千银子,我用它又赚了五千。"主人说:"好,你是个善良又忠心的仆人。你对我有忠心,我会多多的奖赏你。可以进来享受与你主人同样的快乐。"那领二千的也来说:"主人啊,你交给我二千银子,我用它又赚了二千。"主人说:"好,你也是善良又忠心的仆人。我也会较多的奖赏你,派你管理较重要的事。你也可以进来享受同样的快乐。"那个领一千的挖出银子来汇报说:"主人啊,我知道你是具有仁爱之心的人,我害怕把你给我的银子丢失,就把它埋藏在地里了。请看,你的原银在这里。"主人气愤地说:"你这又恶又懒的仆人,就是我把银子交给放高利贷的人,到我回来的时候,也可以连本带利收回,能够多赚一些。而你却耽误了我赚钱的机会。"说完夺过他这一千银子来,分别奖给那赚五千和两千的两位。这样做的结果就是凡是已经富有的,还要再多给他,叫他锦上添花。而对于缺少财产的,连他所有的那一点财产,也要夺过来。这一术语后为经济学界所借用,反映贫者愈贫,富者愈富,赢家通吃的经济学中收入分配不公的现象。

联想到今天我国所面临的问题,由于市场经济的发展,也由于我国分配制度改革还不到位,致使我国人民贫富差距在一定程度上已经较大,基尼系数在4.7至4.8,已接近处于高危边缘了。当今中国确有一批千万甚至亿万富豪,但那只是极少数,另外还有相当一部分人的生活有了很大改善。但是,繁重的脱贫任务尚有待完成,据有关部门统计2015年中国仍有接近7000万人口,达不到联合国每人每天1.9美元的收入标准。即使按照中国人均收入2300元的贫困标准线,2017年也还有3000多万人没有脱贫。因此,国家分配制度的改革,必须侧重于公平一方,必须加大力度努力提高城市低收入者和广大农民的收入水平,加快使贫困人口脱贫的步伐。应加大政府的货币化转移支付,逐步提高扶贫标准、低保标准、抚恤标准和养老金发放水平,等等。可见孔子所主张的"君子周急不继富",在今天这一可贵思想仍然有着巨大的现实意义。不管对于政府部门还是企业抑或是慈善机构,都应当本着雪中送炭的原则,多为贫困人口提供一些帮助,为他们解危济困,以使他们感到社会大家庭的温暖,能够早日脱贫,走上富裕的生活之路。而尽可能少做或不做锦上添花的事,因为富人生活已很优渥,也并不在乎那几百几千元的小钱了。但这些钱对于贫困人家来说,却可能是救急,甚至是救命之必须。

明确"君子周急不继富"原则,发挥孔子这一思想在今天的重要作用,对于我国社会主义和谐社会的建设,无疑具有极大的意义。

正是:*君子周急不继富,古今此理是正途;*

富者已富毋须助,解危济困共富图。

二十八、不念旧恶，怨是用希

孔子说："伯夷、叔齐不记过去的仇恨（伯夷、叔齐不念旧恶），别人对他们的怨恨因此减少（怨是用希）。"不记恨别人对自己的不公，凡事总想着自己过得去时，也应当让人家过得去，保有一份宽容的心态，同时也使自己少了许多冤家对头。这应当说是一种美德，难怪孔子为此盛赞伯夷叔齐兄弟奉行的"宽容"原则。

孔子的赞叹，不由使我想起了清代何绍基（一说张英）的一段故事。相传，清代诗人何绍基，曾以一诗化干戈为玉帛，被世人传为佳话。在外地为官的何绍基，有一天正一心研读学问，仆人突然送来一封家书，说家中正为三尺房墙地基与邻居发生争吵，闹得不可开交，请他火速归家，帮助家中夺回地基。何绍基读罢，把信放到桌上一笑，提笔写诗一首回复："万里家书只为墙，让人三尺又何妨；长城万里今犹在，不见当年秦始皇。"家人展卷读毕，很受震动，遂主动让出三尺地基，邻居见了，亦感羞愧，遂也让出同样距离，居然形成了六尺宽的走道，后世称为"六尺巷"。两家邻居遂修好如初，而且关系比以前更加密切。日常生活中，为着比何家三尺墙基之争还要小的争执，而打得不可开交甚至头破血流的事，实在是太多了。为什么就不知道礼让一下，就不能学何绍基的处理方式呢，为什么就不能够往长远处想一想，用宽容的心态容纳一点个人的委屈呢？

记得郑板桥有段话是这样说的："聪明难，糊涂难，由聪明转入糊涂更难。放一着，退一步，当下心安。非图后来福报也。"另外，俗语说"退后一步天地宽"，也是这个意思。理性地想一想，即使过去有人真的对不起自己，但那毕竟是过去的事了。过去的事就让它过去吧。宽容一点，潇洒一些，想开一点，不再记恨别人，与别人之间的仇怨不就因此而没有了吗！何况对方当初也未必是有意要损害你。不然的话，冤冤相报何时了？如果人们都怀着睚眦之怨必报的心态，那么所有的人都会感到人人自危，一定会处处设防，那就永远没有安宁的一天了。在彼此的戒备心态下，办成任何事情的社会成本都会大大提高，和谐社会的美好蓝图，岂不成了镜中花水中月了吗？

所以对别人尤其是曾有意或无意伤害过自己的人，尽可能地宽容一点吧。圣人孔子不也赞扬过这种美德吗。医学知识告诉我们，在日常生活中如果老是一副忧心忡忡甚至苦大仇深的样子，也是很不利于身心健康的。所以即使从身心健康角度来讲，也应该有宽容别人错误或不足的雅量。

从领导科学的角度来讲，作为领导者更要虚怀若谷，有容人之量，不计较前嫌。这既是领导人应有的品德修养、长者之风，又是能够发现人才使用人才的方法。只有做到不计前嫌，才能发现、挖掘出更多的人才；也才能保护住现有的人才，正确发挥出人才的巨大作用。

对于普通人来说，虚怀若谷，不计前嫌，还具有心灵感化作用。如果我们能以礼对待非礼，以仁对待非仁，以理性对待非理性，就能够达到感化对方、化解矛盾的良好效果，从而使双方建立起相互信任、比较亲密的私人关系来。无论是在以仁、义、礼、忠、信为基础的传统社会里，还是在以依法治国为特点的当今社会中，虚怀若谷不计前嫌，作为人与人交往的气度和风范，都有其存在的重大价值。

春秋时期，齐桓公虚怀若谷不计前嫌，重用能臣管仲成就霸业，就是一个好例。管仲出身低贱，多亏好朋友鲍叔牙提携帮助，才克服了生活困难。后来管仲当上了齐襄公弟弟公子纠的辅臣。在公子纠与其弟公子小白（即后来的齐桓公）争夺王位的斗争中，管仲暗箭射向公子小白，所幸未伤及身体，急中生智的小白假装中箭，大叫一声倒在车上，才得以逃脱。小白回到国内后，成为国君，是为齐桓公。齐桓公通过鲍叔牙知道了管仲的过人才华。于是打着要报一箭之仇的旗号，要管仲藏身的鲁国把管仲押送回齐国。作为罪人的管仲一到齐国，虚怀若谷的齐桓公就不计前嫌，泯去私仇，立即拜管仲为相国。怀着感恩心情的管仲，竭尽全力辅佐齐桓公，几年后齐桓公果然称霸诸侯。

毛泽东、周恩来等中国人民的领袖，之所以能领导革命胜利并取得了建设社会主义的巨大成就，固然与他们的天才和正确有关，但他们能够不计前嫌，善于重用过去敌对阵营有能力的人，也是很重要的一个方面。例如，张治中、傅作义、李济深、邵力子、董其武等，就都为新中国的解放和建设，以及国家的最终统一，做出了重要贡献。

在建设社会主义和谐社会的今天，朋友、同事、同志们之间，不念旧恶、不计前嫌的气度和风范，更应当得到大力弘扬和传承。对于和大陆社会制度不同的港、澳、台地区，我们都可以容纳，并非常高兴地看到其发展兴盛，对于过去有些摩擦或冲突的同志、同事或朋友，又有什么不能够宽容的呢?! 和谐社会呼唤这种不念旧恶不计前嫌的美德，更需要这种美德。孔子讲的"不念旧恶，怨是用希"还是大有用途的。

正是：不念旧恶少私敌，宽容对人做君子；
　　　前嫌尽释相处好，社会和谐众心齐。

二十九、躬自厚而薄责于人

孔子说："对自己要求严格，而很少责怪别人（躬自厚而薄责于人），这样就不会招人怨恨了（则远怨矣）。"这种几近于大白话却又深含生活哲理的议论，在《论语》中还有很多。因此，德国著名哲学家黑格尔，在接触到孔子学说后，感到极大的失望，曾嘲笑孔子思想不够哲学。岂不知这些平淡而又真确的生活格言，正是中国特色的哲学实用理性的真精神所在。李泽厚先生认为，这些格言就体现在许多"以实事程实功"的实践行为和日常生活中，而不求如何高妙抽象的思辨体系，因为那并不解决生活中的具体问题和现实疑难。这与西方哲学确实有极大不同。但黑格尔以西方哲学为标准来看待中国哲学，无论如何是讲不通的。其实，孔子这一议论对我们的现实生活，还是具有很大启迪作用的。就像邓小平所说是"管用"的，符合中国人的思维方式和为人处世的根本原则。

我们日常经常讲到，做人要厚道，凡事都要"严以律己，宽以待人"，其实就是孔子讲的"躬自厚而薄责于人"的道理。这话说起来简单，而真要做到，尤其是一生一世时时刻刻都完全做到，那就真是难上加难了。"严以律己，宽以待人"虽然难以做到，但又确实是值得提倡的。之所以值得提倡，就是因为真正做到了它，就可以化解许多纠纷矛盾，就可以使人们的生活和谐幸福。任何一个人，如果能做到这一点，他自然就不可能被人怨恨仇视，就会得到绝大多数人的支持和赞誉，从而会赢得更好、更大的发展机遇和空间。但是遗憾的是，现实生活中却常常会发生许多与此相反的现象。例如，甲乙两人关系不好，往往是双方彼此埋怨对方，周围的人如果试着去劝说他们和好，他们往往还不领情，不承认自己也有责任。两人无一例外地都以犀利言辞，指责是对方如何如何不好、如何如何不对，丝毫不说自己有什么不好、什么不对。这样的现象不但存在于普通人们之间，而且也存在于恋人之间、夫妻之间、朋友之间、同事之间、兄弟姐妹之间甚至父母与子女之间。其实有一句民谚语说得好，"一个巴掌不响"，闹矛盾的双方都或大或小有着自身的责任，不会因为自己不承认就消失掉。因此，如果大家都能做到"躬自厚而薄责于人"，那么许多怨恨、仇视和敌视，不就都会烟消云散了吗？还会有这些不愉快吗？而且严格说起来，大家都是同一祖国的同胞兄弟姐妹，即使互相之间有点摩擦矛盾，最多不过是人民内部矛盾，本来就没有什么大不了的。有什么必要弄得彼此都不愉快呢。多在自己身上找找原因，不要过于挑剔别人的过错、不是，再大的矛盾也能够顺利解决，何况双方之间本来就没有什么大不了的矛盾呢。

所以当我们与别人发生矛盾时，不要只找别人的毛病，而要经常多想一想自己有什么不对，想一想"躬自厚而薄责于人"的道理，想一想自己应当怎样改善自身不足，才能得到别人的谅解，才能与别人友好相处。这应当说是处理好人际关系的一条坦途正道。然而，在当今的社会里，仍然有极少数人心不古、反坦途正道而行之者。这些人总是"对己宽、对人严"，看自己一朵花，看别人豆腐渣，认为自己就是料事如神的诸葛亮或从不犯错误的圣人，而别人则是稀里糊涂的穆彰阿或扶不起来的刘阿斗。从而总是自以为是，唯我独尊，心理阴暗，刻薄寡恩。这种人平日里与人相处，始终缺少反思自责之心，却总有透过饰非之行为。另外，他们又好为人师，爱出风头，许多事自己一知半解，却往往自作聪明以内行自居，动不动就教训斥责别人，显示自己的高人一等。结果只能是既对自己当前的发展不利，为自己制造出许多障碍；又贬低得罪了别人，引起了别人的反感与敌视。这种人只想改变别人让别人适应自己，却从不想改变自己以适应别人和社会。因此，他的作为必然是自高自大，目空一切，我行我素，孤家寡人，这或许会成为酿成其人生悲剧的重要原因。历史和现实中，这样的教训还少吗？

做人当然要胸怀天下、志存高远，但又要切记还须处事低调、宽容大度、虚怀若谷。即使自己真比别人本领水平高一大截，也不能沾沾自喜、恃才傲物。须知，天地之大，无奇不有，尺有所短、寸有所长，物有所不足，智有所不明。所以俗话说的"人贵要有自知之明"，还是很有哲理的。生活在现实社会中的任何一个人，都应当时刻注意多看别人长处，努力做到以人之长补己之短，如此则善莫大焉。既然是人，就都会犯错误办错事，出现了错误或做错了事，绝不能文过饰非，不能迁怒于他人，而要自责于心，知错必改，这才是正确的态度。而一旦干出了成绩，则要不事张扬，保持低调。别人并不会因为你不鼓吹自己的成绩就抹杀你的贡献。而你这样做了，灾祸与挫折就会远离自己。人生的成功是一个不断努力奋斗进取的过程，不断加强自我的道德修养与实践锻炼的过程，不断克服缺陷与不足超越自我的过程。而这样做了，你的一生就一定会展现出一道道靓丽优美的风景线。

"躬自厚而薄责于人"时时提醒我们：要以责人之心责己，以恕己之心恕人。严于律己和宽以待人，是一个问题的两个方面，二者互为因果、相得益彰，它既是孔子提倡的德行,也是我们今天做人的美德,更是我们人生的一种崇高境界。我们如果做到了这一点,和谐社会还会遥远吗?!

正是:严于律己待人宽,切记在心泯仇怨;

古今人世同此理,建设和谐新乐园。

三十、德不孤,必有邻

孔子说:"有道德的人是不会感到孤单的(德不孤),一定会有许多人会成为他的邻居(必有邻)。"意思就是,有道德的人不会孤独、孤立、孤单,一定会许多有同志和朋友,一定会被众人接纳与尊重。

所谓"德",这里指的是有道德的人,"不孤",就是不会感到孤单;就是说,有道德的人是不会感到孤单的。为什么呢?孔子说,这是因为"必有邻"。从字面上来理解,"邻"就是"邻居"。我们知道,在生活中邻里关系是人们接触最多、也是最为重要、最为基本的人际关系之一。俗话说"远亲不如近邻",亲近和谐的邻里关系,是幸福生活的一个重要条件。从这个角度来说,"邻"可以引申成为邻居之间互相亲近的关系,所以古人常说,同声相应,同气相求。在他们看来,天地之间的万事万物,都有一种朝着与自己相近的事物移动的倾向,相同或者相近的事物总会走到一起的,所以我们现在也说"物以类聚,人以群分"。这里的类和群是没有时间和空间的局限的。志同道合的人们之间,或许时空距离很近,或许很远,但是不管是近是远,最终他们都会产生共鸣,这就是"德不孤,必有邻"。一个人只要具有高尚的美德,自己就不会感到孤独,不会孤单,一定会得到许多朋友的支持与赞助。当然不孤单的前提,是要有德。

"德不孤,必有邻"这句话,意味着我们首先要考虑的问题,是我们自己是否努力进行道德修养,而不是邻近的人开始的时候会以什么样的眼光来看待我们。当然,在现实生活中讲道德、讲原则,由于诸多复杂因素的影响,开始可能会使自己陷入某种困境里面。例如,雷锋以及当前学雷锋的标兵郭明义,就是因为放弃一些自身的物质利益,讲道德、讲原则,乐于助人,而曾经被一些人所讥笑嘲弄,说他们是傻子,做事迂腐,甚至虚伪。但这只会是暂时现象。看看雷锋、郭明义今天在人们心目中的崇高地位,这个问题不就很好解释了吗?!

在古人看来,只要真是道德君子,那么即便在短时间内或许没有互相呼应的伙伴,但是时间长了就总会有同样性情和抱负的人过来与他亲近。"德不孤,必有邻",孔子在这里讲的,不仅仅是一种人生经验,更是一种社会生活的规律。试想一下,不管是在历史上还是在今天,又有哪一位道德高尚的人,是被人们不理睬或遭人厌恶而处于孤独之中呢?我没有听说过,大家想必也没有听到这样的事吧。我们大量看到听到的是,道德高尚的人总会有许多朋友、同好相随,大家都愿意找他谈话,向他请教,与他相交,得到他的真心帮助,也愿意倾心帮助他更上一层楼。

有这样一个历史故事,南北朝时,广陵有一位名叫吕僧珍的人,品德高尚并富有胆略,很为时人所推崇。南康郡太守季雅原来也是广陵人,由于清正廉明,得罪了权贵,结果被罢官赶回家来。他早知道吕僧珍是位道德高尚的君子，就想和他做邻居。正巧吕家隔壁的住户打算把房子卖掉。季雅就以 1100 万钱的高价买了下来。季雅搬到新居以后，吕僧珍过来拜访新邻居。简单寒暄一番后，吕僧珍随口问道："先生买这套房子花了多少钱呢？"季雅据实相告。吕僧珍听完吃了一惊，连说："太贵了！太贵了！您怎么会以这么高的价钱买下这所房子呢？"季雅笑着回答说："这些钱里面 100 万是用来买房子，1000 万是用来买您这位道德高尚的好邻居的啊！"这个故事可以说是对"德不孤，必有邻"的形象解释。

虽然"德不孤"强调的重点是个人的努力，首先是我们应该如何着手提高自己道德修养的问题。然而，以我们今天来理解，"德不孤，必有邻"这句话，它又不仅仅只讲述了一个提高个人道德修养的问题。我们做任何有意义、有价值的事情，都希望有人理解，有人支持，不过在现实生活中，由于种种原因，我们在做一些事情的时候，也许相当长一段时间内都不能得到成功。或者成功时，也不完全是依靠自己的努力达到的。但是，坚信"德不孤，必有邻"的正确性，还是能给我们继续努力自己提升道德水平以信念支撑的。只要自己不懈地追求，身边的人可以从不理解到理解、从不支持到支持，从不愿意帮助到主动伸出援手帮助，而远方的志同道合的人们，在通过各种渠道了解了我们正确的所作所为之后，一定也会给我们送来遥远的帮助和祝福。郭明义同志坚持几十年做好人好事的典型事迹，就告诉了我们这样的道理。

2006 年 9 月 11 日，在芬兰访问的温家宝前总理来到中国驻芬兰大使馆，对使馆工作人员和中资机构负责人、华人、华侨等发表讲话："'德不孤，必有邻'。我们在世界上做一个负责任、有信誉、有影响的国家，从不分国家大小、贫富、强弱，一律平等。我们自己受过欺负，因此我们也懂得尊重别人，一个尊重别人的国家，别人也会把我们当作朋友，要真诚对待平等对待我们的人，向他们实事求是的介绍中国取得的成就和存在的问题。这样使人家感觉我们是可亲、可信、可敬的朋友。"温家宝讲的中国要做负责任、有信誉、有影响的国家，就是儒家讲的有德性的国家。他引用的孔子"德不孤，必有邻"这句名言，非常形象地诠释了中国目前"以邻为善、以邻为伴"和"睦邻、安邻、富邻"的外交政策，是来源于中国文化的光荣传统；另外也说明了中国和平发展需要朋友，中国的和平发展也一定不会缺少朋友的现实。其实，这既是温家宝的坚强信念，也是全体中国人民的共同心声。

总之，"德不孤，必有邻"这句话，不管是对一个人来说，还是对一个部门单位而言，甚至是对一个国家来讲，都是具有重要意义的，都是符合使自身兴旺发达规律的至理名言。

正是：修成美德身不孤，善邻高朋气如竹；

国家如此何须论，修齐治平古今枢。

三十一、为人谋而不忠乎

曾子说："我每天都多次提醒自己（吾日三省吾身），为别人谋划考虑，尽心了没有

（为人谋而不忠乎）？与朋友交往有没有不信实的地方（与朋友交而不信乎）？所传授给别人的东西，自己实践过吗（传不习乎）？"曾子同其老师孔子一样，特别强调"忠"这一道德准则的重要性，把它放在"三省"之首，可见他对这一道德准则的重视。

"忠"在儒家伦理中，是最高的道德原则"仁"的一种表现，其本质是仁。也就是说，离开了仁就无所谓忠。忠是表现仁的，是为仁服务的，是服从于仁的。明确了这一点，对下面我们的讨论是带有基础性的准备。否则讨论就失去了坚实的基础。

曾子讲的"为人谋"的人，当然不只限于朋友或亲人，也不仅是指一个小集团的几个人。它应该是一个广义上的概念，既可以指某人、某几个人、某一些人、某一国人，也可以指全体意义上的人类。而"谋"则是指谋划考虑即智力支持，有时也可以包括物质财富方面的支持。

"为人谋"的出发点可以有所区别，但必须是以"仁"为旨归的。可以分为下列几种情况：一是单纯的出于"仁"的原则，一心为他人、为社会而谋，毫无私意者，是最为高尚的，我们党提倡的"毫不利己，专门利人"的白求恩精神就是如此。二是具有个人的功利心，同时主要是为他人或集体与国家而谋者，在为他人、集体和国家做出贡献的基础上，自己的物质利益和精神需求也得到了很大满足。在今天的中国这种情况可能居多。三是以自己的利益为出发点，兼顾"为人谋"的原则，在为社会及他人提供服务的同时，以不损害别人和集体利益为前提，谋取自己的合法权益者，这同样是应该提倡的，在今天这种情况可能是最为普遍的。

例如，在我国先富起来的企业家中，有一个三不眨眼委员会，其中的一个不眨眼，就是为国家、为灾区慷慨解囊不眨眼，当然也包括向希望工程、社会福利事业的捐助。另外，雷锋、郭明义同志全心全意为人民服务的精神也是这样。这种"为人谋"无疑是最高尚的，在今天的中国慈善事业还不够健全的情况下，是很值得富人们学习和大力加以提倡的。

第二种为人谋情况，如运动员努力刻苦参加训练，在国际大赛中，以高超的技艺或能力夺取金牌；科学家或技术工人，努力钻研业务学习技术，取得了骄人的业绩；现代农业耕种者大力实行科学种田，使粮食获得高产，保证国家粮食安全。他们在为国家为人民建功立业，赢得荣誉的同时，自己也因此取得合法收益，甚至获得大奖，进而得到高额奖金。这种为人谋中当然也包含了自己应得的利益，同样是光荣的，符合高尚道德境界的。

三是参加一定社会工作或从事个体经营、开办私营企业，在服务社会服务他人的"为人谋"时，也通过诚实的劳动与合法经营，谋到了自身的合法利益，提高了个人的收入，改善了自己以及家人的生活。这种"与人谋"好像是最为普遍的，也是符合社会主义道德标准的，因此，也应当加以鼓励并大力提倡。

历史上，"为人谋"而竭尽忠诚的事例不绝于书，最为感人的是：搜孤救孤。陈凯歌导演已把这个故事拍成了电影。春秋末年晋国重臣赵盾因"赵盾弑君"的罪名，全家几乎被大夫屠岸贾杀光，仅留下一个婴儿（后取名赵武）。赵家的两位很重义气的门客，分别是程婴与公孙杵臼，决心为主人家保留这点骨血。于是他们设定计谋，找了个孩子先藏起来，然后由程婴前去自首，"揭发"公孙杵臼收养赵氏孤儿。导致公孙杵臼与那个孩子丧命。屠岸贾误认为已经把赵家斩草除根，于是放下心来，不再追查。而程婴却含辛茹苦，抚养赵氏孤儿长大成人，并给很好的教育。后来，赵武找机会重新回到朝中，终于灭了屠岸贾全族，并收回了赵家的全部家产，实现了报仇雪恨的愿望。而程婴在这一切实现以后，立即自杀，说是去找老友公孙杵臼了。这个故事可以说是为人谋竭尽忠诚的好例。

在大事上为人谋要忠，小事上为人谋同样要忠。这使我突然想起了常被人提起的季羡林先生做的一件小事。20世纪70年代末，高考终于恢复了。得到读书机会的莘莘学子，从全国各地来到北大。在开学报到时，有个学生急着要去办理各种手续，而背着个大包裹又很不方便。这时他看到一位穿着蓝色旧衣装的白发老人，就要求他帮忙给照看一下行李。然后他就去办理手续。这天报到的学生格外多，手续办起来耗费了很长时间。等他一切办完，时间已过去3个多小时了，这时他才想起自己行李的事。于是他赶紧去找那位老人，只见老人在中午大太阳的照射下，已晒了很长时间，汗水已湿透了老人的头发，他满怀感激之情，拿回了自己的行李。等到第二天开学典礼，介绍主席台上的领导时，他才知道原来给他看行李的老人，就是国宝级的大学者北京大学副校长季羡林先生。从这件小事上，我们看出了季先生为人谋的极端忠诚。这不能不使我们感到温馨和感动。

青少年朋友们，要记住为人谋应竭尽忠诚，这应是我们做人的一条基本准则。当然这种忠诚必须是在"仁"的基础上，必须是符合民族大义的。曾有人讲到一例，说朋友让你一起去抢劫犯罪，你要不去帮忙岂不是不忠吗？这种说法其实是不懂孔子儒家学说的误读，因为"忠"是以"仁"为基础的，是行仁的一种手段方法，是不能背离"仁"这一根本原则的，怎么能和犯罪牵扯到一起呢？可见，对于各种不同的解读，我们也应当区别对待，不可被那些南辕北辙的东西所迷惑。

正是：*为人谋时要诚忠，搜孤救孤悲壮行；*
　　　季老看包情谊厚，后辈学子可知情。

三十二、以直报怨，以德报德

有人问："用恩德来回报仇怨（以德报怨），怎么样呢（何如）？"孔子说："那又如何来回报恩德呢（何以报德）？应当用公正回报怨恨（以直报怨），用恩德回报恩德（以德报德）。"这正是孔子所创立儒学的一个重要思想，既不同于老子道学的"以德报怨"，也不同于佛学的"舍身饲虎"，更不同于基督教主张的"人家打了你的左脸，你要把右脸再伸过去"。李泽厚先生认为，"以直报怨"这点正是儒学实用理性的充分表现。因为它主张既不滥施感情，泛言博爱；也不否认人情，一切以利害为准则。而且它还把理性渗入情感之中，情感又以理性为原则，使情感和理性有机的统一在一起，从而使情感与理性有机的融会在一起。

孔子认为以恩德来回报怨仇没有必要，而且也未必能起到好的作用。比如那个对你已施加了伤害的人的德性很差，他已经有意做了对不起你的事，你能用宽广坦荡的心胸对待他就可以了。而对于德行很好，对你也有恩德的人，你就应当滴水之恩以涌泉相报。从"以直报怨"的说法，我们可以看出，孔子对不道德的人所主张的是宽容而不是纵容的处世态度。可见，孔子推崇的是"投桃报李"与"投我以木瓜、报之以琼瑶"的做法；而反对逆来顺受,不讲原则的"以德报怨"的委曲求全姿态。

"以直报怨"的"直"不是直接的意思,以怨报怨才是直接的方式。这里的"直",就是直面真理的意思。以直对待做错了的对方,告诉他哪里错了,侵犯了我哪些地方,促其改正或者不再犯这样的错误。这不但是必要的,也是完全可行的。有这样一个真实的故事可能对我们有所启发,我国当代经济学家某先生,为陪同一位外国同行去首都机场办事,在路上打了一辆出租车,等到他们从机场返回来结账时,他发现出租车司机在计价器上做了手脚,没有按往返车程计费,而是按单程的标准收钱,结果需要某先生多交60多元。此时某先生可以有三种方法来对付司机,一是立即用手机向主管部门举报这个不道德的司机,那么司机不但收不到这笔车费,还将被处以罚款;二是自认倒霉,采取息事宁人的做法,吃个哑巴亏,按司机要价如数付钱了事;三是及时指出司机的错误做法,对其进行劝诫,并按应付的价钱付款而不多付一分。那位外国同行立足于第一种方法,而某先生却选择了第三种办法。事后他说,这是一种有原则的宽容,我不会以怨报怨,也不会以德报怨,而是以直报怨。如果我报之以德,他可能还会继续错下去,用类似手段来继续欺骗别人,实际上就是纵容他错下去;我如果报之以怨,斤斤计较起来,叫来交通警察处理,那就会耽误很多时间,大家效率都低下。因此,我指出他的错误,然后公平对待他。这可以说是以直报怨的一个好例,完全符合孔子的思想。

战国时期,赵国名将廉颇与蔺相如将相和的故事,同样值得借鉴。在廉颇因战功威震诸侯的时候,蔺相如还只是一个默默无闻的门客。这时,秦王诈称要以15座城池,换取赵国的稀世之宝和氏璧。蔺相如主动请命,带璧出使秦国,勇敢而又机智地挫败了秦王阴谋,完璧归赵。接着他又在秦赵渑池之会上,力挫秦王的嚣张气焰,捍卫了赵国尊严。回国后,赵王拜蔺相如为上卿,地位在廉颇之上。廉颇很不服气,发誓要当面羞辱蔺相如。蔺相如知道后,处处躲着廉颇,避免与他相争。结果,使蔺相如的随从都很不满意,纷纷要求离开他。蔺相如对随从们说:"秦王这样厉害的暴君,我都敢与他对抗,不惜以同归于尽来威胁他,逼他为赵王击缶。现在,我之所以处处躲避廉颇将军,并不是我害怕他。而是要以国家大事为重。秦国之所以不敢侵略赵国,是因为我和廉颇将军都在辅佐赵王,如果我和廉将军争执对立起来,受害的只能是我们赵国啊!为了国家,我个人丢点面子又算什么呢。"蔺相如的话,很快被廉颇知道了,他感到非常羞愧,决心改正错误,于是亲自来到蔺相如家中负荆请罪。从此,两人亲密团结在一起,共同辅佐赵王,为赵国尽力。蔺相如以国家的根本利益为重,正确对待廉颇对他的不恭行为,正是这种"以直报怨"的宽广胸怀,才化解了两人之间的矛盾。

在日常生活中,人们不可避免地会被别人妨碍、侵犯甚至伤害,当然其中有的人可能是无意之中冒犯了你,有的人可能是因为某种意外情况冲撞了你,也有的人可能是贪财心切而算计过你。这些大概算不上什么严重问题的小事,都是属于道德范畴的问题,上升不到去法院或找专政机关解决的程度。但你大概又觉得不予理会心有不甘,而针锋相对"以怨报怨",又实在不值。因此,这就很有必要按照某先生的做法,实践一下孔子的"以直报怨",让侵害你的人无话可说,明白确实是他做错了,而你只是此事件的一个受害者,这样你自己心里也许更能过得去。

曾经有人开玩笑似的说:"以德报德是正常现象,以怨报怨是平常现象,以怨报德是反常现象,以德报怨是超常现象。"虽是玩笑,却也极有道理,比较符合当前的社会现实。但是以怨报怨，最后得到的结果只能是仇怨上面加仇怨、恼火上面加恼火；以德报怨，则需要非常崇高的道德境界，否则只会让你心中又积存下更多的怨气与委屈。其实，做人只要做到以直报怨，以有原则的宽容待人，问心无愧就可以了。

必须明确，孔子的"以直报怨"所讲的宽容待人，绝不是纵容别人去做不道德的事，不能让犯错误的人得寸进尺，把通过犯错误捞取实惠看作是理所当然的权利，继续以不道德的手段侵害他人。对这种人应明确告诫其要遵守的基本道德规范，我们可以宽容他一两次错误的行为，但一定要让他认识到自己的错误所在，知道犯错误是要受到批评与谴责的，从而避免不再犯类似错误，这才是真正的宽容，也是对犯错误者的真正爱护。

当然"以直报怨"也要看怨仇的具体情况，不能一概而论。对于极少数坏人恶意做的性质恶劣的坏事，或者造成了极其严重后果的事件，就需要通过专政机关及时予以惩治打击，而绝不能姑息迁就。对这样的坏人坏事，就需要"以怨报怨，以牙还牙"了。而我想，这也正是符合孔子思想的。

正是：以德报德暖人心，以直报怨原则真；
　　　宽容坦荡非枉纵，是非分清人正纯。

中 庸 篇

三十三、学《易》，可以无大过矣

孔子说："再给我几年时间，五十岁的时候学习《周易》（五十以学《易》），就可以没有大的过失（可以无大过矣）。"

对于孔子的这句话，历史上存在两种不同的观点，一种如上翻译，认为孔子对《周易》进行过深入研究、思考；另一种则认为孔子没有引用过《周易》，而常以诗书礼乐教人，因此"易"或为"亦"的假借，由是"五十以学《易》，可以无大过矣"当句读为"五十以学，亦可以无大过矣"。

两种观点，笔者以为当以前者为是，理由有三：其一，从传世文献来看，《史记·孔子世家》记载孔子"晚而喜《易》，序《彖》《系》《象》《说卦》《文言》，读《易》，韦编三绝"；其二，近年来的出土文献，如马王堆帛书《周易》则直接证明孔子不但读《易》，而且对《周易》做出创造性诠释；其三，《周易》所讲为天人之学，《论语·为政》篇记载孔子自述其一生学之所至时说到"五十而知天命"，两个"五十"应不是巧合，孔子知天命当与"五十以学《易》"有关。也因此，我们认为在没有足够证据的情况下切不可随意改动经典文字。

提及《周易》，我们的第一反应往往是这是一本讲卜筮算卦的书。那么，孔子为什么说学习《周易》就可以做到没有大的过失呢？在回答这一问题之前，我们有必要先来看一下《周易》一书的内容。

今天我们看到的《周易》包含古经和《易传》两部分内容。根据《汉书·艺文志》"人更三圣，世历三古"的说法，古经由上古圣人伏羲和中古圣人周文王而作，《易传》则是近古圣人孔子的作品。这种说法虽有崇古之嫌，但《周易》非成于一时一地一人之手当是确事。

《周易》古经不同于其他古代典籍，除了文辞之外还包含符号。所谓符号是指六十四卦卦爻画，古经中用一条横线"—"代表阳爻，一条断开的横线"— —"代表阴爻，三个阴阳爻排列组合成为 ☰ 乾、☷ 坤、☳ 震、☴ 巽、☵ 坎、☲ 离、☶ 艮、☱ 兑八个卦，八卦两两相互重叠便组成六十四卦，如上乾下乾为乾卦 ䷀、上乾下坤为否卦 ䷋、上乾下震为无妄卦 ䷘ 等。所谓文辞是指与卦爻画一一对应的卦爻辞，比如乾卦卦辞为"乾，元亨利贞"，六爻的爻辞分别为"初九，潜龙勿用""九二，见龙在田，利见大人""九三，君子终日乾乾，夕惕若厉，无咎""九四，或跃在渊，无咎""九五，飞龙在天，利见大人""上九，亢龙有悔"；爻辞通常由爻题、描述语、占断语三部分组成，初九、九二类即为爻题，其中初、二表示由下往上的六爻之位，九表示阳爻，"见龙在田""或跃在渊"类即为描述语，"利见大人""无咎"类即为占断语。

从占断语上我们可以看出，《周易》确实本为卜筮之书。这也是孔子早年并不怎么重视《周易》的原因。但晚年，孔子对《周易》青睐有加，以至于弟子都有疑惑：老师为何看起卜筮之书这样着迷。孔子对此解释道："我读《周易》，看的是其中的道德义理，卜筮是次要的（我后亓祝卜，我观其德义耳也）！"也因此，我们认为《易传》即便不是孔子的作品，也是受到孔子思想的影响而作。

《易传》是对古经的解释之作，共有七种十篇，《彖传》（上下）、《象传》（上下）、《系辞传》（上下）、《说卦传》《序卦传》《杂卦传》《文言传》。其中，《彖传》是对卦辞的解释，《象传》是对卦象和爻辞解释，《系辞传》则总论六十四卦，《说卦传》记载了八卦的取象，《序卦传》是对六十四卦顺序的解释，《杂卦传》是对卦义的解释，《文言传》是对乾坤两卦的解释。今天，我们熟知的清华大学校训"自强不息厚德载物"就取自于《象传》。正是从这个意义上说，《易传》的存在才使《周易》实现了由卜筮话语到哲学话语的转变，虽然这种哲学话语的表达是原始的、粗糙的、简单的。

我们来看这样一个例子。"鸣鹤在阴，其子和之；我有好爵，吾与尔靡之"是古经中孚卦九二爻，也就是从下往上第二爻的爻辞，意思是说：老鹤在树阴下鸣叫，小鹤在旁边附和；我有美酒，与你共享用。而孔子却由此看出一番道理，《系辞传》记载了孔子的解释说："君子在家中，说出美好的言论，那么千里之外都能得到回应，何况是近处呢？说出差的言论，那么千里之外也会背弃它，何况那近处呢？言论从本身发出来，影响到民众；行动发生在近处，却显现在远处。言论和行动，对君子来说就好比是门户的转轴或弓箭上的机关。门轴和机关发动，关系到荣辱。言论和行为，是君子能够影响天地万物的关键，怎能不慎重呢？"孔子由鹤的互鸣，联想到人的言行，一个简单的场景，就这样被他阐发出深刻的义理思想。

由此，当我们循着《易传》记载的孔子言论来看《论语》中孔子为什么会说学《易》可以没有大的过失时，会发现《周易》在为人处世、认识世界等方面给我们以深刻的启发。

首先，《周易》强调道德的重要性，要求人们涵养自身的德性。六十四卦在占断语中唯有谦卦六爻均吉，所谓谦即谦虚之义。孔子在解释谦卦九三爻"劳谦，君子有终，吉"时说："有功劳却不自夸，建立功业却不据为独有，德性淳厚呀，这说得是有功劳也甘愿在下位的人。道德讲求隆盛，礼节讲求恭敬，谦虚说的是以最恭敬的态度保存自己。"涵养自身的德性，用《周易》的话来讲即为"厚德"，德厚是人参与社会生活的基础，人只有高尚的品德（"盛德"）才能成就"大业"。

其次，在认识论上，《周易》提供了朴素的阴阳辩证思维方法。《周易》讲"一阴一阳之谓道"，所谓阴阳即性质相反的两个因素、事物，如上下、动静、正反、前后、左右、快慢等，《周易》认为所有的事物都是阴阳矛盾的组合体，有正必有反，而且正反两方面的因素、事物可以相互转化，正所谓"否极泰来""物极必反"。秉持这种阴阳辩证的思维方法，在看待事物、认识世界时便会有一种清晰的认知，变得通达而睿智。

再次，《周易》强调与时偕行，做事应通权达变。《周易》艮卦《彖传》讲"时止则止，时行则行，动静不失其时，其道光明"。面对具体事物，应当分析具体情形，充分考虑各种因素，从而做出合理的判断，不但与时俱进也应与时俱退，知进知退，知存知亡。

最后，在看到《周易》正确性、合理性的一面时，我们应切记它也有作为朴素辩证法的诸多不足。著名科学家杨振宁先生在《易经对中华文化的影响》的讲演中，就指出中国传统文化中，只有归纳法，而没有演绎法；天人合一色彩浓重。这两点都与《周易》有关，是近代科学没有在中国萌生的两个重要原因。

当然，孔子所处春秋时代《周易》作为宝贵的哲学典籍，在生活的方方面面为古人提供着智慧上的启发。在二十一世纪科学昌明的今天，对孔子所删定的"易"我们也可以扬长避短，视作重要的传统文化知识理论。随着人们物质生活水平和医疗水平的提升，五十岁仍是大有可为的年纪，人们应当秉持终身学习的理念，积极学习各种知识，充实自己的人生，在日常实践中彰显自强不息的精神，面对问题时，以所思所学妥善处理之，做到"无大过"。

正是：道德修养为最重，辩证思维方式行；

《周易》虽糙真理在，使人少过乃典经。

三十四、先行，其言而后从之

当子贡问怎么做才是君子时，孔子回答："先把想做的事做出来，然后再说（先行，其言而后从之）。"

在孔子看来，真正的君子就是要少说空话、废话、大话与套话，多做实在的事。主张君子应表面上显得很笨拙、木讷，好像不会说话，但做起事来却很迅速完美（君子欲讷于言而敏于行）。孔子一贯主张把实际行动放在言论前面，要求他的学生切不可夸夸其谈，未做事之前先大吹特吹一番。他认为语言上的巨人，行动上的侏儒，这是与君子之道有天壤之别的。因此，孔子认为，君子应当是先做后说、做重于说的人。

孔子这一睿智的思想，对现代人也是很有启发的，尤其是在当今社会充满喧嚣、人们心态比较浮躁的境况下，更是如此。应当说，不管是什么时候，行动都比空谈重要，现在更是这样。

有这样一个小故事，恰好说明行动比言论更根本、更重要。有四位求职者同时去应聘一个销售经理的位置，招聘方让他们分别简单谈谈各自的情况、社会关系以及自我评价。第一位不无得意的吹嘘道："我在此行业已干了七八年了，各方面都有深厚关系，朋友到处都有，销售渠道畅通。因此，只要我一发话，在这方面就没有办不成的事，推销商品是易如反掌。"第二位不甘示弱地说："搞销售需要口才出众，而我的口才高得惊人。因为口才一流，所以多次应邀出席大型的论坛活动，一去总会发表即兴演讲，每次都受到热烈欢迎。某某领导、某某名人等，都对我评价极高，因此曾同我一起合影留念。这里有我简历附件里的复印件可以证明这一切。超额完成推销任务可以说是小菜一碟。"第二位话音未落，第三个就急不可耐地接过话头，抢着说："他们两人的能力虽有一点，但比我那是差得太多了。我从事这个职业已有五六年的时间，大家都知道，销售经理应该各方面关系都很硬，什么路子都打得通。我先随便说几个我认识的主要社会关系吧。比如革某大领导就和我有亲戚关系，他是我弟媳妇的表叔的堂兄弟的大舅哥；革某社会贤达与我关系非常近，他本是我堂兄的外甥的二爷爷；某某艺术家全省著名，我也同他经常在一起攀谈，有一次我们甚至在一个饭店吃过一次饭，他在某某单间，我坐在大厅三号桌上。我有如此广泛与过硬的社会关系，还有什么商品卖不动、推销不出去呢?！因此，这个职位看来非我莫属。"说完，他满脸自负洋洋得意地看着其他面试者，一副踌躇满志的样子。而前两位对他的说法，却表现出一副明显的愤愤不平与蔑视的态度。

现在该轮到貌不惊人的第四位求职者自我介绍了，他平静地看着招聘主持者，不慌不忙地说："同以上三位先生相比，我感到非常惭愧，但既然来了，就也把自己的情况介绍一下吧。我既没有大官或为名人的亲戚和朋友，也没有伶牙俐齿似的口才。我从事销售工作的时间比较短暂，比前面几位差多了，才仅仅两年时间……"两年的工作经历是此次应聘的最起码条件，其他应聘者都好奇地看着他，心想才两年时间，还来掺和什么，真是瞎凑热闹。这时只见第四位应聘者拿出随身携带的一份材料，恭敬地用双手呈给招聘主持人，并认真地介绍说："我对这份工作确实很有兴趣，也充满干好它的信心。这份材料里有两样东西，一份是我对做好这项工作的设想和计划方案，另一份是我在原公司的业绩报告。很遗憾在原公司我不是最好的，但是也在前三名之内。"听到这里，其他人都感到很惊讶与愕然。招聘主持者接过材料，脸上立即露出惊异并欢喜的神色。原来这个人过去任职的公司，在业内是赫赫有名的翘楚，里面的业务骨干是这一行业同行的精英。现在不经意间竟送上门来，焉有不纳之理。至于其他几个面试者，口才也许不错，但吹牛的本领可能更大一些，而且缺乏有说服力的证明材料，公司不敢冒险录用。因此，第四个面试者终于应聘成功，得到了这份工作。

这个故事告诉我们，"先行，其言而后从之"这一君子之道的重要性。革命导师列宁曾说过："一个行动比一打纲领还重要。"强调干事比言论更根本。记得春秋时代，有一位在齐景公手下任职的大臣曾对晏婴说："我到死也赶不上先生啊！"晏婴回答说："努力去做的人常常可以成功，不倦前行的人常常可以达到目的地，我并没有比别人突出的才能，只是努力去做，而干起来就不会停止罢了。"人们在社会生活中，怎么说固然重要，但怎么做、做的结果如何，则是更根本的，而且什么时候都是行动比言论更重要。孔子讲的这条君子之道，何尝不是我们的做人之道呢？！

正是：**先做后说是君子，光说不做是骗子；**
牢记言行须一致，做说统一有面子。

三十五、三思而后行

季文子遇到情况时，总要反复考虑多次才采取行动（三思而后行），孔子知道了后说："考虑两次就可以了（再，斯可矣）。"

现在有许多人常常把"三思而后行"说成是孔子的话，其实是在张冠李戴，完全是大错而特错了。既歪曲了孔子的意思，又造成了正确理解孔子思想的混乱。孔子主张遇事考虑两次就可以了，不可优柔寡断想得太多。遇到事情，尤其是突发的事情，不认真想一想就贸然行动，这是鲁莽，往往会导致严重的后果。但想得太多，颠三倒四、翻来覆去、瞻前顾后，前怕狼后怕虎，则会陷入犹豫不决之中，可能会丧失时机，招致挫败。因此，孔子主张想两次就就可以了，认为再三再四的瞎想，只会误事。

莎士比亚著名的悲剧《哈姆雷特》中就有丹麦王子哈姆雷特得知叔叔是杀父娶母的仇人，为报此大恨深仇，他要杀死叔叔，夺回王位，为父报仇。但又因为母亲的原因而思虑再三，左右为难，结果错过了下手的极好机会，最后只能和仇人同归于尽，也赔上了自己的生命。可见，当断不断，反受其乱；犹豫彷徨，以命补偿！这样的事例真是太多了。

《三国演义》第九十五回讲到，诸葛亮因错用马谡而失掉战略要地——街亭，魏军统帅司马懿乘势率领大军15万，向诸葛亮驻地所在的西城蜂拥杀来。当时，诸葛亮身边没有武将，只有一班文官，所带领的5000军队，也有一半出城运粮草去了，只剩2500名士兵在城里。众人听到司马懿带大军前来的消息，都吓得大惊失色。诸葛亮镇静地登城楼观望后，对众人说："大家不要惊慌，我略用计策，便可教司马懿退兵。"

于是，诸葛亮传令，把所有的旌旗都藏起来，士兵原地不动，如果有私自外出以及大声喧哗的，立即斩首。又命令士兵把四个城门全部打开，每个城门之外派20名士兵扮成百姓模样，洒水扫街。诸葛亮自己则披上鹤氅，戴上高高的纶巾，领着两个小书童，带上一张琴，到城上望敌楼前凭栏坐下，燃起香，然后潇洒从容地弹起琴来。

司马懿的先头部队到达城下，见了这种阵势，都不敢轻易入城，便急忙返回报告司马懿。司马懿听后，笑着说："这怎么可能呢？"于是便令三军停下，自己飞马前去观看。离城不远，他果然看见诸葛亮端坐在城楼上，笑容可掬，格外冷静，正在焚香弹琴。左面一个书童，手捧宝剑；右面也有一个书童，手里拿着拂尘。城门之外，20多个百姓模样的人在低头洒扫，旁若无人。司马懿看后，反复思虑，疑惑不解。猛然想到，诸葛亮平生用兵细致谨慎，绝不弄险，今番摆出这样一副架势，城内一定有大军埋伏或接应。对，这一定是诸葛亮的诱敌深入之计，妄图引我军入彀一举全歼，我才不上这个当呢。于是立即回到中军，令后军充作前军，前军作后军迅速撤退。他的儿子司马昭说："莫非是诸葛亮城中无兵，所以故意弄出这个样子来？父亲您为什么要退兵呢？"司马懿说："诸葛亮一生谨慎，不曾冒险。现在城门大开，显然是诱使我军进入，而里面必有埋伏。如果我军贸然进去，正好中了他的诱敌深入之计。还是快快撤退吧！"于是各路兵马都退了回去。

诸葛亮正是利用了司马懿生性多疑不决的缺陷，才逃过了已是山穷水尽，难逃被生擒的一劫。无独有偶，日本历史上江户幕府时期，德川家康和武田信玄两大军阀发生夺权之战，开始武田信玄连连得胜，而德川家康则溃不成军，一路逃至老巢滨松城。武田信玄统帅数量质量都占有优势的大军，一路高歌猛进，已做好聚歼敌军于滨松城的各种准备。但当武田信玄傍晚兵临城下时，只见滨松城城门大开，火把照亮全城，一片安然景象。有着精湛军事理论修养的武田信玄，一眼就识破了德川家康的空城计，本想挥兵立即冲杀进城。但又转念一想，德川家康知道我一定会看出他的空城计阴谋，他还敢如此做，其中必定有诈，我必须谨慎从事。于是又放弃了立即杀进城中的打算，令大军驻扎城外，以应付突然的事变。第二天，德川家康的3000多后援部队已接近滨松城。武田信玄更加确信自己的判断，认为城中必有埋伏，因此，反而坚定了不攻进城去的决心。露宿城外的武田信玄不久因肺病严重发作而去世，结果使屡打败仗的德川家康，趁着武田信玄大军群龙无首之际，发动突袭，一举将其击败，最终控制了幕府大权。其实，在同武田信玄作战时，德川家康确实是摆的空城计。一是因为当时他确实无兵可用；二是他深知武田信玄熟读兵书，有可能智者多虑，过于谨慎；三是估计已取得巨大胜利的武田信玄为保全胜利果实，也不会轻举妄动。正是利用了对手的这种心理，德川家康终于化险为夷，并最终取得了胜利。

司马懿的退兵和武田信玄的失利，在很大程度上都是由于他们过于谨慎，过于看重利害得失，考虑问题太过繁琐，畏首畏尾，从而感到无所适从，反而贻误了大好的得胜时机。这就给了我们后人一个重要启示,凡事只要看准了,就要大胆付诸行动,不可左顾右盼,瞻前顾后,错过那稍纵即逝的宝贵时机。我国改革开放的总设计师邓小平,在南方谈话中就明确指出:"改革开放胆子要大一些,敢于试验,不能像小脚女人一样。看准了的,就大胆地试,大胆地闯。深圳的重要经验就是敢闯。没有一点闯的精神,没有一点'冒'的精神,没有一股气呀、劲呀,就走不出一条好路,走不出一条新路,就干不出新的事业。"邓小平讲的"大胆地试,大胆地闯",就是告诉人们,凡事不可考虑过多,不能犹豫不定,而要在"看准了"的前提下,先干起来再说。即是说,敢冒与敢闯并不是绿林好汉,不是草莽英雄,而是基于对未来不确定性的科学预测,是经过认真思考的果敢行动。如果思虑过多患得患失裹足不前,不敢冒和闯,实在是导致事业无成或失败的大忌。1986年,邓小平对"863计划"的及时批复,就是一个好例。

谨慎处世本来不是坏事,而且也很有必要,但是凡事过了头就会走向反面。季羡林先生在《季羡林谈人生》一书中,就批评过这种做法,认为过于谨慎既浪费了时间,还往往会使人错过发展自身的良机。而且,从现实生活来看,谨小慎微的人难免会落入小家子气的俗套之中。

要记住,孔子告诫后人的是"考虑两次就可以了",在关键的时候,千万不可犹豫不决,错失机遇。其实,遇事过多考虑,容易对利害估量太细,反而会疑云顿生,产生偏差;更会因犹豫不定而茫然不知所措,进不得退不得,陷入迷途。尤其是在21世纪初叶的今天,中国正处于难得的发展战略机遇期,这是可遇而不可求的机会,时间、时机对我们是多么的宝贵、多么重要啊,年轻的朋友们,运用你们那过人的智慧,抓住这千载难逢的大好机遇,扑下身子,大胆干起来吧!成功正在向你们招手,千万不可辜负了大好的青春年华和这伟大的时代!

正是:三思而行蹉跎多,两番思虑最适合;
空城教训胜转败,把握机遇胜诸葛。

三十六、中庸之为德也,其至矣乎

孔子说:"中庸作为一种道德,可算是极致的了(中庸之为德也,其至矣乎)!但是民众,缺乏这种道德也很久了。"南宋理学家朱熹将"中"解释为"不偏不倚、无过不及之名",将"庸"解释为"平常"。所谓中庸,即处理日常生活中的任何事情都做到恰如其分,既不偏执极端,也不畏葸不前,能够适得事理之宜。

"中庸"一词虽然最早见于《论语》,但作为一种方法论和实践论,中庸之德却源流自远。《论语·尧曰》篇就记载,尧让位给舜时告诫舜:"天命已经降在了你的身上,要好好掌握着那中道(天之历数在尔躬,允执其中)!"舜让位给禹时又以此告诫禹行事上要牢牢掌握中道。这里的中道应当就是无过无不及的中庸之德。孔子强调中庸之德后,据史书记载孔子的孙子子思又专门作《中庸》一文,详尽阐明中庸之德的内涵。相比《论语》对中庸概念的较少论述,《中庸》里记载了大量孔子有关中庸之德的论述,其中,孔子便对民众缺乏中庸之德的原因进行了分析:"中庸之道之所以不能够推行于世,我知道其中的原因了：聪明人做事过之，愚笨之人却又不及；中庸之道之所以不能够彰明于世，我知道其中的原因了：贤能之人的认识超过，不贤之人的认识却又不及。就好像人没有不吃饭喝水的，但很少有人能真正品尝出其中的滋味。"孔子以人吃饭喝水不是过量而撑，就是不足受饿为例说明人在做事时经常出现过和不及的情况，中庸之道不行于世的原因也就在此，因此他倡导"执两用中"，通过把握偏激和不足两个方面而选择中道行事。

中庸思想在古代社会产生深刻而又广泛的影响，指导人们日常生活、行为处事的方方面面。中医典籍《黄帝内经》在论述养生之道时就以中庸为标准对上古之人和今人的种种行为做出对比："上古时代，懂得养生之道的人，能够取法于天地自然变化之理而加以适应，调和养生的办法，使之达到正确的标准。饮食有所节制，作息有一定规律，既不妄事操劳，又避免过度的房事，所以能够形神俱旺，协调统一，活到天赋的自然年龄，超过百岁才离开人世；现在的人就不是这样了，把酒当水浆，滥饮无度，使反常的生活成为习惯，醉酒行房，因恣情纵欲，而使阴精竭绝，因满足嗜好而使真气耗散，不知谨慎地保持精气的充满，不善于统驭精神，而专求心志的一时之快，违逆人生乐趣，起居作息，毫无规律，所以到半百之年就衰老了。"上古之人之所以能够得享天年是因为生活习惯符合中庸，不过无不及；今之人则妄作过劳，饮食起居背离中庸标准，因而半百而衰。

从哲学的角度来看，事物总是处在不断运动和变化的过程中，而运动和变化必然有一定的界限，在这个范围内运动变化，事物的质保持不变，超出此一界限即发生质的变化。事物保持其质的量的幅度和范围即为度。这就告诉我们，做任何事情都必须掌握分寸、把握好度，只有根据事物的客观规律而做到适当的程度，才能达到最佳的预期效果。孔子强调的中庸其实就是现代哲学意义上的度。如果能恰到好处地把握适度，就叫作"执中"；偏离了事物的度，就是过和不及。

需要说明的是，在孔子看来，中庸并非要求所有的事物都符合一个固定、统一的标准，更不是要人凡事折中调和，做老好人、和事佬，所谓的标准是随时、随地、随人、随事而变化的，因此人应当理性地分析自己的现状，讲求原则的同时通权达变，根据环境的变化而做出恰当的选择，对此，他称之为"时中"。

子路曾经问孔子什么是强，孔子说："你要问的是南方人所说的强，还是北方人所说的强？或者你自己所要学的强？以宽厚柔和的道理教导别人，不向无理欺负我的人报复这是南方人的强，君子应当具备这种素质。休息时头枕兵器，席卧铠甲，即使战死也无怨无悔，这是北方人的强，强悍勇猛的人应当具备这种素质。因此，君子与人和平相处而又不同流合污，这是真正的强！君子恪守中庸之道，不偏不倚，这也是真正的强！国家政治清明，不改变自己穷困时的志向，这是真正的强！国家政治昏暗，不改变自己的情操，这也是真正的强！"我们看到，孔子并不单纯地以勇猛、强壮来定义强，而是根据场合的不同做出不同的区分，有时宽柔以教也是强的表现，这就是以"时中"的态度来看待事物，也是中庸的精义所在。

回顾我们党依靠和带领人民完成新民主主义革命、社会主义革命乃至正在进行的改革开放的伟大历程就不难发现，当我们党注意既防止"左"倾错误又警惕右的倾向时，所采取的路线方针符合"中道"，就能够克服困难，取得事业的成功；反之就会走弯路、遇挫折。而且相比不敢坚持，甚至放弃原则，妥协退让的右的错误，"左"的错误实行超越革命发展阶段的做法，或者进行过火的党内斗争，对党和国家事业所造成的危害更大。正是有鉴于此，1992年初邓小平视察南方时着重强调："'左'带有革命的色彩，好像越'左'越革命。'左'的东西在我们党的历史上可怕呀！一个好好的东西，一下子被它搞掉了。右可以葬送社会主义，'左'也可以葬送社会主义。中国要警惕右，但主要是防止'左'。"

毋庸讳言，当今社会上虽仍有右的倾向，但根深蒂固的仍旧是"左"的认识和力量，部分人的思想常常超越当下的实际情况，总以冒进的观点看待社会发展。他们言论偏颇，行事过激，总是以最革命、最能代表人民利益的面目出现，实则是典型的民粹伎俩。因此，重温邓小平的上述讲话，迈入新时代的我们更应当警醒，防止'左'、警惕右，时刻秉持中庸的理念，坚持稳中求进的原则，把建设中国特色社会主义的伟大事业稳步推向前进。也唯有如此，"两个一百年"奋斗目标和中华民族伟大复兴的中国梦才能逐渐变为现实。

正是：中庸为德称极致，不偏不倚守"时中"；
　　　反右防"左"搞建设，百年目标稳步冲。

三十七、君子和而不同，小人同而不和

孔子说："君子和谐却不同一（君子和而不同），小人同一却不和谐（小人同而不和）。"意思是说：君子在人际交往中能够与他人保持一种和谐友善的关系，但在对具体问题的看法上却不必苟同于对方；而小人习惯于在对问题的看法上刻意迎合别人的心理、附和别人的言论，但在内心深处对别人却并不抱有一种和谐友善的态度。

从这句话中可以看出，"和"的前提是承认、允许彼此有差异、有区别、有分歧，然后把这些差异、区别、分歧调整到某种适当的地位，使其各得其所，便有了整体意义上的"和"，从而实现事物的和谐发展。而"同"则是不承认、不允许彼此的差异、区别与分歧，追求"绝对同一"，导致貌似一律、一致，实则是否认矛盾的存在，扼杀事物的存在与发展。

在人际关系方面，"君子和而不同，小人同而不和"是说君子与小人的区别，在于君子胸怀坦荡，即使互相之间看法不同、意见分歧，仍然友好相处，能和气而公正地表达自己的观点，彼此之间绝对不搞小动作；而小人之间却是该表达不同意见时却不表达，表面上随声附和赞同，私下却在随口乱说、互相拆台。因此，要想做个正直诚实的人，就要敢于公开说出自己的观点，即使互相之间有异议，也要不存私心地表达出来。这句话还道出了君子之交和小人之交的不同本质，君子之交以坦诚正直为基础，体现的是人际关系的和谐与融洽；小人则是表面上意见看法相同一致，背地里却又在互相搞鬼，只能是尔虞我诈，只能是钩心斗角的隐蔽对抗关系。人与人之间的关系是这样，团体与团体之间的关系也是这样，国家与国家之间的关系同样应该是这样。"和而不同"可以说是一切交往的根本准则。

当然我们应当清楚，"君子和而不同"作为孔子"中庸"思想的一种体现，是要求人们在当时社会地位差别的基础上寻求总体的和谐，以维持"礼"的秩序和社会的稳定。

在孔子看来，人的社会地位各不相同，却又构成一个彼此和谐、有机统一的整体，这才是人类社会正常的伦理秩序。君臣父子各归其位、各得其所，使之彼此不相侵犯、上下不相违背，这样一种和谐有序状态，就是"和"。不难看出，"和而不同"理想所追求的长幼尊卑地位差别的互补与统一，保证了礼和仁的实现。这种理想的社会结构，不能不带有浓厚的封建礼教和纲常色彩，其历史的局限性不容讳言。

当代中国社会已经是一个消灭了剥削阶级的新型社会，人们的社会地位和基本权利是完全平等的。但是，这并不意味着现在的社会不需要任何必要的秩序和规范、人们不应当扮演不同的社会角色了。在这个意义上，我们仍然能够从中国传统文化"和而不同"那里得到一些有益的启示。即使在今天，没有了人与人之间的和谐相处，整个社会的稳定也是不可能得到真正实现的。这就需要人们在社会位置和个性追求中彼此之间求同存异，以实现社会的整体和谐。可见，只要我们坚持"取其精华、去其糟粕"的原则，是不难对这笔文化遗产做出正确选择的。

温家宝前总理曾应邀在哈佛大学商学院发表题为《把目光投向中国》的演讲，在介绍中华民族文化底蕴时说，"和而不同"是其中的一个伟大思想。和谐又不千篇一律，不同而又彼此宽容；和谐以共生共长，不同以相辅相成。他认为，用"和而不同"的观点观察、处理问题，不仅有利于善待邻邦，也有利于国际社会化解矛盾。

当前，美国单方面挑起对华贸易战，并不断升级贸易冲突，限制中国部分商品进入美国市场，控制高新科技产品进入中国市场。这种行为非但无助解决问题，长远来看反而损害了中美两国消费者和企业的利益。美国政府更应当汲取"和而不同"的智慧，从历史和全局出发，珍惜中美两国建交以来取得的来之不易的宝贵成果，采取对中美两国人民负责、对世界稳定负责的态度，停止贸易对抗，重回合作发展的轨道方是正道。

仔细体味"君子和而不同，小人同而不和"这句话时，我们定会获益良多。孔子的言论中，有不少地方提到君子与小人的不同。譬如"君子坦荡荡，小人长戚戚""君子求诸己，小人求诸人""君子泰而不骄，小人骄而不泰"，等等。他提倡什么、反对什么是很清楚的。在孔子的仁学思想里，"和而不同"不仅是一种思想方法，而且具有世界观的意义。"和"的概念不同于"同"。几个不同乐音协调地同时发出的声音，叫作"和声"。可见"和"的本意里已包含着"不同"的意思。"不同"是"和"的题中应有之意。也就是说，完全相同的东西不一定都是"和"。

其实，"和而不同"的思想首先是以承认万事万物原本各不相同为前提的。正如哲学家们所说，世界上没有完全相同的两片树叶。那么，一个人、一个团体、一个民族、一个国家或地区如何处理与其他人、其他团体、其他民族、其他国家或地区的关系呢？这就需要有包容的思维、亲和的态度和辨证的方法。从中华文化的传统思想看，"和而不同"的确是一种博大的思想、广阔的胸怀和海纳百川的气魄，它既是世界观，又是方法论。

反过来看，"同而不和"就显得很狭隘、很片面了。为什么这样说呢？因为"同而不和"至少有两个错误的前提，其一，是将复杂的大千世界简单地分为两极。非此即彼，非白即黑，非正确即错误。其二，是以自我为中心来看待周围世界。其突出之点就是不能正确地对待"异"。从历史发展过程来看，对待"异"有三种不同的态度：一是党同伐异,二是求同存异,三是敬其所异。其中,"敬其所异"是这三者中的最高境界。因为只有注意从"异"中吸纳合理的因素,不断注入新的基因,才能使事物不断地向前发展。如果是相同的事物重复相加,那就还是原来的东西,那就不可能产生新的事物。所以古人疾呼:"和实生物,同则不继。"而"同而不和"者则采取了相反的态度,凡是与我不同的,就是坏的东西,就要排斥,就要反对,就要"党同伐异",甚至要把它消灭掉。中国人历来反对"党同伐异",主张"求同存异",倡导"敬其所异"。在追求社会和谐的进程中,不可能没有矛盾和冲突,而我们应该在"和而不同"这架天平上去寻求和谐、平衡与统一,而不应该用"同而不和"的思想去激化矛盾。

20世纪90年代初,提出"文明冲突"论的哈佛大学教授亨廷顿,就是基于"同而不和"的思想,认为各民族的冲突是绝对的,和平与合作只是相对的,最终是靠冲突解决问题。亨廷顿是国际著名学者,他的学说影响很大,但他所提出"文明冲突"论的主张却受到很多人的批评,认为他的这种观点,仍然是一种冷战思想的遗留,是一种不是鱼死就是网破的二元对立思想。与此相反,有更多国家、更多学者提出了更有价值的"文明对话"的主张。在"2004年文化高峰论坛"上,70位海内外著名学者联名发表的《甲申文化宣言》里,有这样一段论述:"文明既属于历史范畴,既已成为不同族群的恒久信仰、行为方式和习俗,则理应受到普遍的尊重。我们主张文明对话,以减少偏见、减少敌意、消弭隔阂、消弭误解。我们反对排斥异质文明的狭隘民族主义,更反对以优劣论文明,或者将不同文明之间的关系形容为不可调和的冲突,甚至认为这种冲突将导致灾难性的政治角力和战争。"我们认为,这样的主张和态度,更有利于人类文明的互相尊重和共同发展。其领衔者许嘉璐前副委员长通俗而深刻地论述了"和"及"天人和一"的思想。他说,中华民族以"和"为原则处理各种关系。家要和,朋友要和,人与自然之间也要和,由小及大,于是希望民族和民族、国家和国家之间也以和为贵,关系要以稳定为上。可以说,"和"的思想是中华传统文化中的一个具有普遍实用价值的、无论过去现在还是将来都永烁光辉的思想。1984年6月,邓小平同志在分别会见香港工商界访京团和香港知名人士时,提出了"一个国家,两种制度"即"一国两制"的思想。小平同志指出:"中国有香港、台湾问题,解决这个问题的出路何在呢?是社会主义吞掉台湾,还是台湾宣扬的'三民主义'吞掉大陆?谁也不好吞掉谁。"并明确提出:"我看只有实行一个国家,两种制度。"邓小平同志的这一光辉思想,应视为中华传统文化"和而不同"的思想在解决现代社会问题上的经典范例。

社会主义和谐社会的建设正是基于和的要求,而达到的一种人与社会、人与生态、人与自然,人与人之间的一种高度协调统一。这种社会现实早已超越了孔子理想的"和而不同"君子风范。

正是:和而不同出诚心,同而不和小利亲;

人间国家都应是,世界和谐少纠纷。

三十八、仁者先难而后获

　　学生樊迟请教如何做才算智慧，孔子回答说："尽力做对人民有利的事情（务民之义），尊敬鬼神却疏远它们（敬鬼神而远之），这就可以叫智慧了（可谓知矣）。"樊迟又问什么是仁，孔子回答："信奉仁的人困苦艰难的实干在先，而酬报所获在后（仁者先难而后获），这就可以叫仁了（可谓仁矣）。"

　　在智慧的问题上，孔子主张，在尽力做为人民有利的事的同时，又"敬鬼神而远之"。体现了他的现实主义精神。"仁"的问题与"智"的问题比较，在孔子看来当然是"仁"的问题更根本，针对樊迟的具体情况，孔子做出了"先难而后获"的回答。而且他不止一次这样回答樊迟。还有一次，樊迟在陪同孔子游览时，请教孔子："如何尊道德，去恶念，辩是非？"孔子说："问得好！先努力去做而后收获，这不就是尊道德吗？纠正自己的缺点错误，而不去攻击别人的不足，这不就是去恶念吗？一时愤怒就忘了自己，甚至忘记了父母亲，这不就是迷惑吗？"强调先把事情做好，然后再谈收获的问题，认为这就是提高道德修养的根本途径。

　　孔子的先难后获、先事后得的思想，与深受儒学影响的后代大儒曾国藩主张的"只问耕耘，不问收获"，以及我们今天说的"没有耕耘，哪有收获"，完全是一个意思。后面两种说法，不过是孔子思想的一种更通俗的表达、或者说是自然延伸。曾国藩就是中国近代史上一个从不说大话、空话、套话，而只是注重扑下身子、埋头苦干，在学问乃至事功上，都有卓越建树的历史人物，他不仅对促进清朝"中兴"贡献极大，而且对20世纪的国共两党领袖人物蒋介石、毛泽东都产生过重要影响，成为被两人深为敬佩的历史人物，这在历史上是不多见的。

　　我国深圳特区的创办，及其取得的伟大成就，就是先难而后获的最好注脚。1979年4月，时任广东省委第一书记的习仲勋，向邓小平汇报了广东开放、搞活的设想，请求中央给广东邻近香港的地方一点特殊政策，并希望中央给部分建立"贸易合作区"的配套资金。邓小平亲自为该区命名为"特区"，并对习仲勋实话实说："中央没有钱，你们自己去搞，杀出一条血路来。"这既是对广东的激励，也可以使我们看到经济特区是在多么困难的条件下艰难起步的。同年夏季，蛇口的大规模开发率先全面展开，过了刚刚一年，一个生气勃勃、环境优美、交通便利的现代化海滨新城就初步展现出来。1980年8月26日，第五届全国人民代表大会常务委员会第十五次会议，批准国务院提出的《中华人民共和国广东省经济特区条例》，正式宣布在广东省的深圳、珠海、汕头和福建省的厦门设置经济特区。特区人在邓小平"杀出一条血路"精神的激励下，知难而进，迎难而上，敢闯敢冒，奋勇拼搏，经过近40年的艰苦奋斗，取得了举世瞩目、震惊世界的伟大成就。以深圳特区为例，在改革开放振兴中华的伟业中，深圳人为中国、为世界做出了自己的两大贡献，第一，贡献了一种精神：敢想敢闯敢冒敢干的创新精神；第二，贡献了一种新体制：通向强国富民的具体的社会主义市场经济体制。

　　仅仅40多年的时间，深圳就从一个只有两万人的小渔村，变成了一座拥有常住人口

1252.83万的特大城市；从一个贫穷落后的边陲小镇，发展成为GDP高达22438.39亿人民币（2017年数据），与香港相差无几的现代化城市；人均GDP也从30年前的不足300美元，达到2.71万美元，这是大陆人均最高水平。在过去40年里，深圳经济年均增长率高达28%，可以说创造了世界奇迹。胡锦涛同志在深圳深情地说，深圳特区"创造了世界工业化、现代化、城市化发展史上的奇迹"，赞扬深圳为中国的改革开放作出了重要贡献。对中国改革开放事业充满信心的新加坡资深政治家李光耀说："深圳的未来就是中国的未来。"十八大后，习近平首次调研选择了深圳，他指出："深圳在整个过去的中国改革开放过程中发挥了巨大作用，希望深圳和广东在未来中国的改革和发展道路上能够发挥更大作用。"看看今天深圳的巨大变化，回想30年前的落后状况，我们怎能不对中国特色的社会主义事业充满了信心呢！

深圳的生动例证说明：先难而后获不仅对"仁者"如此，即使对一个国家、一个民族、一个城市都是适用的。没有深圳人的艰苦奋斗、埋头苦干，就不会有举世瞩目伟大成就的获得。说到改革开放30多年的中国所取得的伟大成就，所发生的翻天覆地变化，同样印证了这条道理。

可见，孔子讲的"先难而后获"的道理，确实是我们做人乃至成就事业以及治国理政的根本方法。

正是：先难后获事可期，埋头耕耘奠业基；
　　　深圳经验真实际，中华振兴与天齐。

三十九、博学而无所成名

达巷的一个人说："太博大了，孔子！学问广博而人们无法称他为哪方面的专家（博学而无所成名）。"孔子听了，就很风趣地对他的学生说："我专门做哪一行好呢？赶车呢还是射箭？我赶马车好了。"在《论语·为政》篇中，孔子还说过："君子不要像一个器皿一样，只能有一种用途（君子不器）。"主张君子应当博学多才，不能只精通一个专业，而在其他方面学无所长。这种君子必须是多方面通才的要求，孔子自己也是毕生身体力行的。

这里就牵扯到一个博与专的关系问题。从当今社会的现实来说，通才与专业人才，都是国家建设不可或缺的。而且博与专有时也是不可截然分开的，两者辩证地统一在一起。一方面社会分工越来越细，因此需要大量的专门人才，以适应社会的发展；另一方面，21世纪初叶的专业人才又不能只在一个方面精通而不懂其他知识，必须要有各方面的知识和技能为基础，才能"专"得起来。所以，人才不应像孔子所反对的那样成为一种器皿，只有一个用途，而应博学多艺，做一个具有较广知识面的专才。但是，非常现实的问题就是，当今如果你没有一个方面的专长，即没有一技之长，虽然你有比较宽广的知识，但很可能成为人们常说的"样样通，门门松"，在社会生活中可能寸步难行，恐怕连一个合适的工作都找不到，生存就成问题了。从这个意义上说，一个人应当首先争取成为专才，即使是孔子玩笑中讲的"射箭""驾车"都可以。如果基本条件具备，更进一步则可以向

"博学而无所成名"的通才努力。

今天的建设伟业，急需要大量的专业人才，同时也需要领军人物的帅才通才，例如像孔子这样的通才，像钱学森、王淦昌、季羡林这样的战略科学家、杰出人才。当然由于天赋的条件，以及所处环境的限制，还有机遇的降临等原因，一个人成为孔子那样不世出的通才，是非常难得的。但是通过自己后天努力，抓住机会，还是可以小有成就，甚至能有一番作为的。唐朝大诗人李白诗中说"天生我材必有用"，还是很有道理的。

东汉末年，东吴吕蒙的故事，可能会给我们一些有益启发。吕蒙小时候，由于中原战乱，就随母亲流落到江南，投到姐夫邓当处谋生。邓当是孙策部下将领，经常跟着孙策南征北战。使吕蒙整日所见，都是些军旅杀伐之事，因此就逐渐养成了不愿读书且粗豪强悍的性格。在他16岁时，就偷偷跟着邓当大军讨伐山越，结果在战场上勇猛冲杀的他，虽然浑身溅满鲜血，自己竟然毫发无伤，但却把邓当吓得不轻。邓当手下有个军士嘲笑吕蒙是添乱，对其几番羞辱，吕蒙忍耐不住，终于将那人砍死。闯祸后的吕蒙只好逃跑，暂避一时。但稍后也觉得不是办法，于是请人向孙策求情，接着前去自首。孙策却认为吕蒙可爱，不仅赦免了他的杀人罪行，还把他留在身边调用。经此变故，吕蒙深沉多了。后来邓当去世，吕蒙接替了邓当的职务。孙策死后，孙权成为吴侯，比较欣赏吕蒙的治军能力，又给他增加了一些人马。此后吕蒙英勇善战，多次立下战功，被孙权拜为偏将军，兼领寻阳县令。吕蒙在战火中展现出过人的才华，为人也逐渐变得谦厚多了。但从来不愿读书的他，既不能写又说不好。每当向孙权报告大事时，总是磕磕绊绊缺乏条理。孙权见此，就对他说，你现在身负重任，需要多读点书了。不愿读书的吕蒙不敢拒绝，只好推说军务繁忙，没有时间。孙权语重心长地说："我不是让你穷研经史去做学问，而是要你广泛涉猎一些书籍，明白一些古今兴亡的道理。你推说事忙，难道还能比我更忙吗？我始终坚持读书，感到大有益处，你不妨试试看。"吕蒙听了，很感惭愧，从此开始认真读书。凭着他的毅力和聪明，不但学识有很大长进，察人论事水平也提高了很多。几年后，一向瞧不起吕蒙的鲁肃，路过吕蒙驻地，礼节性地去看望一下，结果与吕蒙一番谈论，深感惊讶，没想到吕蒙进步这样快。于是他抚着吕蒙的背说："将军，你已经不是昔日吴下那个粗莽的阿蒙了，我没想到你的谋略水平高明到这种程度！"吕蒙笑着说："古人言士别三日，当刮目相待。这道理你是很清楚的啊！"后来，吕蒙接替因病逝世的鲁肃出任大都督，成为吴国的军事统帅。从而成为帅才与军事通才，并借助这个舞台，充分显示出自己的才能，为吴国的国防巩固以及收回荆州，立下了大功。

吕蒙成长成才的事例，告诉我们，从一个普通人到一位专才（偏将军），只要自身勤奋努力，再加上合适的机遇和参战实践，是不算太难达到目的的；而从一位专才到帅才与军事通才，则既需要极好的天赋，更需要适当的机遇和极强的悟性与勤奋的学习。在当代，大部分人成为通才的可能性受主客观条件的制约，不是太大。但经过努力实践，成为专才，是可以也应当做到的。中国社会主义现代化的建设，就需要各方面的千千万万专业人才，大家只要自己努力成才，就不愁没有用武之地。通才虽是可遇不可求的，但今天中国已具备了产生通才的客观条件，时代也呼唤着通才这样杰出人才、学术大师的产生，相信产生不同层次、各个方面乃至全方位、最高层次的通才，即像孔子、爱因斯坦、牛顿那样的大家的那一天，不会太远了。"博学而无所成名"不仅只是一种很高的境界，也是很有可能在我国很快出现的。因为历史上我们国家就产生过老子、孙子、孔子、墨子、荀子、董仲舒、朱熹、王阳明、王夫之、顾炎武、鲁迅、郭沫若、钱学森等大师。今天时代进步了，科学进步了，文明进步了，通才、大师的产生条件比之过去好了不知多少倍，产生科学大师、人文大师、思想大师不是可以预期的吗？！

　　正是：专才时代需求多，常人努力能契合；
　　　　　通才成长实苛刻，吕蒙一例任凭说？

四十、工欲善其事，必先利其器

　　子贡问怎样去实行仁，孔子回答："工匠要干好他的制作（工欲善其事），必先磨好他的工具（必先利其器）。住在任何一个国家，都要侍奉有贤德的长官，结交那些有仁德的知识分子。"这里说的"器"既是指工具而言，同时也指手段、途径、方法。下面我们仅就其工具的意义上，谈点认识。

　　工匠在制作某个器具之前，必须先选择好合适的工具，并将工具打磨好，这样操作起来才会得心应手，才会又好又快地把器具制造出来，可以收到事半功倍的效果。这是一个非常简单的常识。如果要完成一项特定的器具制造，工匠手中的工具不凑手或不合适、不锐利，那他干起来一定很费力，并且制作出来效果也不好，甚至导致制作的失败。所以，"利其器"是"善其事"的前提和决不可缺少的基础性条件，它直接关系到"善其事"的成与败。没有"器"之"利"，就不会有"事"之"善"。对于一个具体器皿的制作是这样，对于一项工作的完成、一场战争的胜败乃至宏伟事业的成功也是这样。而这样做就是行"仁"政。

　　西晋初年，孤守江南的吴军，为了抵抗晋朝大军的进攻，以保苟延残喘于一时，在长江各险滩要害之处，拦江扯上了多条粗重的铁链，梦想用它来截断晋军战舰的通路；又制造了很多大铁锥，每个有一丈多长，放置于江中，准备用它来划破晋军大船的底部，以破坏晋军的攻势，许多人感到对吴军的狡诈无计可施。但水军主帅王濬却胸有成竹，他下令制作了几十只大木筏子，上面扎了许多草人，又给草人穿上衣甲，手中放上兵器，远远望去就像真人一样。木筏造好以后，王濬令一些水性极好的士兵乘木筏先行开路，遇到铁锥，就被木筏带起，顺流漂去。这样，一只只铁锥被带走了，航道重又畅通无阻。另外，王濬又令在巨大的楼船上放上早已制造好了的巨大火炬，中间灌上麻油。楼船开进遇上铁链时，就停船点燃火炬，很快就将铁链熔为铁水断沉江底，于是舰船通行无阻。王濬大军就是这样以充分的准备器械，很快就打到建业城下，黔驴技穷的吴主孙皓只好打起白旗投降。唐朝大诗人刘禹锡在《西塞山怀古》诗中这样写道："王濬楼船下益州，金陵王气黯然收。千寻铁锁沉江底，一片降幡出石头。"高度评价赞扬了王濬平吴的大功。可以说，王濬平吴即是"工欲善其事，必先利其器"的一个绝佳例证。

　　第二次世界大战后期，盟军胜利实现诺曼底登陆，但在进军路上却遇上了天然障碍——灌木树篱使登陆部队无法顺利开进。盟军的机械化部队进攻计划，被迫一再推迟。在大家面对障碍一筹莫展之际，一位名叫丘标的中士提出，可以在进攻的坦克前面按上两把坚硬的钢刀，就像两把镰刀一样，刀刃朝外，水平张开，凭借坦克的强大推动力，切断树篱，铲平地埂，为步兵的进军扫清道路。而驻守诺曼底的德军自以为他们阵地前有广阔的灌木树篱作屏障，已是固若金汤，因此大意起来。没想到盟军以装上钢刀的坦克开道，在灌木树篱中如履平地般迅猛开进。德军仓促应战，却无法抵挡盟军陆空一体的强大攻势，结果很快土崩瓦解，溃不成军。可见"利其器"对"善其事"的确起着决定性作用。

对于战争是这样，对于其他事物同样如此。在号称欧洲瓷都的德国小镇麦森，与瓷都齐名的还有一位名叫贝林格的著名技师，他原来只是陶瓷厂的一个垃圾工。当麦森陶瓷厂过去的技师普塞因为与厂方发生冲突，一怒之下离开陶瓷厂时，因无人顶替其位置工厂被迫停产。就在这十分困难的时刻，贝林格站出来向厂方说："能不能让我试一试？"厂方一度表示怀疑。但当贝林格从家中拿来一个自己烧制的花瓷瓶时，厂方非常吃惊。原来在搞好处理厂里垃圾工作的同时，贝林格居然每天都在偷偷学习普塞技师的手艺，时间长达十年之久。厂方同意贝林格接替技师职务，并问他有何要求，贝林格只希望能给他涨10元工资。因为他每月20元的收入，只够全家的生活费，而其母亲最近生病每月需服用10元的药品。非常孝顺的贝林格，想用早就偷偷学会了烧制陶器的手艺，为老母亲挣些药费。厂方被他的孝心和技术所征服，聘请他做专职技师，并决定每月给他10000元的报酬。贝林格这位当初的垃圾工，真是做梦也没想到能拿这么高的工资。这个故事告诉我们，机会只是留给那些有准备的人，更有力地说明"工欲善其事，必先利其器"的道理。

俗话说"巧妇难为无米之炊"，厨艺再好的媳妇也不能无中生有，没有米也做不出饭。毛泽东同志指出："我们的任务是过河，但是没有船或桥就不能过，不解决船或桥的问题，过河就是一句空话。"桥和船的问题就是器的问题。今天，我们党和政府的各级干部，要得到群众的真心拥护，要团结和动员群众去做好、完成现代化建设的大事业，就要和群众站在一起。就得去发挥群众的积极性，就得关心群众的痛痒，就得真心实意地为群众谋利益，解决群众的生产和生活的问题，盐的问题，米的问题，房子的问题，衣服的问题，生小孩子的问题，解决群众的一切问题。这既是器的问题，也是最根本的问题。

总之，"工欲善其事，必先利其器"从哲学意义上说，就是原因和结果的关系问题。其中也有非常复杂的情况。

正是：欲成事功先利器，基础坚实靠步趋；
王濬破敌备筏炬，伟业成功桥船居。

四十一、过而不改，是谓过矣

孔子说："犯了错误而不加以改正，这就真是更大的错误了（过而不改，是谓过矣）。"孔子还说过："有了错误，就不怕去改正""改正错误才可贵。"孔子的说法，是实用理性的一条生活真理。犯了错误又不去改正，那是大错特错，极易使人处于危险的境地。而犯错改错，改了也就没有错误了。它显示了儒家的宽容精神。不然，吃一堑，不长一智，那人不是太愚蠢了吗？

俗话说，人非圣贤孰能无过。问题在于，有了错误怎么办？正确的态度当然应当是像孔子说的那样，不怕去改正，改了就可贵。春秋时期的晋灵公是个贪婪、暴虐的君主。他

· 81 ·

不顾百姓死活，强征暴敛、巧取豪夺，而将聚集来的财富全耗费在宫殿建筑方面。他还有一个狠毒的恶习，就是喜好用弹弓打人取乐。更残忍的是，如果厨师没有把给他吃的熊掌炖烂，就把厨师立刻杀死，尸体放在竹筐内，用敞车叫人推着从朝堂上经过，让众大臣观看，自己却乐呵呵地看大家的惊恐神态。大臣士会等人很为晋国的前途担忧，就去劝他，请他为国家着想，改正过错。晋灵公嘴上答应得很好，但却绝不改正。士会等人也拿他毫无办法，只好说："人谁没有过错，错了能改，就是最大的善事了。"不过，这话对于晋灵公来说，可以说是东风吹马耳，格格不入，毫无警示作用。最终，过而不改的晋灵公被赵穿杀掉，晋国也陷入了动荡之中，一个好端端的国家被晋灵公糟蹋得不像样子。

孔子讲的与士会所言是一致的。他告诉我们，是人都可能犯错误，如果一个人偶然犯了错误，并没有什么了不起的，不必惊慌失措，更不可以认为此人从此不可救药了。例如，自己的孩子与别的孩子打架或把干净的家弄乱了，只要指出他的错误，给予适当批评教育就可以了。没有必要将他暴打一顿，当成多么大的事，甚至认为孩子的品质有问题了，挫伤孩子的自尊心，给其造成极大的精神压力。其实，人尤其是孩子犯错误是很正常的事，正是通过一次次犯错，又一次次改正错误，人才逐渐成熟起来，逐渐成长起来，逐渐成为国家和社会的有用之材。

在现实生活中，有小错不改，导致更大错误或罪行的，是有许多惨痛教训、前车之鉴的。例如，江苏省南京市溧水区女贪官易善玲一案，就是如此。出身农家的易善玲早年聪明好学、活泼大方，高中毕业后，担任所在公社广播员，她全身心投入，把公社有线广播搞得十分出色，很快被提拔为公社团委书记。后来又因政绩突出，担任了副县长职务。此时有求于她的人多了，给她送上高档礼品，外加现金，开始她还假意推辞一番，后来次数一多，就习以为常了。她从不认为这是受贿，每次都大大方方地笑纳了。结果最后因受贿罪，被南京市中级人民法院判处有期徒刑10年，成为一名罪犯。此案不是对"过而不改是谓过矣"的一个生动诠释吗?!

一个人有了过错，只要真心悔过，把错误改正过来就好了。作为有道德的人，必须具有公开承认自己的错误，并公开改正自己错误的勇气。这样做，不但不会降低自己的威信，反而会提高自己的威信。而像晋灵公那样犯错误，嘴上虽然承认，但是行动上坚决不改，只能导致更大的错误，结果酿成了被杀掉的大祸。贪官易善玲同样如此，最终被送入牢房，断送了自己大好的前程。这种过而不改，以致危害自己生命、导致国家动乱的惨痛教训，后人是应当永远记取的。

而"过而改之"的事例，历史及现实中更多，我们仅以周处为例。西晋时期有一个周处除三害的故事，讲的少年时周处经常做错事，后来勇于改正错误，终于成为为民除害的好人。周处由于父亲死得早，从小无人管教，又生得力大威猛，因此，动不动就挥起拳头打人，当地人都很害怕他。其家乡附近山上有一只白虎，经常出来伤害百姓；当地长桥下有一条大蛟，也经常伤人。人们就把周处、白虎与大蛟一起称为"三害"。据说"三害"之中周处危害最大。有一次，周处在外面行走，遇上一位老者，他就问："今年庄稼长得很好，为什么大家还不高兴呢？"老人没好气地说："三害还没有除掉，怎么高兴得起来呢？"周处第一次听到"三害"这个说法，就又问："什么是三害？"老人说："南山上的白虎，长桥下的大蛟，再加上你。"周处吃了一惊，他略一沉思，然后说："既然大家都为三害苦恼，我就把它们除掉吧！"他做好充分准备，先杀死虎；又下河与蛟搏斗了三个昼夜,终于杀死了蛟。除了两害,周处回到家,才知道他离家三天多,人们以为他死了,都在高兴地庆祝。他才认识到,自己平日的行为,被人们痛恨到什么程度。于是痛下决心,改邪归正。他离开家乡,先后拜名士陆机、陆云叔侄为师,一面刻苦学习,一面注意提高自己的品德修养。后来终于成为一个为人民做了许多好事的能人。

反面典型晋灵公、易善玲,正面事例周处的故事告诉我们,孔子所讲的,过而不改,是谓过矣,实乃金玉良言,发人深省。周处痛改前非,为民除害、为国立功的事迹,则说明了"知过能改,善莫大焉"的道理。

正是：过而不改铸大错,过而能改为善人；
　　　晋灵周处反正例,发人深省应行仁。

四十二、不怨天,不尤人

孔子说："没有人会知道我了！"子贡问："为什么会没有人知道您?"孔子说："不埋怨老天,不怪罪别人（不怨天不尤人）,下学人事上达真理,知道我的只有老天了。"从孔子与子贡的这段对话中,我们看到了一个真实的孔子,他也因为怀才不遇而抑郁感叹,因为远大抱负无处施展而牢骚满腹,足见孔子也是一个有血有肉有感情有怨言的普通人,这与宋明理学家塑造的那种超凡入圣、修养极天的"圣人"形象大相径庭,因此,也更凸显出孔子的真实、可爱、可近、可敬与可亲。

但事实上,孔子发牢骚的神态后人多已忘记,他的那种上下求索,终身好学上进的进取精神和不怨天不尤人的处世达观态度,却成为后人做事为人所追求的一种至高境界。本来是带有某种不满情绪的"不怨天不尤人"话语,却成为后人处世为人仿效的榜样,这可以说是南辕北辙,也可以说是歪打正着。但是不管怎么说,孔子这话的积极意义,以及他的正面形象是被后人们充分挖掘出来、树立起来了。

按通常的理解,"不怨天,不尤人"这句话告诉我们,当遇到挫折与失败时,不要将自己的失落和苦闷归结于上苍,更不要将自己的过错和失误归咎于他人,因为这是一种避世诿过的胆怯,是一种利己的私心,是一种推卸责任的懦弱。就像射箭一样,当你的箭射不中靶子时,要从自己身上寻找原因,要检讨自己的射箭技术不够精湛,不能埋怨风向转变或别人影响了你的视线。孔子说："不患人之不己知,患其不能也。"也是强调个人在道德修养上自省自警的重要性,遇事要有勇于担当的勇气,不能将自己应负的责任一推了之,或归咎于客观条件。其实那也于事无补,只能说明自己不堪任事。

"不怨天,不尤人"还是一种积极的人生态度。俗语有"天有不测风云,人有旦夕祸福"的说法,告诉人们在大自然以及人类自身发展规律,还没有被彻底认识以前（事实上人类永远不会彻底达到认识）,不可测的风云与旦夕的祸福,人们是无法全部把握的。因此,一个人只有放弃无休无止的抱怨,才能始终保持乐观健康的良好心态,从而积极向上,有所作为。怨天尤人者,只能是自找没趣、自寻烦恼,陷入更大的自我矛盾之中,不可自拔,贻误自我与事业的发展。我国汉代的道家经典《太平经》中说："人没有忧愁的事困扰,就可以尽享天年长寿之福。"可谓至理名言,也是对"不怨天不尤人"的最为恰当解读。

东晋名将陶侃就是一位"不怨天不尤人"自强不息的典范。陶侃少年时家中贫寒，但他在母亲湛氏的严格教育下，养成了很好的生活与处世习惯。进入仕途后，由于他的恭谨勤快，得到了许多人的赞赏，使他名气渐增，职位日高，具备了建功立业的基本条件。在任江夏太守、荆州刺史时，他就多次立下平定叛乱的战功。但因为有人嫉妒其功，说了他许多坏话，反而被贬往广州。陶侃到了广州，并没有灰心丧气。他坚持每天早上把100块砖头从书房里搬到屋外，晚上又把砖头运回屋内。人们看到他每天这样做，感到很奇怪，就问他为什么如此。陶侃严肃地说："我现在虽然在南方，但心里想的是收复中原。如果闲散惯了，还怎么能担当将来恢复国土的重任呢？"后来陶侃果然被东晋朝廷重用，又为国家立下了大功。陶侃不管是在得志担负重任时，还是被贬失意时，都"不怨天不尤人"，自强不息，勤奋进取。终于体现出他人生最大的价值，也为国家立下了丰功伟绩。

周恩来为郭沫若50诞辰祝寿讲演中说："有人说学术家与革命行动家不能兼而为之，其实这在中国也是过时代的话，郭先生就是兼而为之的人。他不但在革命高潮时挺身而出，站在革命行列的前头，他还懂得在革命退潮时怎样保存活力，埋头研究，补充自己，也就是为革命做了新的贡献，准备了新的力量。他的海外十年，充分证明了这一真理。十年内，他的译著之富，人所难及。他精研古代社会，甲骨文字，殷周青铜器铭文，两周金文以及古代铭刻等等，用科学的方法，发现了古代的许多真实。这是一种新的努力，也是革命的努力，虽然有些论据，还值得推敲。如果说，连卢那察尔斯基都不免在退潮时期入了迷途，那我们的郭先生却正确的走了他应该走的唯物主义的研究的道路。"高度赞扬郭沫若即使在革命退潮时也"不怨天，不尤人"，充实自己奋斗不息的钻研精神。这也是值得后人学习的。

在儒家看来，"不怨天，不尤人"代表的不仅是一种积极的人生态度，更是一种个人修养的道德境界。孔子就这样说过，不怕你没有取得一定的位置，重要的是你拿什么去自立。在儒家看来，人凭什么自立，当然需要知识，再就是德行，更重要的还有人生的境界。孔子以乐观的心态面对人生，具有快乐的人生情调，他以"发愤忘食，乐以忘忧，不知老之将至"的词语，来概括自己勤奋好学、一往无前的精神世界。他说："知之者不如好之者，好之者不如乐之者。"由知到好，由好到乐，其实就是人生境界的不断提升。孔子还说过："君子上达，小人下达。"即是指有追求的君子向上进取，无所事事的小人向下沉沦。向上者会不断超越自我，实现人生与事业的两重辉煌，向下者则会无奈地向深渊坠落，最终一事无成并消耗掉自己毫无价值的一生。

可见，孔子说的"不怨天，不尤人"，对我们勇于面对困难、失误，对我们确立积极的人生态度，对于我们提高个人修养的道德境界，对我们在社会实践中努力发挥主观能动性，都具有重要的理论意义和现实意义。

正是：怨天尤人真不该，自强发奋硕果栽；
　　　运砖陶侃雄心在，报国功业看未来。

四十三、患不得之，患失之

孔子说："粗鄙的人能够与他共同侍奉国君吗？当没有得到的时候（其未得之也），生怕得不到（患不得之）。当得到的时候（既得之），又生怕失掉（患失之）。如果生怕失掉（苟患失之），那什么事情都做得出来了（无所不至矣）。"得到的是什么？失去的又是什么？可能是名誉，可能是地位，也可能是金钱或物质利益。总之，大概是俗人们很想得到、而得到后又最怕失去的东西。"患得患失"已成为一句众所周知的成语，沿用至今，意思没有多少改变，就是形容计较蝇头小利、目光短浅、做不成大事而却可能坏事的俗人。从孔子的说法中，我们可以看出，他对患得患失的人的鄙视与厌恶。

说起患得患失的人，十有八九在利益诱惑面前，大概是什么事情都可能做出来的，也许会应了那句"成事不足败事有余"的俗话。例如，为了蝇头小利的一己之私，或者为了保住自己的既得利益或自己的名声，就会做出打击同行、排除异己、损人利己，甚至损人不利己、坑蒙拐骗、假冒伪劣等极不道德的事来。

另外，由于患得患失的人心中只是想着利益或名声，不能一心一意去做事，结果常使事业、功名无所成就。西汉刘向《说苑》中有这样一个故事，说的是夏代有一位神射手，名叫后羿。他通过多年苦练，练出了一身百步穿杨的好本领，立射、跪射、骑射样样都很精通，而且箭箭都可以射中靶心，从来没有失过手。人们争相传颂他高超的射箭技艺，对他非常崇敬佩服。

夏王也从手下人的嘴里听说了这位神射手的本领，并且又亲自去目睹了后羿的射箭表演，十分欣赏他的好功夫。有一天，夏王想把后羿召入宫中来，单独给他一个人演练一番，好尽情领略他那炉火纯青的射箭技艺。于是，夏王命人把后羿找来，带他到御花园里找了个开阔地带，叫人拿来了一块一尺见方，靶心直径大约一寸的兽皮箭靶，用手指着说："今天请你来，是想请你展示一下你那精湛的射箭本领，这个箭靶就是你的目标。为了使这次表演不至于因为没有刺激而沉闷乏味，我来给你定个赏罚规则：如果在百步之外射中了的话，我就赏赐给你黄金万两；如果射不中，那就要削去你的封地。现在请你开始吧。"后羿听了夏王的话，一言不发，面色开始变得凝重起来。他慢慢走到离箭靶一百步远的地方，脚步越来越显得沉重。然后，后羿慢慢取出一支箭搭上弓弦，摆好姿势拉开弓开始瞄准。想到自己这一箭出去可能引发的后果，或是得到万两赏金，或是失去封地，一向镇定自如的后羿呼吸变得急促起来，拉弓的手也微微发抖，瞄了几次都没有把箭射出去。停了一会，后羿终于下定决心松开了弦，箭应声而出，"啪"地一下钉在离靶心足有几寸远的地方。后羿脸色一下子变得灰白。经过短暂的沉默，他再次心事重重地弯弓搭箭，精神却更加不集中了，射出的箭甚至连靶子都没碰上。满脸愧色的后羿，无奈地收拾起弓箭，勉强赔着笑脸向夏王告辞，悻悻地离开了王宫。夏王在失望的同时掩饰不住心头的疑惑，就问手下道："这个神箭手后羿，平时射起箭来都是百发百中，为什么今天跟他定下了赏罚规则，他就大失水准了呢？"手下解释说："后羿平日射箭，不过是一般练习，在一颗平常心之下，水平自然可以正常发挥。可是今天大王定下了严格的赏罚规定，他射出的成绩直接关系到他的切身利益,叫他怎么能静下心来充分施展射箭技艺呢?看来一个人只有真正把物质利益置之度外,才能成为当之无愧的神箭手啊!"

可见患得患失、过分计较自己的利益,将会成为人们获得事业成功的巨大障碍。大家应当从后羿身上吸取教训,面临任何情况时都应尽量保持平常心态,切不可患得患失,先在内心中、思想上乱了方寸,最后导致满盘皆输。在名和利的考验面前,应当以独立的人格和党的事业为重,具有"舍得一身剐、敢把皇帝拉下马"的大无畏气概,不要说是名利不能使自己动心,就是泰山压顶也无所畏惧。

其实,过于患得患失的人,自己活得也并不幸福、不轻松、不自在。但遗憾的是,进入现代社会以后,随着生活节奏加快,各方面的竞争加剧,患得患失的人不是少了,而是越来越多了。而保持从容不迫平静心态的人却越来越少。还有一些官员,因贪名恋利,更是什么事情都做得出来。怎样才能使今天的人们不落入得失的利益计较之中,跳出患得患失的陷阱,以赢得事业的成功呢?19世纪中期,美国总统林肯的决心与做法,可能对我们有一定启迪意义。美国南北战争爆发后,林肯意识到,要想打胜这场战争,就必须调动农民的积极性,废除农奴制、解放黑奴。而这样做是要冒很大风险的,很可能会使过去很多朋友和政界人士转而反对他,因为这些人中有许多是赞成奴隶制度的,个别极端分子的做法,甚至会危及林肯的生命。但林肯从美国根本利益这一大局出发,将自身的利害与生死置之度外,以美国总统的身份毅然签署颁布了《解放黑人奴隶宣言》,使400万黑奴获得自由。而被解放的黑奴成为联邦军队的可靠同盟军,很快扭转了南北战争的战局,并保证联邦政府夺取最后的胜利,从而使美国走上了一条繁荣昌盛之路。虽然林肯后来被南方奴隶主指使的暴徒所杀害,但他的历史功绩将永远被人民和历史所铭记!

今天的朋友们,我们现在完全不需要做出林肯那样的牺牲,只要放下个人的部分利益,就可以跳出患得患失的迷途,在改革开放的大好社会环境中,夺取我们事业的成功。这也是符合孔子希望的。

正是:后羿失利重得失,心有杂念不专一;
　　　林肯勇气撼天地,宏伟功业与天齐。

四十四、君子不以绀緅饰

《论语·乡党》中说:"君子不用黑色作衣服领子、袖口的镶边(君子不以绀緅饰),不用红色、紫色作便服。夏天,穿粗的或细的单布汗衫,但出门时一定要加件外衣。黑衣配紫羊皮,白衣配鹿皮,黄衣配狐皮。居家时穿的皮衣可以稍长一点,但右袖要短一些。睡觉时一定要有小被子,长度是身长的一倍半。用狐皮等厚毛作坐垫。丧礼完毕以后,就没有什么饰物是不可以佩戴的了。除了上朝和祭祀用的礼服,其他衣服也一定要剪裁成确定的样式。不穿紫羊皮衣、不戴黑色的帽子去吊唁逝者。每月初一,一定要穿着礼服去朝拜。斋戒沐浴,一定要有浴衣,用布做的。"

以上就是《论语》讲的孔子要求的穿衣服的礼制,从行文来看,估计孔子绝大部分时间也是这样穿戴的。我国自古以白衣吊丧,而黑色是好颜色。红、紫色是君王使用的贵重色彩，一般人绝不能随便使用。荀况讲过"礼"的特点是"分"，即分别各种等级秩序，以表示上下左右，尊卑贵贱。于是，连颜色也如此划分，这种习俗自远古一直延续到20世纪初叶，巨细无遗地统治了人们的举止行为甚至衣服穿戴，涉及社会生活的各种公私领域，真是太过于束缚人性了。这种情况似乎其他文明中少有，李泽厚先生认为它来源于中华文明上古的巫术礼仪。

应当说，能如此穿戴行事的人，不会是平民百姓。显然这是对当时有身份、有地位、有贵族血统的人的统一要求。今天，我们剔除其烦琐苛刻压抑束缚人的一面，可以看到，它也有合理性的一方面。它表现出孔子对穿衣戴帽类似的外在表现形式也很有研究、很注意，并且很内行。你看，什么颜色做什么衣服，什么颜色不能做什么衣服，什么颜色套什么颜色的衣服等，从理论到实践，孔子讲得头头是道、清清楚楚，俨然是一位高水平的时装设计师了。如今的社会，随着人们物质生活水平的提高，人们对于穿着打扮是越来越重视了。以至有人说，今天的社会更像一个讲究包装的社会，很多人往往从一个人的外在穿着，来决定对此人的接待规格或看法。穿着打扮是否合适、是否高档，有时竟成了能否办成事的重要因素。因此，孔子所作所说在今天并没有过时，依然有它适用的地方。

俗话早就有"人靠衣裳马靠鞍"的说法，从一个侧面说明"穿衣戴帽"是非常重要的。推而广之，在市场经济社会中，外在"包装"已成为商品能否占领市场的非常重要的因素，在生产流通分配交换的各个环节，都成为不可或缺的重要方面。也许你的产品具有较高的质量，并且物美价廉，但由于不重视包装，可能就打不开销路，甚至会被市场淘汰，这绝不是危言耸听，是有许多惨痛教训的。就小生产、小生意的眼光来看，包装不过是一种外在的装饰与设计，目的只是引起消费者对商品的关注，使消费者愿意购买。但是从市场经济这一宏大视野来看，在现代商品意识中，包装则体现了一种设计、一种形象甚至一种理念，它已不仅是简单的外在包装、广告宣传，而是一种创造力和想象力的表现，是与产品直接相关的一个重要环节。所以，不仅商品需要合适的包装，从事商品生产的人和企业也需要包装，这样才能让人看着赏心悦目，提高商品以及服务的价值和档次。可见，孔子重视"衣着颜色"外在包装的做法，在搞市场经济建设的今天，还是很有现实意义的。

当今许多从事经商活动的人，已经有了一个约定俗成的共识，即进入商务交际圈的人，一定要把自己包装起来，在什么场合穿什么戴什么，都有特定的讲究。可以这样说，生意场上的人都是经过包装过的人，甚至都是戴着假面具的人。不过这种包装和假面具都是根据自己的职业角色、根据商业要求而设计出来的，是适合商务工作需要的。一个能办成大事的成功商人，有几套像样的高档衣装是很正常的、也是完全必要的，在比较正式的场合，尤其是在与欧美外商会谈时，西服革履是必需的装备。当然，在商务交往中，外在"硬包装"是重要的，而内在的"软包装"更具有决定意义，即人的精神、气质、思想方面的准备和设计，是更带有根本性的。这既包括个人文化修养品位的内涵，又包括个人经验智慧才华的具备，例如，对交谈话题的精心设计，对对方情绪、兴趣与爱好的把握和引导，以及有意识地营造出有利于双方交往的氛围。要做到这些，就需要平日里注意加强文化学习、道德修养，至于有关知识的储备和相关资料的查考，更是必不可少。

其实，"人靠衣裳马靠鞍"，只是问题的一个方面；反过来说，衣装也要靠人，鞍必须靠马，才能体现出它们的自身价值。因此，穿衣装的人和带着鞍的马，是更根本的。要知道，人与马才是被体现、被彰显的主体，衣装与鞍不过是为主体服务的一种道具和特定形式。本文开始就讲到的，孔子所穿衣装之所以可体合适，不正说明孔子精神气质高雅脱俗、与众不同吗！因此，内在的精气神与外在的打扮衣装，应该是一个有机的整体，交相辉映，相得益彰。所以，切不可把内在精神气质的提升与外在衣装打扮对立起来。只有内在与外在都注意、都严格、都上档次，并且搭配得浑然一体，才是一个有品位、有道德、有修养的人。前贤圣人孔子已经为我们做出了榜样。

　　正是：人靠衣装马靠鞍，外表不容亵渎看；

　　　　　衣鞍更靠人与马，相得益彰真俊彦。

做人篇

四十五、巧言令色，鲜矣仁

在《论语·学而》中孔子说："花言巧语，虚容假色（巧言令色），这种人是很少有仁爱的（鲜矣仁）。"古时大概也有巴结权势的坏风气，孔子对此很反感，所以就抓住一切机会予以批评贬斥。在《论语》中，先后有三段同样意思的话。《阳货》篇中有与《学而》所记一字不差的情况。《公冶长》篇也有一段批评"巧言令色"的言论，大意是说："花言巧语，虚容假色，在人面前显得十分谦卑恭顺，大史学家左丘明以此为可耻，孔丘我也认为这是可耻的。"表达了孔子对"巧言令色"者的极大愤怒与反感。另外，在《论语》的其他篇章，也还有类似的批评。

为什么孔子对"巧言令色"如此反感，并牵扯到人是否具有仁德的问题，认为这样的人很少有能做到"仁"的呢？不仅如此，大概是受老师影响很深，孔子的弟子及其再传弟子们，也大都怀着同样的态度。所以，《论语》中两次出现了同一句话，很可能是因为重视，由不同弟子根据各自的课堂笔记，重复收录到里面去的。毫无疑问，孔门师生皆是正直、真诚的人，做人的态度比较严肃，其中能说会道者不多，曲意逢迎、卖乖取巧更是其门风所不容的。孔子本人就多次表现出对花言巧语的格外警惕。

孔子及其门人对"巧言令色"的批判之尖锐，正是鉴于深刻的历史教训。春秋时，竖刁、易牙都是齐桓公的近臣，他们在桓公面前"巧言令色"，百般献媚，拼命巴结。竖刁为取悦桓公，自宫为阉人；易牙长于烹饪调味，竟然丧尽天良，烹其亲生儿子为羹献于桓公。他们二人与桓公的长卫姬和开方等人，相互结交成一党，蛊惑桓公，排挤管仲、鲍叔牙等人，但尚能保持头脑清醒的齐桓公不为所动。在管仲病危时，桓公与管仲商议群臣中谁可为相，桓公问："易牙如何？"管仲说："易牙烹其子讨好君主，没有人性。这种人不可接近。"桓公又问："竖刁如何？"管仲说："竖刁阉割自己伺候君主，不通人情。这种人也不可亲近。"桓公问："开方如何？"管仲说："开方背弃自己的父母侍奉君主，不近人情。况且他本来是千乘之封的太子，能弃千乘之封，其欲望必然超过千乘。应当远离这种人，若重用必定乱国。"管仲死后，桓公曾任鲍叔牙为相。鲍叔牙死后，齐桓公忘记了管仲的嘱咐，重用竖刁、易牙等"巧言令色"的奸佞之臣，遂使竖刁他们把持了朝廷大权，齐国从此日益衰败。前643年，年已老迈的齐桓公一病不起。竖刁、易牙便合谋趁机改立桓公长子无亏为太子（齐桓公立的太子是三子昭）。他们先是假传圣旨，不准桓公诸子和大臣入宫探视桓公的病，继而断绝了桓公的饮食，然后派出宫廷侍卫要去东宫除掉太子昭，太子昭匆匆逃至宋国。桓公死后，竖刁、易牙秘而不宣，竟然对云集在宫门前的朝廷官员狠下毒手。一时间，血肉横飞，遍地伏尸，一场宫廷政变发生了。接着，长公子无亏即位，公子潘、公子商人与公子元亦各自拥兵对抗，抢居偏殿，以图争夺君位。各派势力相持两月有余，以至齐桓公的尸体一直在病床上停放67天，没人理睬，弄得腐臭不堪，从尸体上滋生的蛆虫，竟爬出宫门之外。数月后，宋襄公以支持太子昭复国名义，纠合卫、曹、邾诸国出兵伐齐。高虎、国懿仲等大臣密谋商议，乘新任司马易牙驻军郊外，迎战的宋军的机会发动宫中政变，诱杀了竖刁，已上台为君的长公子无亏亦被众官员属下所杀。易牙闻变，乘夜逃奔鲁国。于是，太子昭即君位，是为齐孝公。孝公上台后，惩治了竖刁、易牙之党。齐国经过竖刁、易牙为首的一场动乱，虽然国祚仍得以延续，但其国力已远非桓公为霸主时可比，国家从此呈现反复震荡、大乱不定的局面。"巧言令色"的奸臣结党祸国，危害可真是令人触目惊心！对历史经验教训有着深入研究的孔子，不能不对齐国的这一灾难格外重视。

其实，说话让人听着舒服并不是短处，表情和蔼或恭顺一点也无可厚非，甚至还是与人相处所必要的。但是会说话与待人态度和蔼，应当是发自内心的，应是言行一致、表里如一的。问题恰恰在于，凡是"巧言令色"之人，心里想的和嘴上说的、挂在脸上的和心里急着要去做的，根本就是两码事，用现在的话说就是在耍"两面派"，恭顺的外表下包藏着害人的险恶用心，或者说有着不可告人的目的。这就涉及了非常严肃的德性问题，这样的人能成为仁人志士那样的君子吗？！

在现实生活中，巧言令色者往往有两个行为特点，使人不得不防。其一是在强势者面前虽毕恭毕敬，但内心却打着自私自利的小算盘，说白了是把强势者当成工具使用，把主子作为进身官场、飞黄腾达的阶梯。他整天围着主子极尽拍马溜须、阿谀奉承，甚至做出低三下四、卖身投靠之事，目的不外是让主子尽快地提拔他、重用他，也许暗中还在谋划着如何取而代之。他百依百顺、奴颜婢膝，却口是心非、阳奉阴违，很少按照主子的旨意认真做事，实际就是一只银样镴枪头，做啥都是不靠谱、不着调的。即使在主子因贪腐犯罪被逮捕法办以后，他也还会有"重大立功表现"，一定会把其主子揭发个底朝天，使自己能够尽快从浑水中解脱出来。其二是在弱势者面前狐假虎威、狗仗人势，言谈中动不动就口出狂言、言出不逊，行动上则仗势欺人、横行霸道，有时还会公然用极其残暴下流的手段来对付弱者。这两种极端表现统一在一个人的身上，竟看不出有什么不协调，好像所有的狗都一会儿龇牙咧嘴咬人，一会儿又摇头摆尾做出很温顺的样子，其本性就是如此。从古至今，中国的官场总会培养出这样一批"狗腿子"式的小人，他们个个巧言令色却包藏祸心。孔子是曾经做过官的，也许通过亲眼所见，亲身经历领略了那些人的言行，也许具有深湛历史学识的孔子，看透了他们那坏到骨子里的本质，也许有丰富生活阅历的孔子，对他们的危害早已心知肚明，所以才对之深恶痛绝，由衷发出了"鲜矣仁"和"丘矣耻之"那样的慨叹。

从一般人道德修养的角度，《论语》中这句话也是很有教育意义的。"巧言令色"可另解为巧妙的言语和完美的表情，一如现在如火如荼的各种演讲和选秀活动所要极力倡导的那样。殊不知，早在2500多年前，孔子就已告诫我们，这两种外在的东西，是难以体现出内在美德的。做人必须要真诚，人的美德发于内才能形于外。我们的言语和表情，应该直接表达丰富的内心世界。虽然有时迫于环境需要，必须以委婉的方式表达，但委婉与虚假是能够显著区别开来的。过分夸张的外在表现，因与其自身的内在品性脱节，其"作秀"的结果不大可能长久维持。

晋代有个叫张凭的人说："仁德，是人的本性。因为人的本性有厚薄之分，所以完全表现出来是很困难的。巧言令色之人身上仁德本性比较常人要少，但不是一点仁德的成分都没有，所以说他们'仁德较少'。"可以说，这也是对孔子这种认识的一种解读，但是此解好像不太恰当，不符合孔子此说的本来意义，我们姑且存而不论。

正是：巧言令色非为仁，竖刁易牙教训深；

美德内在自然露，内外一统行仁真。

四十六、见义不为，无勇也

孔子说："不是自己家族的鬼而去祭祀（非其鬼而祭之），这是谄媚（谄也）。遇到正义的事而不做（见义不为），这是没有勇气（无勇也）。"孔子还说："勇者不惧。"肯定无所畏惧是勇敢的重要内容，但是这种勇敢的品质需要一定的价值导向和目标规范。在孔子看来，勇敢要有正确的方向，只有在正义原则的支配下，为实践、捍卫人生的道义而不怯懦、不退缩、不畏惧，才是真正的勇敢。

应当说，人与人之间的争斗是古今社会中常见的现象，在争斗中逞勇斗狠是司空见惯之事，但争斗的内容目的乃至"勇"的意义却有天壤之别。为争吃喝而引发的争斗，大多是毫无廉耻的猪狗之勇；为争财物而引起的争斗，可能是唯利是图的贾盗之勇；为鸡零狗碎小事而引起的争斗，大概是蝇营狗苟的小人之勇；只有为道义挺身而出坚决的抗争，才是孔子所提倡的君子之勇，才是真正符合"道义"原则的勇。因此，有勇未必是君子，只有具有合乎道义的"勇"，才是真正的君子。

面对合乎道义应该挺身而出的事情，而犹豫彷徨不敢去做，就是怯懦，就是缺乏勇气，当然也就不是君子。孔子的说法，表达了"义"与"勇"的正确关系。进一步说，见义不为不仅是缺乏勇气的表现，更是可耻丢人的事情。而见义勇为则是十分光荣的事，是君子所为。为了维护社会的正常秩序、为了社会的和谐稳定，什么时候都应当提倡、鼓励见义勇为的君子精神。在孔子的道德信念中，道义是在勇敢之上的品德。他认为，作为一个正人君子，如果光有勇敢而不具备道义的品质，就是名不副实的。只有勇而无义的行为方式，只不过是小人的所作所为，而且勇敢假如不由道义来引导，就可能使人做出助纣为虐之事，成为祸乱与盗匪的行为。

后来，孔子的学生以及后继者，又发挥了他的这个重要思想。曾子就说："我从老师孔子那里听到过有关大勇的理论，反躬自问，正义不在我，即使对方是卑贱贫寒之人，我也不能去威逼吓唬他；如果我掌握着正义原则，即使对方有千军万马，我也毫不畏惧而勇往直前。"孟子则说："为了捍卫礼义而把生死置之度外，这才是真正的勇敢；面对强暴毫不退让而愤怒声讨，才是真正有力量。"汉朝思想家扬雄断言："勇敢的行为根源于义和德，与贫富贵贱等身外之物没有任何关系。"这些人士所论都是符合孔子思想的。

在孔子这一思想指引下，历史上有许许多多见义勇为之士，路见不平拔刀相助，成就了君子之风。在中国特色社会主义建设，进入新时代的今天，这样的事例更是不胜枚举。《水浒传》中，怒打镇关西的鲁达，战国时期勇挫秦王威风的蔺相如，人们早已耳熟能详。下面我们就来说一个今天见义勇为的故事。

2016年5月18日凌晨，河南省南阳市卧龙区西华村一栋民宅突发大火，火势凶猛，浓烟迅速吞没了整栋楼房，居民生命财产受到致命威胁。租住在一楼的王锋最早发现火情，他将妻儿送至安全地带后，随即转身冲进火海，迅速救出了住在一楼东间的两名托教学生和一名托教老师。此时的王锋没有被烧伤，如果不再进去，他也就不会有任何危险。但是，王锋没有停下救人的脚步，他又义无反顾地冲进火光冲天并不时响起噼噼啪啪爆炸声的居民楼救人。王锋第二次从里面救出了多位邻居，而他已被火势灼伤，面目全非。但知道里面仍有人受困的他并未停止自己的脚步，再一次冲进火海救人。第三次从火场出来时，王锋已快被烧成了"炭人"，浑身都是黑的，神智已不清醒。即便如此，他还在外面边跑边喊："快救人啊，快救人啊，失火了！"向四周邻居呼救示警。从住处到邻近的张衡路口，大约五六十米的距离，一路上都留下了他血染的脚印。救护车来到，王锋已经处于半昏迷状态，但他还不肯上车，脑子里就记着救人一件事，反复地说："楼上还有很多人，先救他们。"

不顾个人安危，三次冲入火场，王锋共计救出20多位邻居，除自己烧伤外无一人伤亡。送到医院后，经检查全身烧伤面积达98%，属于特重度烧伤。王锋的事迹报道后，全国各地爱心人士纷纷慷慨解囊捐款相助。然而由于伤势过于严重，王锋终因多脏器衰竭离开了人世。2016年度《感动中国》人物颁奖典礼在给予王锋的颁奖词中，满怀深情与敬意地讲道："面对一千度的烈焰，没有犹豫，没有退缩，用生命助人火海逃生。小巷中带血的脚印，刻下你的无私和无畏，高贵的灵魂浴火涅槃，在人们的心中永生。"

王锋三入火海救人的壮举，不就是被孔子所提倡，后世直到今天仍被发扬光大的见义勇为的君子所为吗？！

正是：见义不为非君子，见义勇为方足取；
英雄王锋好榜样，火海救人不犹豫。

四十七、骄且吝，其余不足观也

孔子说："即使有周公那样杰出的才能和那样美好的姿态容貌（如有周公之才之美），如果骄傲而且吝啬（使骄且吝），那其他方面也就没有什么值得看的了（其余不足观也已）。"在这里，孔子强调德才兼备的重要性，尤其重视德的决定性作用，认为在德与才的关系上，德绝对重于才。这对后人乃至今天的我们仍具有重要的启迪意义。

孔子讲到的周公，由于对孔子思想的形成影响极大，我们有必要简单介绍一下。周公是西周初年奴隶主阶级的著名政治家，姓姬，是周武王姬发的弟弟，名旦。因采邑在周（今陕西岐山东北），称为周公。他曾帮助武王灭商。武王死后，成王年幼，由他摄政。他在与被封为诸侯的儿子伯禽谈话时，告诫说："我是文王之子，武王之弟，身份已经不算下贱了。可我有时洗一次澡还要三次抓着湿漉漉的头发、吃一餐饭要三次吐出嘴里的食物，赶去接待客人，唯恐慢待了天下贤士。你到鲁国去做君主，务必要谦虚谨慎，切勿骄傲自大。"周公正是以谨慎谦虚的态度，谦恭待人，认真处理国家大事，代替年幼的成王击败武庚、三监和东方夷族的反抗，并建筑洛邑，作为统治东方的中心，还建立起周朝典章制度"周礼"。成王长大后，周公归政，退居臣位，每次临朝都对成王十分恭敬。周公佐助武王夺取天下，又辅助成王摄政当国，还亲自带兵东征，安定天下，堪称中国历史上、最完美、最忠实的辅政大臣。在《论语》中，孔子多次高度评价周公，可以说周公就是孔子心中的偶像与学习的榜样。而周公的成功，正在于他有高尚的美德和过人的杰出才华。但在孔子眼中，周公固然才华姿容都很好，但他更看重的是周公对待周王的忠诚和谦恭，以及对待人们谦逊礼让的美德。

事实上，"德"与"才"相比较，德始终是第一位的。俗话说"德不高则行不远"，就是说的有才缺德是不会干成事业的。只有品德高尚的人，才能获得事业的真正成功；只有德才兼备的人，才是真正有用的人才。骄傲吝啬就属于德行低下，对这样的人，即使他有周公之才貌，孔子也懒得看上一眼，可见，孔子对只有才气而德行低下者的轻蔑与反感。如果高尚德行与突出才华不能兼备，孔子是主张舍才取德的。具体到今天我们的用人之道，选拔和培养人才的标准，同样是坚持的"德才兼备"和"德重于才"这个原则。也就是过去毛泽东讲的"又红又专"。当然，德与才的内涵今天和古代已有了极大的不同。不过像周公那样，岂止是不骄不吝，可以说是谦逊大度之典范、又才华过人的圣人，什么时候都是社会所需要的。毛泽东在党的八大开幕式上致辞说："虚心使人进步，骄傲使人落后。我们应当永远记住这个真理。"陈毅元帅在诗中也写道："历览古今多少事，成由谦逊败由奢。"由此可见，老一辈无产阶级革命家是多么重视谦虚美德的。

不骄傲吝啬，在孔子看来，是周公的主要美德之一。孔子之所以再三强调谦虚谨慎，正是为了继承周公这种美德，把其看作"礼"的重要内容。近代英国艾克逊爵士有句名言"权力使人腐败，绝对权力使人绝对腐败"，好像已被无数事实证明。但周公曾一度掌握了绝对权力，却未导致腐败（史书上如此说），原因就在于他非常谦虚谨慎吧。而此美德后世君王再也没有能够企及，空留下孔子的赞叹。

但不骄傲不吝啬的先贤伟人还是有许多堪为楷模的。伟大的无产阶级革命家周恩来，就是中国人民的光辉榜样。周恩来谦恭谨慎，真诚待人，他高尚的品德和情操，为世人所叹服，令国人肃然起敬。周恩来有着过人的才华和精力，但他始终甘心当一名好助手，在任何时候、任何地方总是首先想到毛泽东，想到如何贯彻党的路线和方针、政策。在他心里，从来没有"我"怎样怎样，只有党、群众和毛泽东。尤其是新中国成立后，周恩来担负着处理党和国家日常事务的繁重任务，他总是殚精竭虑，勤勤恳恳，任劳任怨，不知疲倦地忘我工作着。他并不是没有什么个人嗜好，但因为工作太忙，始终无暇顾及。有时去看文艺节目，他也是在工作。对外国朋友、海外侨胞，他更是热情而又礼貌地接待，有时接见时间长达十几个小时，从午夜一直谈到黎明，依然毫无倦容。周恩来对他们谈及我党的方针、政策，阐明我党和我国政府的原则立场，总是深入浅出，使对方完全信服。而且，他还注意向对方进行深入调查研究，虚心听取对方的话语，平等地与人交换看法，充分尊重客人的意见或建议，不把一个问题彻底弄清楚，他是绝不会终止的。廖承志曾亲耳听见毛泽东夸赞说："恩来同志是个不知疲倦的人。"什么是对党的事业无比忠诚、什么是真正的共产主义战士、什么是俯首甘为孺子牛、什么是鞠躬尽瘁死而后已，周恩来以光辉一生的事迹，为全国人民做出了明确回答，树立了一个最好的典范。党内外的许多同志和友人，都亲切地称呼周恩来为"周公"。而且就周恩来对国家对人民所立下的丰功伟绩，实际上早已远远超过了周代的周公。无论在功业方面、还是在为党和国家、人民服务方面，以及生前去后受到亿万人民群众的衷心拥护和爱戴方面，周公旦又怎么能同周恩来相提并论呢？！习近平在纪念周恩来同志诞辰120周年座谈会上的讲话中，高度评价说："周恩来，这是一个光荣的名字、不朽的名字。每当我们提起这个名字就感到很温暖、很自豪。周恩来同志在为中国人民谋幸福、为中华民族谋复兴、为人类进步事业而奋斗的光辉一生中建立的卓著功勋、展现的崇高风范，深深铭刻在中国各族人民心中，也深深铭刻在全世界追求和平与正义的人们心中。"如果孔子天上有知的话，他一定会为周恩来的美德才华而赞叹不已的。周恩来的美德才华，正如同日月经天江河行地，将永远被中国人民和世界人民所怀念与谨记，并将为中华民族传统美德增加新的内容和财富。

正是：德才兼备世所需，谦恭美德成事基；

忠心报国两周公，德重于才众论及。

四十八、岁寒，然后知松柏之后凋也

孔子说："寒冷的冬天（岁寒），才知道松树柏树是不凋谢的（然后知松柏之后凋也）。"读此名句，我们眼前好像浮现出这样一幅动人图景：天寒地冻，万木凋零，唯独松柏青翠欲滴、风采长存。孔子正是以松柏之耐寒，说明君子能经得起严峻环境的考验。后继者荀况在孔子学说基础上进一步指出："岁不寒无以知松柏，事不难无以知君子。"意思是：没有寒冷的冬季，就显不出松柏的坚忍顽强；不经历巨大磨难，则显不出君子的高尚品德。本意是夸赞德才出众的人，总是像松柏一样坚守高洁的节操，能经得住严酷条件的考验。唐太宗李世民《赠萧瑀》诗中，有这样两句："疾风知劲草，板荡识诚臣。"意思与孔子荀况所说是一致的，告诉我们：危险和困难能够真正考验一个人的意志品质；紧要关头，才彰显出一个人临危不惧的品格和节操；只有经过血与火的洗礼，才能鉴别出谁是忠臣良将。

历史上像孔子赞颂的经得起严峻考验的仁人君子，有许许多多，他们为后人树立了光辉榜样。在近现代史上更是千千万万，成为我们今天学习的楷模。文天祥就是这样一位经得起严峻环境考验，最后壮烈殉国的英雄。文天祥从小就爱读历史上忠臣义士的故事，立志要向他们学习。20岁时到临安参加科考，在试卷里写下了救国主张，受到主考官赏识，中了状元。后来，他领导的抗元斗争失败，他也不幸被俘。面对元军的威逼利诱，文天祥宁死不屈。元军为摧毁他的坚强意志，将他送入土牢，长期关押。但恶劣的环境只能折磨损害他的身体，却不能消磨摧毁他的坚强意志。他坚信，只要胸中存有爱国爱民族的浩然正气，就一定能够战胜恶劣环境，永葆爱国的赤胆忠心。他在牢房中写下了名垂千古的《正气歌》，诗中列举了历史上坚持正义、不怕牺牲的许多英雄事迹，认为这都是正气的突出表现。并在诗中写道："时穷节乃见，一一垂丹青。"即一个人到了生死存亡的关头，才表现出他的气节，其事迹一件件都留在青史上。这首诗大气磅礴、壮怀激烈、气壮山河、感人至深，充分表现了文天祥忠贞不渝的民族气节和炽热无比的爱国情怀，也成为文天祥不惜为国慷慨赴死英雄壮举的完美写照。

数百年来，文天祥的崇高爱国主义精神，一直影响激励着历代仁人志士为保卫国家、抵御外侮，或为真理为正义事业而舍生忘死。例如明朝杨继盛，就因反对奸佞严嵩父子祸国殃民，被陷害下狱，临刑时，他的《就义诗》写得大义凛然，诗中有"浩气还太虚，丹心照千古。生平未报国，留作忠魂补"的句子，表现出临难不屈的精神气节，显然是受到文天祥精神的影响。明末清初，清兵入侵江南一带，形势与南宋末年酷似，很多仁人志士仿效文天祥举兵抗清，慷慨赴死。张煌言，作为南明抗清的光辉旗帜，他在被捕后，慷慨悲歌，作诗言志："国破家亡欲何之，西子湖头有我师。日月双悬于氏墓，乾坤半壁岳家祠。惭将赤手分三席，敢为丹心借一枝。他年素车浙东路，怒涛岂必属鸱夷。"其人也同文天祥拒绝降元一样，拒绝投降清廷，怀着一腔正气英勇就义。另外，还有明朝的于谦，南明的夏完淳、史可法、顾炎武，以及清朝的林则徐、谭嗣同等著名民族英烈，在民族危难时刻，无不深受文天祥坚贞不屈民族气节的影响，表现出了临危不苟、勇赴国难的崇高精神。

作为处于封建社会的爱国者，文天祥的爱国主义和正义行为，虽然有其时代和阶级的局限性，但他那种为国家为民族甘愿献出生命的崇高气节，对今天进行社会主义现代化建设的广大人民群众，仍然是一种强大的精神力量。在新民主主义革命中，许多无产阶级革命先烈，在腥风血雨的艰苦斗争岁月里所留下的辉煌壮丽诗篇，就说明文天祥爱国精神是不会过时的。翻开一本《囚歌》，我们看到革命志士用鲜血凝成的那一首首诗，无不充满着磅礴的英雄气概。烈士宋绮云同志有诗："人生百年终一死，留取清白上九霄！"烈士许晓轩同志在《吊许建业同志》诗中，将战友与文天祥相提并论："噩耗传来入禁宫，悲伤切齿众心同。文山大节垂青史，叶挺孤忠有古风。"陈然烈士在《论气节》一诗中，大段引用文天祥《正气歌》里的诗句，并指出："气节，是一个人修养的最后一级，也是最后的考验。"白石坚在唱和傅伯雍的诗中写道："只为祖国不为家，消灭群凶与爪牙；正气歌声震寰宇，要叫铁树开红花。"从这些烈士诗句中可以看出，他们的情操无不受到文天祥精神气节的映照，同时又发扬光大了那种正气。

革命先烈方志敏，1922年参加革命，1923年加入中国共产党。1924年在江西开展农民运动，后来创立中国工农红军第十军，中共六大当选为中央委员。1934年冬率领红十军作为抗日先遣队北上，途中受国民党军阻击，第二年1月被俘。1935年8月6日在南昌英勇就义。方志敏率部同七倍于己的敌军奋战多日，力尽被俘。当时，有两个国民党兵在树林中找到伤病在身失去反抗能力的方志敏，当他们知道抓到先遣队司令时，欣喜若狂，以为发大财的机会来到了，便兴冲冲地对方志敏搜身，结果从上身搜至下身，然后又搜到袜底，所获除一只怀表和一支钢笔外，连一个铜板也没搜到。他俩以为方志敏一定把钱藏在什么地方了，因为在他们看来这么大的官不会不身带巨款。于是他们拿出手榴弹，勾出引火线举着，愤怒地大叫："赶快把钱交出来！不然就炸死你！"方志敏冷冷地说："不要做出那难看的样子吧！想从我身上发财，你们想错了！"敌兵叫着："你骗我们，你这样大的官会没有钱？"方志敏一脸正气地说："我不比你们国民党当官的，个个都有钱。我们革命，不是为发财！"敌兵感到很惊奇，共产党的中央委员、江西省苏维埃主席、红军先遣队司令、国民党政府悬赏8万大洋捉拿的方志敏，身上竟然一个铜板也没有。方志敏在狱中写下的名篇《清贫》中说："我从事革命斗争，已经十余年。在长期的奋斗中，我一向是过着朴素的生活，从没有奢侈过。经手的款项，总在数百万元；但为革命而筹集的金钱，是一点一滴的用之于革命事业。"他接着写道：一个铜板也没有的共产党领袖，在国民党看来"颇似奇迹，或认为夸张"，然而"清贫，洁白朴素的生活，正是我们革命者能够战胜许多困难的地方！"共产党人的情操和胸怀，就是如此的伟大和纯洁！

正是：岁寒松柏却不凋，君子气节天日昭；

雄杰尽数方志敏，凌云壮志冲九霄。

四十九、道不同，不相为谋

孔子说："所走的路不同（道不同），就不必相互商量谋划（不相为谋）。"这里的"道"，既包括政治路向选择，也是指生活之路，以及人们所从事的专业方向，内涵广泛；由于人们选择的道路不同，因此就没有必要在一起相互商量讨论，更无法统一步调，还是自己走自己的路吧。如果硬坐在一起，结果可能是强人所难，或是"话不投机半句多"。因此，互不妨碍，你走你的阳关道，我走我的独木桥，各得其所，是最好的结局。

俗话说"人各有志，不能强勉"，以及为人佣耕的陈胜长叹："小小燕雀怎能知晓鸿鹄的冲天大志呢！"本质上说的都是"道不同，不相为谋"的意思。今天我们处事做人，也应当切记"道不同，不相为谋"的古训，尤其是在结交朋友时，应注意要与志同道合的多交往，切不可与志趣相违、情趣格格不入者搞在一起，因为，那样会有害于自己的成长成才。在这方面就需要果断，不要瞻前顾后，磨不开情面。

有这样一个历史故事，东汉末年名士管宁与华歆，年轻时曾是一对形影不离的好朋友，两人一起读书学习，交往甚密。但有一次，两人正坐在一张席子上看书。正读得入迷，突然听到外面传来一阵喧闹声，于是他们两人就起身来到窗前，要看一看究竟发生了什么事。原来是一位达官贵人坐着漂亮的车子从此地经过，一大堆随从前呼后拥，在四周护卫着车子。但见车子豪华而精致，车顶子上还镶了一大块翡翠，更显得雍容华贵。管宁对于这样讲排场的做法，很不以为然，甚至有些反感。所以立即回到席子上坐下，继续读书。而爱好虚荣的华歆，却完全被这种极度夸张的张扬气势和豪华阵容所震慑和吸引。他嫌屋内看不清楚，于是放下书本，急急忙忙跑到外面街上，干脆跟随人群尾追着车子仔细观看，也算大饱了一番眼福。但等他重新回到书屋时，只见管宁已用刀子将两人原来同坐的席子，从中间划开，一分为二了。管宁看着回屋的华歆说："从这件事可以看出，我们两人的志向和情趣太不相同了。因此，从今以后，我们二人就像这割开的席子一样，不再是朋友，分道扬镳吧。"两人此后就断绝了来往，友谊就此结束。后来，管宁成为一个很有名气的学者，他多次拒绝朝廷请他出来做官的意向，以一名布衣学问家而名垂后世；华歆则在曹魏政权中当上了官员，后来又逐渐升迁，最终成为朝中众大臣垂涎的尚书令即宰相。这就是"道不同，不相为谋"的一个例证。

在我国新民主主义革命过程中，许多老一辈革命家、军事家，就是从剥削阶级营垒中冲杀出来，而走向革命道路的。例如，朱德、贺龙、彭德怀等，他们原先就都是旧军队的高级军官，在旧军队里可以说有许多朋友，但当他们一旦选择了为祖国独立、为人民解放而奋斗的革命道路，就毅然决然的同旧自我、旧朋友，一刀两断了。他们投身革命事业后，虽然屡屡面对险恶形势，甚至死亡的考验，但他们却总是义无反顾，置个人生死于不顾。在危急关头，过去一些旧朋友、老相识，也曾找到他们劝说他们放弃革命道路，再回原来军队，去享受所谓荣华富贵，但却被他们严词拒绝。因为他们认为，既然选择了与过去旧朋友不同的道路，就没有必要与其在一起商量谋划，这就是"道不同，不相与谋"。他们认准了拯救国家与民族于水火之中的革命道路，就决不放弃、绝不回头，一直走到革命的最后胜利。

在新世纪改革开放的中国，各项事业都有了突飞猛进的巨大发展，过去一穷二白、任人欺凌、任人宰割的惨景已经一去不复返了。但是正是这个被美国历届政府，或多或少、或强或弱地"封堵制裁"了60多年，而且至今仍被美国进行高技术封锁的泱泱大国，美国又对其动起了新的念头。一方面，幻想拉拢与同化中国；另一方面，图谋与其他资本主义国家一同制裁中国。前美国国务卿希拉里就说过，要对中国多用"巧实力"的话，他们真是说得到做得到，最近几年要拉被制裁中的中国跟上西方，联手去制裁另外的被制裁者。从所谓制裁的合法性上讲，中国人民是不是能够认同美国政府确定的标准呢？从地缘政治上看，美国与我国相距1万多公里，而被制裁的许多国家却是我国的近邻，明摆着是一个唇亡齿寒的局面。中国为什么要帮美国政府收拾自家的邻居，以邻为壑，而去取悦那做梦都想独霸世界的远方霸主呢？为了拉中国参与制裁、入其圈套，美国许诺说要给予中国能源补偿，说白了就是让沙特阿拉伯王国每年多卖些石油给中国，好像沙特王国是它的第51个州。其实作为主权国家的沙特阿拉伯王国同中国有着良好的邦交关系，双方互利的贸易关系搞得如火如荼，何用美国从中横插一杠子。另外，美国政客对中国人民的信用又是如何呢？历史已经做出了最好的说明。就是这样一个一边长期制裁着中国，而在他们看来是很有道理；另一边又要求中国跟他们一起去制裁别的国家，他们认为同样也是很有道理。可这种翻手为云覆手为雨的政府，有什么信用和道义可言呢？既然，中国与美国政府"道不同"，我们还能与其"相为谋"吗？答案不言而喻！可见，"道不同，不相为谋"的道理，对于国家来说，同样是适用的。美国为了遏制乃至破坏中国的正常发展，悍然对中国发动贸易战，其现任国务卿蓬佩奥竟恬不知耻地宣称，美国一定能够打赢这场贸易战。美国的所作所为，还幻想我国与其相为谋吗？！

应当说，朋友在人的一生中，起着极大的作用和影响。甚至可以说，交上什么样的朋友，就会有什么样的命运。因此，交友应当慎重选择，尤其是青年人，更应重视这个问题。心存良善、乐观向上、眼界开阔、与时俱进，是当代青年思想的主流；但由于历史上剥削阶级意识的遗留，由于市场经济的自发性和我国仍处于社会主义初级阶段等原因，部分青年意识中也有一些不健康的东西。这种比较复杂的情况，就要求青年人，如果选择健康成长、成为国家有用之才的道路，就要努力与那些乐观坚定、富有进取心、品德高尚和有才能的人多交往，让这些同道的人成为你的朋友。俗话说"近朱者赤、近墨者黑"，这样才能保证你能够拥有一个良好的生存小环境，受到各方面好的影响，获得很好的精神鼓励与慰藉，得到朋友的真诚支持和帮助。孔子曾要求他的学生结交比自己才德都强的朋友，就是这个意思。

"道不同，不相为谋"，从另一面看，就是所选择道路相同，就可以在一起相互商量谋划了。因此，无论是分清小人与君子，以及要结交志同道合的朋友，都要以所选道路与志向为标准。

正是：道路不同不为谋，志同道合真友朋；
　　　管华割席恩义断，勇走正路朱贺彭！

五十、益者三友，损者三友

孔子说："有益的朋友有三种（益者三友），有害的朋友有三种（损者三友）。同正直的人交友（友直），同信实的人交友（友谅），同见闻广博的人交友（友多闻），这就有益了（益矣）。同谄媚奉承的人交友（友便辟），同当面恭维背后毁谤的人交友（友善柔），同夸夸其谈的人交友（友便佞），这就有害了（损矣）。"因此，朋友并不是可以随便就交的，一定要分清其中的利害。交友也体现了一个人的品格和修养。

在孔子看来，交友之道是从对立的一方来说的为人之道。其实人这一生爱与什么样的人结交，有什么样的朋友，就直接反映他的道德品质与思想情趣，以及他有一个什么样的为人标准。好朋友就是一本品位高雅、思绪隽永的好书，他可以为你打开整个世界，与其交往就会提升你的道德品位，升华你的道德境界，进而影响你的人生观、价值观。经常与这样的朋友在一起，你们的共识情趣就会越来越一致，思想感情也会逐渐认同，从而彼此引为同道，这也就是我们经常说的物以类聚，人以群分。看一个人是什么样的人，你只要观察一下他的社交圈子，从一个外在环境，就可以做出大体的判断，看到他的内在价值取向。孔子提倡并鼓励人们要多交益友，而远离损友，其深刻的道理大概也就在这里。

益友就是友直、友谅、友多闻。第一，我们选择的朋友为人要正直，行事要坦坦荡荡、刚正不阿。一个人不能有谄媚之态，要有一种清正人格，在这个世界上顶天立地。这种朋友的人格会影响、校正你的人格，他可以在你怯懦的时候给你勇气；他可以在你犹豫彷徨的时候给你果断刚毅，这是第一种好朋友。第二，选择的朋友要宽容。宽容是一种美德，是这个世界上最博大深沉的美德之一。我们会发现，当我们犯了错误甚至因为这个错误对他人造成某种伤害的时候，别人的过分苛责，却不如适度的宽容给我们带来的震撼更加有力，更使我们羞愧难当。其实有时候最让我们内心承受不了的是，当一个人在忏悔内疚的时候，没有得到他人的怨恨，反而得到了博大的包容。所以有这样一个好朋友，他会给我们内心增加一种自省的力量。宽容的朋友不仅不会使我们堕落或者更多地放纵自己，反而会让我们从他人的内心包容上，更深刻地看到自己的不足，找到自己的缺失。这是第二种好朋友。第三，选择的朋友要见多识广、学识渊博，具有好学精神。在先秦那个时代，不像我们今天有电脑，有这么发达的资讯、媒体，那个时候人要想增加学问知识，最简单也最实用的一个办法，除了拜师读书，就是多交一些见闻广博的好朋友，让朋友的各种知识，那些间接经验转化成自己的直接经验。当你在这个社会上犹豫彷徨感到无所适从的时候，朋友会以他的广见博识给你指点迷津，帮助你认清形势、站稳立场；在你踌躇不定感到一度失去前进方向的时候，朋友会以他的真知灼见，给你当好参谋，帮助你做出正确选择。所以结交一个多闻博学的朋友就像翻开一本百科全书一样，我们总能从他的经验里面得到对自己有益的借鉴教益。这是第三种好朋友。

损友就是谄媚奉承之友、搞两面派之友、夸夸其谈之友。第一，不可同谄媚奉承的人交朋友。这种人就是没有原则、没有是非的"乡愿"。与这种人交往时间长了，就可能受到负面影响，逐渐就会失去原则立场，失去是非的判断标准，导致成事不足败事有余。第二，不能同口蜜腹剑，当面说好话、背后诽谤你的人交朋友。这种人见什么人说什么话，就会耍小聪明，"见人说人话、见鬼说鬼话"，是典型的"两面派"，与其交往就会使你毫无隐私可言，受其坑害倒了大霉可能都不知道是怎么回事。第三，不能同夸夸其谈、吹牛皮的人交朋友。这种人善于说大话使小钱，什么事情也敢应承，什么事情也办不成，空给人留下笑柄，同这样的人交往，很可能会使自己也逐渐变成一个爱吹不爱干的人，只能碌碌无为地度过一生。

交友不慎而导致事业失败，或者终身一事无成的教训，在我国历史上还是很多的。因此，青年朋友们切记孔子的教诲，要多交益友，以有利于自己发展进步，不交损友，防止被他们拉下水。

正是：益友直谅更多闻，真心相交升灵魂；

损友避超尘不染，向善也曾随圣人。

五十一、君子坦荡荡，小人长戚戚

孔子说："君子心怀宽广（君子坦荡荡），小人老是烦恼（小人长戚戚）。"在孔子看来，作为君子，应当无忧无惧、无私无畏，有宽广的胸怀，可以容忍别人的不足与缺点，容纳各种事情，在正义的事业面前，不计个人利害得失而努力去做。君子不忧愁，不畏惧，自己问心无愧立身于天地之间，那他还有什么值得忧愁和畏惧的事呢？所以才始终活得"坦荡荡"。总之，孔子认为，有仁德的君子总是乐观豁达、富有朝气的。而小人则心胸狭窄、心理阴暗，与人为难、与己为难，时常忧愁、局促不安，所以才不得不活在"长戚戚"之中。"坦荡荡"与"长戚戚"，正是君子与小人做人处世的两种截然相反的精神境界。

君子光明磊落，浩然正气，所以心胸宽广坦荡；小人患得患失，忙于算计，利欲熏心，又每每庸人自扰，疑心他人算计自己，所以经常陷于忧惧之中，心绪不宁。正是因为君子的光明磊落，所以君子活得才那样从容潇洒、自由本真，令人赞佩、欣赏、神往；而小人则烦恼忧惧、患得患失，活得是那样的艰辛费力、灰头土脸，不能不使人反感、生厌、拒斥。真是两重天地、两种人生境界啊！

说到胸怀坦荡的谦谦君子，使我又想到了人民的好总理周恩来。周总理的战友、中华人民共和国第三任国家主席李先念，在《和人民一起纪念周恩来同志》一文中，深情地回忆了周恩来伟大光荣的一生。他在略述了周总理的丰功伟绩后，讲道："周恩来同志另一个长处是善于团结人。"他确实能够做到团结一切应该团结和可以团结的人。他的这个特点，在党内早被承认，在党外更为著名。同他在一起工作，很自然有一种安定团结的亲切和谐气氛。长期以来，他并不赞成那种事事斗争、处处斗争的"斗争哲学"，有时还加以抵制。周恩来是一个严于律己的人。他对别人要求比较宽，对自己则很严，一言一行都考虑到对党的影响，对国家的影响，力求不使党和国家受到丝毫损害和玷污。他的严于律己，特别表现在对待错误的态度上。大一点的错误，他真心诚意，再三再四地做检讨，一遇到机会就做检讨。对小的失误，他也认真检查。他做自我批评，决不强调客观原因，首先着重从自己的思想、作风，从立场、观点、方法，去找根源。他所领导的工作有了问题，首先自己承担责任，绝不诿过于人，而且帮助有关同志尽快弥补损失。他的这种时时刻刻注意自我批评的好作风，在我们党内是很知名的，受到许多同志的赞扬，认为是值得学习的榜样。林则徐有一副自勉联："海纳百川，有容乃大；壁立千仞，无欲则刚。"这话用在周总理身上，虽不完全，但也可以代表他的主要特点。周总理确实胸如海洋，容量极大。他坚持原则立场，则如千仞高山。而之所以能如此，正是因为他心中没有私心，只有党的利益，人民的利益，只有共产主义的伟大理想。周恩来总理胸怀坦荡、无私无畏的真君子风范，令人神往，使人感到高山仰止，我们后人大有"虽不能至，心向往之"的感慨。

另外，还有这样一个小故事，也许能成为君子坦荡荡的另一种诠释。湖南凤凰的沈从文先生，读书只到小学毕业就辍学了。但由于他不间断地刻苦读书，注意提高自己的道德修养，努力学习写作与其他方面知识，因此，年轻时就以一手灵气飘逸的散文而轰动文坛。他在28岁时，所写的散文、小说，几乎已经炉火纯青，名满天下了。于是，时任中国公学校长的胡适先生，专门聘他到中国公学担任文学院讲师，沈从文欣然前往。当沈从文第一次站在讲台上的时候，抬头看到除本班学生外，还有许多慕名而来的听课者。面对台下黑压压的人群，他感到不知如何是好，竟呆呆地站了十多分钟，一句话也说不出来。等到终于稳定下情绪，开始讲课时，原先计划要讲一课时的内容，由于缺少讲课经验与情绪紧张，只讲了十分钟就结束了。这时离下课还早，严肃对待上课的沈从文，并没有天南海北地瞎扯消磨时间，而是拿起粉笔，转过身去在黑板上老老实实写下这样一行字："今天是我第一次上课，人很多，我害怕了。"刚写完，整个教室里就爆发出一阵善意的欢笑。同学们已认同并接受了这位谦恭严谨的老师。后来，胡适在评价这堂课时，对沈从文实话实说的坦率，表示非常欣赏。应该说，能够坦然面对出师不利的窘境，沈从文先生表现出了一位胸怀宽广、勇敢面对失误的谦谦君子风范。

至于"小人长戚戚"的例证，历史与今天的现实中，更是有不少故事，不过谈论这些东西，总有些大煞风景，充满"负能量"，就不再赘言。

总之，我们在生活学习工作中，应当做强者，应当学习胸怀坦荡的君子的处世风范；同时杜绝患得患失、忧惧烦恼的小人为人之道，使我们的生活充满阳光。孔子所说"君子坦荡荡，小人长戚戚"的现实意义，就是告诉我们，在建设中国特色社会主义，为实现伟大的中国梦而奋斗的今天，大家还是应当共同努力，真诚对待自己，真诚对待别人，做个坦诚的君子吧！

正是：坦荡君子真自由，长戚小人愁白头；

总理风范垂万世，豁达伟人无惧忧。

五十二、益者三乐，损者三乐

孔子说："对于人们来说有益的快乐有三种（益者三乐），有害的快乐也有三种（损者三乐）。喜欢用礼乐调节自己（乐节礼乐），喜欢多讲别人的好处（乐道人之善），喜欢多交品德高尚的好朋友（乐多贤友），这就有益了（益矣）。喜欢骄纵放肆（乐骄乐），喜欢游荡闲逛（乐佚游），喜欢饮食宴请（乐宴乐），这就有害了（损矣）。"

快乐是人们在社会生活中所追求的一种美好境界，谁也不愿愁眉不展、满腹愁云地生活于世上。但孔子告诉我们，快乐也有有益于我们身心与不益于我们身心的各三种不同情况。

有益快乐的第一种是"乐节礼乐"，这里所说的"礼"，是指古代社会的宗法等级制度、社会道德规范以及人的行为准则，也包括庙堂、江湖以及家族中各种礼节。"乐"是指古代用于治理国家和教化百姓的雅乐。"礼乐"，我们今天可以引申到道德规范和行为准则的意义上来使用。"节"指对行为举止要有所节制，不能随意妄为。孔子主张，我们的所作所为，都应必须遵循社会的法律原则、道德规范和行为准则，如果不加节制乃至放纵自己的行为，不仅对自己的身心健康和个人成长极为不利，也可能会对社会、对他人造成某种不应有的伤害。如果社会中每个人都能以公认的道德规范和行为准则来严格要求自己、约束自己，对自己的言行切实负起应有的责任来，那么，不仅于整个社会有利，也于自己的身心健康有利，同时也可以使自己心安理得地去享受生活，并获得生活的真正快乐与幸福。

有益快乐的第二种是"乐道人之善"。这反映出孔子非常赞赏那些好称人之美德的行为，这和孔子所主张的"君子成人之美，不成人之恶"的基本要求是一致的。以称道人之美的德行为乐，既是一种与人为善的态度，也是一种宽以待人的美德。唐代浙江仙居县第一位进士项斯，曾经多次参加科举却屡屡落第，胸怀壮志得不到朝廷重用。愁闷中写下《落第后寄江南亲家》《落第后归觐喜逢僧再阳》两首诗，道出了他功名不就的愁苦之情。会昌三年（843年）项斯听说国子监祭酒杨敬之，喜爱有志的青年读书人，最愿意提携后辈，便带着自己的诗作前去谒见。杨敬之阅后，果然大加赞赏。并且立即写诗相赠，诗中赞叹："几度见诗诗总好，及观标格过于诗。平生不解藏人善，到处逢人说项斯。"高度评价了项斯的水平和能力。杨敬之可谓深得"乐道人之善"的快乐之妙。这与那种为实现个人的某种目的，而投别人所好，在人面前说尽漂亮话的虚浮态度有根本的不同，更与那种喜欢背后议论别人缺点的态度和做法迥然相异。古人说，"流言止于圣者"，有道德、有修养的人，是乐于道人之善、称人之美的人，他们正是在称颂别人长处和功德方面，得到极大快乐与满足。当然，他们也就不会去传播那些无益于别人的流言蜚语了。

有益快乐的第三种是"乐多贤友"。孔子在这里提倡的既是一种有益的交友原则，也是一种乐观的生活态度。据《孔子家语》所记，孔子还说过，子夏喜欢与比他贤德的人在一起，而子贡却喜欢与不如自己的人在一起。不了解他的儿子，可以看看他的父亲；不了解一个人，可以看他所交往的朋友；不了解君主，可以看他所任用的人；不了解一个地方的土质如何，看那儿长出的草木状况便可知道。所以说，跟善人一起，就像到了长满鲜花香草的房子里，时间久了之后，也不觉得香了，因为已经被它同化。而跟不善的人一起，就如同走入出售鲍鱼的店里，时间久了，也不觉得臭了，因为也被它同化了。朱砂放的地方，往往会变成红色；而贮藏漆的地方，就变成了黑色。因此，君子必须谨慎地选择与自己在一起的人啊！这是说，多与贤能之友交往，就如同进入芝兰芬芳的房室，时间久了反而闻不到其香味，原因在于自己已与花香融为一体了。而如果常与不善的人在一起，则会逐渐与他们同流合污。正所谓"近朱者赤，近墨者黑"。孔子以此比喻，告诉我们，交友常常有一种潜移默化的效应，多交贤能之友，就会受到良好的道德熏陶和知识启迪，形成有利于健康的、积极向上的良好生活氛围。

孔子在提倡"益者三乐"的同时，也告诫人们要远离有害的"三乐"。孔子认为，如果一个人不去节制骄纵放肆的行为，乐于游荡闲佚的生活，沉溺于饮食宴请的低级庸俗之中，不仅对社会不利，对自己个人的身心健康也是极为不利的。对于孔子说的具体的损者三乐，我们今天应当辩证地看，现在经济社会已有了较大的发展，物质条件已经基本具备了，因此好朋友之间偶然的宴请，已是再正常不过的了，这是有利于友谊发展的，当然宴请喝酒以不喝多、不喝醉为限。至于旅游之乐，已经成为美好生活的必需，旅游业也是促进经济发展的支柱产业了。所以，"损者三乐"中两乐在今天已变为有益的了。

当然随着社会的发展，许许多多的"损乐"也在恶性蔓延与扩大着。最典型的两种便是吸毒和赌博。吸毒使人在短暂的兴奋中感到舒服快乐，但这种畸形的快乐，会极大地损害人的身体健康，并会使人染上严重依赖毒品的毒瘾，最终可能会夺去人的生命。另外，毒品是各国都不允许生产和买卖的，毒品交易属于严重的违法犯罪行为。而且，通过贩毒渠道进来的毒品，价格非常昂贵，吸毒上瘾的人虽得到了短暂的快乐，但由于缺少毒资，可能会走上偷盗或劫财甚至杀人抢劫的犯罪道路，或最终导致家破人亡的悲惨结果。无数事实已经证明了这一点。赌博使人在赢钱时感到高兴，但也会使人赌博成性，最终使赌博者倾家荡产。至于公款宴请、公费旅游那当然是腐败犯罪，必须坚决禁止。不过这已超出本文所论的范围。但是，孔子所说的损者之乐却值得我们警惕，因为，在当今社会上不健康的娱乐形式还有不少，对此我们应当予以警惕。我们应该选择有益的快乐幸福方式，杜绝或远离有损身心健康的娱乐活动。

正是：*益者之乐人所求，身心康健多自由；*

损者之乐贻人祸，杜绝灾难多缪绸。

五十三、唯女子与小人为难养也

孔子说："只有妇女和小人难以对付（唯女子与小人为难养也）：亲近他（她）们，就显得放肆（近之则不孙）；疏远他（她）们，他（她）们又抱怨（远之则怨）。"单从字面上看，此话把妇女与小人相提并论，似乎有不尊重妇女之嫌，因此也最为现代女性所诟病。

对于这段话如何理解，后人有极大争论，可谓仁者见仁智者见智，"公说公有理，婆说婆有理"。甚至至今也没有争出个子丑寅卯来。李泽厚先生认为，这段话相当准确描述了妇女性格的某些特征。如果对她们亲密，她们有时就过分随便，任意笑骂打闹；而稍一疏远，就埋怨不已。似乎有些道理。本人才疏学浅，不敢随便置喙，妄加评说。不过据我大略观察，陈怡先生所论与李泽厚先生说法，有一致之处，但好像论述更充分一些，也更有道理一些，或者说更容易使我接受。下面就将陈怡基本观点引述如下，并加上笔者解读，以与读者共同感受。

在陈怡看来，要正确解读这段话，必须注意以下两点。

首先，陈怡认为，要超越"尊孔"和"反孔"的二元对立的传统认识。纵观所有学者的解读，大多都有这样或那样的偏见和成见。而一旦有了这样的偏见和成见，其解读就具有了二元对立的特点：要么"尊孔"，要么"反孔"。如果是"反孔"的，必然以此批评孔子轻视妇女，甚至扣上政治上反动的帽子。"文革"时"批林批孔"就是如此照方抓药的，这点人们至今记忆犹新。如果是"尊孔"的，就必然要找出种种理由为孔子开脱。一是，从情理上为其开脱，认为孔子三岁时丧父，由其母历尽艰辛将他抚养成人，因此孔子绝对不会轻视妇女，何况他母亲去世后，他还费尽心力，寻访到他父亲的墓地，将父母合葬在一起，可见其孝心可嘉。这样一位既重视伦理，又具有孝心的完人怎么可能轻视妇女呢？二是，从学理上为其开脱，千方百计寻找其他文字解释。例如，钱穆先生就认为，这里的小人是指男仆，女子是指女仆，因为他们都是靠主人"养"的，所以主人才难以处理和他们的关系：近之则不逊，远之则怨。还有人认为，这里的小人是指未成年的男孩子，女子是指未成年的女孩子。另有一种行文断句上的"创新"，认为这里的文字断句应该是：唯，女子与！小人为难养也。而此处"女"即"汝"，"女子与"是指孔子对其弟子的称呼，意思是：你们这些弟子啊。这样一来，这段话就和女子没有任何关系了。这种解读"创新"是做到了，也维护了孔子的形象。但似乎离孔子本来的思想更远了，甚至与孔子思想已是风马牛不相及了。而陈怡认为，要正确理解这段话，必须超越"尊孔"和"反孔"的偏见，从当时的社会状况和现实出发。

其次，要把对这段话理解的重点放在后面，而不要放在前面。正因为历来的学者都把理解的重点放在前面，所以才有了如此对立的争论。因此，陈怡先生认为，如果我们把理解的重点放在后面，就可以超越"尊孔"和"反孔"的二元对立，从而比较接近历史的真实面目，进而从学理上弄清孔子此话的本来意义，解决这一困惑人们多年的争论问题。

根据以上认识，陈怡主张，首先要肯定的是，这里的"女子"是指妇女，不需要再绕着弯子找其他的解释。这与李泽厚、杨伯峻等大多数先生的认识是一致的。有人也许会问，如果肯定了这一点，那孔子不就是轻视妇女了吗？陈怡的回答是：不是。孔子在这里并没有轻视妇女的意思，甚至也没有轻视小人的意思。陈怡先生说，《论语》中的小人并没有像今天这样的含义，专指道德水平低下的人，而是和君子相对，指不知也不学的人。因为当时将人分为三等：圣人、君子和小人。圣人是生而知之的人，君子是学而知之的人，小人是不知也不学的人。因此，孔子对其弟子谆谆教诲的就是要他们做君子，不要做小人。孔子自己就认为，他是学而知之的人，因此也只是一个君子，而不是圣人。有人称他为圣人，他是拒绝的。"君子"一词，在《论语》中共出现了108次，陈怡认为，《论语》就是一部教人做君子的书，而成为君子的核心就是要有仁爱之心。对于小人，孔子的态度不是鄙视，而是劝其向学，劝其向善，劝其向上，劝其向真。正是这种态度显示出孔子的蔼然大度，让我们读《论语》时，始终如沐春风。这和后世的儒家是有很大不同的。

接下来，将理解的重点放在后面：近之则不逊，远之则怨。这句话表明孔子对人的观察十分仔细。他观察到有这样一类人，和他们的关系是比较难以相处的：近不得，远不得，近了他不尊重你，远了他怨恨你。这样一类人中就有妇女和小人。他们都太在意别人对待自己的态度，老看别人对自己的脸色和态度，从而决定自己的心情和心态，所以表现为"近之不逊，远之则怨"。但是，对于产生这种现象的原因，孔子却未加说明。陈怡先生尝试着做了这样的说明：女子和小人虽然都存在这样的心态、这样的表现，但产生的原因是不一样的，在小人而言，是因为不学习；在妇女方面，则是因为社会地位不独立，从而从根本上决定了她们这样的心态：以男人为中心。出嫁之前家庭中以父亲为中心；结婚后，丈夫在，以丈夫为中心；丈夫不在了，又要以儿子为中心。就是所谓的封建伦理的"三从四德"。但是不管原因如何不同，妇女与小人在社会上，表现是一样的，最终都表现为缺乏独立的人格。对妇女，由于社会地位的不独立从而导致人格的不独立，这是历史原因造成的，值得我们同情，也完全应该理解。对小人，其根源主要在自己，是无可推诿的。孔子的这种观察即使在今天，也仍然可算得上细致入微，更何况是在2500年前。无怪乎有人说，孔子是中国历史上第一个研究人并发现了人的人，他所创造的仁学就是中国的人学。从这段话我们还可以得出一点结论：君子必须具有独立的人格，否则就容易成为小人。

对于陈怡先生的上述主张，尤其是关于"女子"社会地位与处境以及原因的认识，笔者基本上是赞同的。有必要说明的是，对于"小人"仅是指不知也不学的人一说，笔者不敢苟同陈怡先生的高见。在我看来，"小人"中确实有这种情况，但更多的时候孔子说的"小人"，则是指道德水平低下的人。这我们从《论语》书中是能够看得很清楚的，我想，陈怡先生也没有必要为了探寻妇女人格不独立的原因，而为孔子批评的小人，找个理由开脱其道德方面的缺陷。不知陈怡先生以为然否。陈怡先生所论对笔者教益极大，笔者又引用了陈怡先生论述的主要内容，谨在此表示衷心感谢。

我们今天来看这段话，仍然有着重要的现实意义，因为今天我国虽然已进入社会主义初级阶段的新时代，但由于封建社会历史的漫长，封建专制主义思想的遗毒，并没有得到比较彻底的清算，仍还比较广泛存在着。社会上人的独立人格问题，并没有得到很好解决。甚至可以说，我们每一个人身上都还有人格不够独立的地方。我们可以扪心自问一下：我们平常是不是太在意别人对自己的态度？对于女性而言，也可以问一问自己：尽管你们已经有了独立的经济来源和社会地位，但是不是真正具有了独立人格？至于今天还有一批"道德缺陷"意义上的小人，他们虽然有了独立的经济地位和社会地位，但他们的人格还是根本没有独立，他们是自己甘于甚至也乐于依附于别人，愿意终生这样的不独立。这样的人，不是很遗憾吗？这种情况在今天大概并不算少。而且只要有人类社会存在，这样的现象就可能存在，从而孔子的这段话就永远具有警示意义，可以引起我们不断地反思和警惕。

正是：女子小人为难养，依附他人失立场；
专制淫威人格没，警惕遗毒误人盲。

孝贤篇

五十四、见贤思齐

孔子说:"看到好人,就想如何向他看齐(见贤思齐焉);看到不好的人,就反省自己有没有类似的缺点(见不贤而内自省也)。"孔子这一说法,意在提高人的道德修养自觉性,使人做到虔心向善,而对不足则时时警惕之。这一认识已经成为后世儒家个人道德修养的座右铭。

中国历史上"见贤思齐"例子很多,少年戚继光的故事,就值得我们深思借鉴。父亲戚景通从小就对戚继光管教很严,它不仅竭力制止儿子沾染坏习气,还十分注意把儿子往正路上引导。一次,父亲问戚继光:"你的志向何在?"戚继光说:"志在读书。"父亲告诉他:"读书的目的在于弄清忠孝廉洁四个字,否则就什么用处也没有。"接着就命令把忠孝廉洁四个大字写在新刷的墙壁上,让戚继光时时看到,铭记在心。戚景通教子的忠孝廉洁,自然包括封建伦理道德的内容。但在当时历史条件下,整个社会风气腐败不堪,教育儿子忠于国家,孝顺父母,克己奉公,讲求气节,更是难能可贵的。从此,戚继光每天看着墙上的四个大字,想着老父亲年过六旬还关心国家大事,苦心研究备边防策的爱国热忱,决心不再贪图安逸。他一边刻苦学习武艺,一边立志发奋读书,以求继承父亲的业绩。后来,在老师梁玠的悉心指导下,戚继光文韬武略更加精熟。历史上英贤人物的光辉业绩,深深地激励着戚继光,他决心要向他们那样,为国为民立功劳。因此,报国的雄心更迫切了。可贵的是,戚继光并非只追求个人功名,而是要为国家和民族建功立业。戚继光"见贤思齐"的做法,终于使他成为中国历史上一个伟大的民族英雄。

历史上乃至现实中,这种"见贤思齐"提高自身道德修养,最终实现了很高的人生价值的英杰,还有很多很多。近期,中共中央组织部又提出对中青年干部"见贤思齐"的要求,这对于各级领导干部队伍建设来说,具有很强的普适性,同时也有力地说明,孔子提出的"见贤思齐"思想,在社会主义的今天,仍具有强大的生命力。因为做到这一点,既是传承中华民族优良文化、优良道德传统的需要,还是担当好党和人民赋予的伟大历史重任的需要,更是领导干部自身健康成长的需要。

具体说来,第一,领导干部见贤思齐,是带头继承好中华民族优秀传统文化的需要。三国时期蜀汉丞相诸葛亮在北伐中原之前给后主刘禅上书《出师表》,就告诫后主要"亲贤臣、远小人"。很多人耳熟能详的"孟母三迁"的故事,也在告诉我们环境对一个人成长的影响,从另一个方面说明了"榜样"的作用。各级领导干部是我们党治国理政的中坚骨干,与古代官吏的人生理想虽有本质不同,但在个人修养方法上却又有共通之处。只要坚持取其精华、弃其糟粕的方针,批判地继承和借鉴,就能古为今用、用其所长,有助于加强领导干部道德修养,提高干事创业、造福人民的能力。第二,领导干部见贤思齐,是履行好全面建设小康社会历史重任的需要。党的十八届五中全会,审议通过了《中共中央关于制定国民经济和社会发展第十三个五年规划的建议》,确立了"十三五"期间我们国家经济社会发展的指导思想、总体思路、根本任务和重要措施。今后,确保科学发展取得新进步新成就,让人民群众得到更多的实惠,需要各级领导干部率先垂范,发挥好的作用，团结带领广大党员干部和群众真抓实干、埋头苦干。在这个过程中，需要各级领导干部尤其是中青年干部解放思想、实事求是、与时俱进，不断开阔眼界、思路、胸襟，树立世界眼光，坚持拿来主义，见贤思齐。第三，领导干部见贤思齐，是牢固树立正确世界观、权力观、事业观的需要。一个人世界观出现问题，其行为就会像决堤的江河、脱缰的野马一样，放任自流，随心所欲，最终会走偏、走歪、走邪。领导干部见贤思齐，首要的就是树立远大理想，坚定走中国特色社会主义道路的信念。权力观是"双刃剑"，领导干部清醒地认识到权力是党和人民赋予的，是用来为党工作、为民谋利的，就能自觉做到权为民所用、情为民所系、利为民所谋。事业观是"航标灯"，如果说远大理想是大海的彼岸，那么事业观就是分布在茫茫大海中的"航标灯"。领导干部树立了正确的事业观，就能在为党和人民干事创业的征程中永不迷航。因此，"见贤思齐"是帮助领导干部树立正确世界观、权力观、事业观的重要指南。

对于今天的广大青少年朋友们来说，"见贤思齐"也是提高我们自身修养，争做中国特色社会主义合格建设者与接班人的根本方法。但是，现在社会上相当多的人，对"见贤思齐"的认识，已出现较大偏颇。很多人习惯以经济能力论成败，有钱多为青少年所羡慕。相比之下，"贤"已经淡出了人们的意识，"见贤思齐"这个成语，甚至常被调侃式地盗用成"见钱思齐"。

今天社会中还有没有"贤者"？近期，《中国青年报》社会调查中心通过民意中国网和新浪网，对2009人进行的调查显示，38.6%的人认为当今社会"贤者"不常见，28.2%的人认为常见，32.3%的人表示"一般"。本次调查显示，虽然76.4%的人自认为有见贤思齐的意识，但多达97.4%的人痛感当今社会已经缺失见贤思齐意识。复旦大学社会学系教授于海指出，当今社会公众普遍对"贤"这样的道德价值不敏感，对成功价值却太敏感。把成功看得太重要，在人际交往中对道德的要求就会下降，交往的前提就是谁对自己有用，这是这个时代很不好的风气。于海说："见贤思齐是大家都要追求道德上的成就，对'贤'敏感，才会找差距、去学习。"他认为，当前社会在大的环境上，没有建立起好的制度和规则；从个人角度来说，不少人轻视法律、逾越规则、罔顾道德、不顾民俗，但只要成功了，就俨然青年榜样。最出名的公众人物中，不少人被发现在道德上是有问题的，这对社会伤害很大。

今天，"见贤思齐"意识缺失的原因主要是什么？在前几年的一次调查中，有72.7%的人表示是"很多典型人物表里不一"；52.7%的人认为是"贤者往往吃亏，学不了"；44.2%的人表示"没空思考贤不贤的问题"。而公众心中的"贤"是什么样的人呢？调查中，68.5%的人首选"帮助别人，奉献社会的普通人"；47.5%的人选择"本行业成就突出的人"；32.9%的人选择"国家表彰的杰出人物"。

中国青年五四奖章标兵称号获得者胡铃心，在接受《中国青年报》记者采访时说："见贤思齐是一个找目标、找差距，通过行动提升自我的过程。"其实，很多时候，我们身边并不缺少"贤"，而是缺少"见贤"的眼光，更缺少"思齐"的行动。胡铃心觉得，身边人的影响非常大。他举例，自己的研究生导师昂海松教授每天晚上都工作到深夜才回家，他这种为事业废寝忘食的精神感动了我们，也激励大家努力地钻研。他参加过多次先进人物巡回演讲。在与各地青年交流的过程中，他发现青年最关心的是如何规划自己的未来，找到成功的方向和动力。2009年6月，他参加了一个报告团，其间，许振超、宋鱼水、秦文贵、吴文虎等人以他们平凡又辉煌的事迹,告诉同学和青年朋友们,把自己的兴趣与国家需要相结合,才能实现最有价值的人生。

榜样的力量是无穷的,但榜样也应该与时俱进。社会应当在不同行业中宣传有行业特色的先进典型,为大家提供有时代特征的"见贤思齐"的榜样。对于个人来说,要善于发现和欣赏他人的优点,多向身边的老师、同学、同事和朋友学习,借鉴他们身上的闪光点,逐步提高自身的修养和素质。

怎样才能做到见贤思齐?调查中,64.6%的人建议制度规范,让贤能的人不吃亏、得奖励、受重用;62.4%的人认为个人要善于发现别人的长处,虚心学习;54.6%的人认为要在社会上宣传、树立正面典型;51.8%的人认为个人要懂得区分鉴别贤与不贤;44.7%的人表示个人要具备自我反省的意识。这些建议都具有很强的可操作性,我们不妨一试。

如何使人们愿意实践"见贤思齐",这是一个非常重要的问题。有的学者认为,首先要让社会基本公正,社会公共性的制度安排是道德的。而从个人来说,见贤思齐意识也要慢慢培养,人们感觉有道德的人生不仅让人活得心安理得,更让人活得快乐有趣,而这是金钱和物质利益做不到的,自然人们就会见贤思齐。总之,孔子提倡的"见贤思齐"思想不仅没有过时,而且在新时代必将焕发出新的光芒,被不断继承、发扬和光大。

正是:见贤思齐靠自身,干部表率谨记心;

咸氏榜样巍然立,万代千秋烁古今。

五十五、孟懿子问孝,子曰:"无违。"

学生孟懿子问孝道(孟懿子问孝),孔子解释:"孝就是不要违背礼制(无违)。"接着他又对其他学生说:"父母活着时,按照礼制来奉养;死了,按照礼制来安葬,按照礼制来祭祀。""孝就是使父母只担心子女的疾病,而对别的方面都非常放心。""今天所谓孝,只讲能够养活父母。人也一样养活狗、马。不尊敬,那还有什么区别?""不给父母好脸色看。有事时,年轻人效劳服务;有酒饭,让年长的先吃;这难道是孝吗?"以上,孔子用遵守礼制来解释"孝",用不惹是生非、遭灾遇祸来诠释"孝",用尊敬与爱来说明"孝",用和颜悦色与态度谦恭来实现"孝"。在孔子看来,对父母能恒常保持和颜悦色才是真正的"孝",而这是最难做到的。

《论语》书中,"孝"字先后出现过19次之多。体现了我国古人把"孝"即子女对父母的奉养、尊敬、服从,看作是对每一个人首要的、基本的道德要求。即使在今天,赡养父母仍然是我们每个公民应尽的社会与家庭义务。而儒家重视"孝",历来是没有任何异议的。"仁、义、礼、智、信"是儒家伦理思想中的基本德目,"仁"是最高的道德原则。而孔子以及他创立的儒家认为,贯彻仁爱原则,首先要从爱自己的父母开始,因而把"孝"作为"仁"的根本。孔子高徒有子就说,君子要在根本上下功夫,根本建树起来了,"道"就自然形成了,而孝道和悌道可以说是仁的根本。孔子把"孝"看作是先王治理天下、教化百姓的"至德要道",非常重视,要求人们"入则孝、出则悌"。孟子继承孔子的思想,也极为重视孝悌之道,并把当时备受人们称道的尧舜治理国家的方法,归结为"孝悌"二字。

儒家把孝敬父母、尊敬兄长看作是天经地义的事情，看作是每一个人都应当做到的基本道德规范。他们认为，对父母不孝，就不可能爱其他人，也不可能做到其他一些道德规范。因此，做人首先应在孝亲上下功夫，这是一个人道德修养的起点和基础。

孔子儒家之所以如此重视"孝悌之道"，还有一个根本原因，就是"移孝作忠"。在儒家看来，做臣子的如果做到孝，服务君主就会忠，做官就会廉，危难时刻就会勇于献身；百姓如果做到孝，就会勤于耕耘，战时就会坚守阵地，不临阵脱逃。总之，只要人人做到孝悌，就不会"犯上作乱"，天下就会太平无事。所以，我们也就不难理解，儒家的孝悌思想，为什么会受到历代统治者的高度重视，并成为整个封建社会一切道德的核心。中华民族自古以来就有孝亲敬长的传统。始终把孝道放在一切道德的首位，俗语"百善孝为先"，就是其真实写照，这在世界所有民族中是独一无二的。从孔夫子到孙中山，阐述孝道、记载孝行的典籍，不可胜数。另外，劳动人民在实际生活中孝敬父母、尊敬老人的事迹，虽不见于正史，但其孝行一定比统治阶级载于史册的要感人得多、高尚得多、真诚得多。因为只有他们，才能真正体会到生活的艰辛和父母养育子女的不易，从而激发出孝亲敬长的自觉行动。俗话说的"家贫出孝子"，就是对此的真实反映。

中国历史上的孝道，是我们中华民族几千年积累起来的一笔丰富道德遗产。在今天，我们不能简单地把它视为封建的东西和剥削阶级的道德而加以抛弃，必须抱着"取其精华，去其糟粕""古为今用"的态度，认真地加以分析和研究，批判地吸收其中有价值的东西，为社会主义精神文明建设服务。

虽然，儒家的孝悌之道是为维护封建宗法制度服务的，是建立在尊卑贵贱这一不平等的人伦关系基础之上的，因而它片面强调下对上的义务，否认或抹杀"下"的权利。但是，由于孝养问题涉及到中国的每一个家庭，所以孝道又必然有人民性的一面。首先，从孝悌内容上看，第一，爱人要先从爱父母开始；第二，不仅要"养亲"，更要"尊亲"和"敬亲"；第三，父母犯了错误，子女要进行劝谏，不能盲从；第四，兄要友，弟要恭等等应当予以肯定。其次，历史上推行孝道的方法和原则，也有值得学习和借鉴的地方。例如，注重树立典型，强调当权者的示范作用，编撰易为大众所接受的普及读物等都是可以为今天所批判吸收的。

新时代我国已经进入了老龄化社会，如何使越来越多的老年人"老有所养、老有所乐、老有所为"，已成为一个很大的社会问题。因此，继承和发扬我国几千年来形成的养老、敬老的孝道传统美德，使养老、敬老成为亿万人民的自觉行动，是十分必要的。但在我国现实生活中，由于过去极"左"错误的消极影响，孝道等孔子学说曾被全盘否定，致使孝敬老人的传统一度断代。因此，不孝敬父母的现象屡有发生。不过随着极"左"错误的改正，从总体上看，尊老敬老、赡养老人的良好风气正逐渐形成，许多尊老敬老孝亲的好典型正在不断涌现出来。例如，大孝至亲的谢延信、精心照料瘫痪婆母的连泽等，他们的感人事迹，通过社会舆论的宣传，正在成为千千万万普通国人学习的榜样。

今天，如何重建孝的体系，应当是社会主义精神文明建设的重要一环。郭文斌先生在《人民日报》发表文章认为，至少应该从三个方面做起：第一，社会主体或者说政府要有一个倡导，选用干部、公务员、评选文明城市，应该把孝作为第一指标。一个孝顺的孩子他不会学坏，不会杀人越货，不会去犯罪。一个孝顺的孩子他不会浪费光阴，他一定会好好学习。一个孝顺的孩子他不会给父母丢脸,当然会做一个好的公务员。就拿评选文明城市来说,如果把孝的风气作为第一指标,如果一个城市出现了一个不孝顺的孩子,评委会则一票否决,那会对政府和社会一个怎样的督促?第二,孝的教育要跟上去,特别是学校教育要跟上去。现在的学校唯分数论,唯高考论,老师平常给孩子只讲考高分,很少有老师给孩子讲孝道。孝应该进学校,把它作为一个评价学生文明程度的指标。因此,在孝道大断层的背景下,要想恢复孝,制度应先于引导。第三,整个社会要行动起来,化民成俗,把孝变成一种风尚。以孝敬为美,以孝敬为乐,以孝敬为荣,以孝敬为风尚,要追就追孝敬星。当孝成为一个民族的美德和高度,你想那个民族怎么会不其乐融融?小家是大家的一个缩影,是大家的一个细胞,当一个小家其乐融融,那么无数个其乐融融最后会变成一个大的其乐融融,那就是和谐社会。他的说法是很有道理的,我想政府以及其他社会组织,是否可以先行一试?

孔子倡导的孝道,在新时代社会主义现代化建设的今天,一定会越来越深入人心,成为人们道德风尚的一道新的风景线,成为社会主义和谐社会中人人遵守的基本道德规范。

正是:*孝亲先敬诚在心,能有此身父母恩;*

扬精汰劣兴孝道,家和国睦暖如春。

五十六、父母在,不远游

孔子说:"父母在,不远游。游必有方。"远游,指游学、游宦。这句话的意思是,父母在世时,不出门远行。若不得已,应当告知一定的方位。

远行从师学习或任职谋生,均需要很长时间。古时候交通不便,音讯难以及时送达,若是父母有着急的事情,召之不得,严重者可能失去父母而抱终天之恨。子女考虑到父母的这些感受,因此不远游。如果不得不出门远游,那么就必须要告知父母自己确切的方位,这样的话,如果父母有事,就会容易找到他们。这也就是朱熹在《论语集注》所说:"所谓远游,即离开双亲到很远的地方呆很长时间,不但无法早晚问候父母,而且音讯交流变少;不单自己对父母的思念感情无法满足,也担心父母思念我而劳费心神。"(远游,则去亲远而为日久,定省旷而音问疏;不惟己之思亲不置,亦恐亲之念我不忘也。)

孔子之所以强调这一点是因为古代和今天的"游"在内涵上差别相对较大,古代之"游"有三种不定:一是时间不定,二是归期不定,三是生死不定。如果是父母不知道子女所在的地方,遇到紧急的情况,找不到自己的子女,子女是否有困难,父母也不知道,由是父母就会由于担心子女而无法安心生活。因此,《礼记·曲礼》也说:"作为子女应有的礼节是,出门前一定要告知父母,返回家中后一定要面见父母,出游一定要有个常去的地方,学习也要有个固定的方向。"(夫为人子者,出必告,反必面;所游必有常,所习必有业。)

"不远游",表达的主要情感是"不忍",也就是不忍离开父母的呵护,也不忍心让父母陷于无尽的思念与担忧。有此不忍之心,才可以称为孝。"三年免于父母之怀",子女的成长离不开父母含辛茹苦的培养,在这一过程中,子女消耗了父母无数的精力,也随着子女的长大而变得苍老。子女的年龄再大，在父母的眼中始终都是孩子，父母时时刻刻都会牵挂在心；而子女也不忍心让年迈的父母独自承担思念与担忧，所以，当父母在世的时候，作为子女要选择陪在父母身边。

但是，仅仅拘泥于"父母在，不远游"，孔子和众弟子也就无法去周游列国，也就不能宣传自己的政治主张、匡正当时的乱世局面，所以孔子进而强调"游必有方"。"方"本指明确的方向、地点，也就是说，倘若真的要去远游，必须体贴父母忧虑之心，让父母对自己的思念和牵挂之情有一个准确的方向与方位。

引申开来，"方"也可以指正当的原因、适当的方法。如果为了正义的事业而远走他乡，父母也必定会支持，在安顿好父母的情况下则可减轻父母的担忧和自己愧疚之情。孔子周游列国时，尽管他的父母都已去世，但同他游历各国的年轻弟子，父母大部分应还健在，是同老师周游各国，还是陪在父母身边，侍奉双亲？孔子的意思，应该是让这些弟子们获得父母的支持，以便更好地跟随他去周游列国。

孟子游历齐国时，许多主张不被齐宣王采纳。因此，他有意去愿意采纳他政治主张的宋国，可是又担心母亲上了年纪无人照料。孟母知道了孟子的心事后，对孟子说："古代的礼法是，女性年少时听从父母的，出嫁后则听从丈夫的，丈夫死后则听从儿子的。如今你长大成人了，我也年老了，你做你应当做的事，我行我应当行的礼。"孟母的一席话把孟子的担忧和犹豫一扫而空，于是决定离家周游列国，他的政治主张也因此在许多诸侯国传播开来，才有了历史上的"亚圣"。

由此，我们看"父母在，不远游。游必有方"实际上是对父母和子女双方都提出了要求。作为子女的应当主动同父母协商、交流自己的打算和未来的发展规划，倾听父母的意见，争取父母的同意，预先安顿好父母的日常生活；作为父母，不管子女身处何地，只要所做之事有利于国家社会和家庭，也应当理解和支持。

徐霞客是我国历史上著名的地理学家和旅行家。他19岁的时候，父亲就去世了。三年守孝期满后，徐霞客向母亲表达了想要外出游历的打算，请求母亲准许。母亲也认为男儿应该志在四方，不能像家畜一样被拴在身边，因为束缚而终无所成。所以，徐霞客在母亲的支持与鼓励下，走上了虽然艰辛但快乐的游历道路。同时，徐霞客还与母亲约定，春天出发，秋天必定回来，所以徐霞客的母亲更加放心。二十年间，徐霞客的足迹遍布全国大部分地区，每次都能如期返回。徐霞客每次回来，都会把他在旅途中见到的有趣东西带给母亲，并且给母亲讲解旅途中精彩的事物，湍急的流水，奇特的山石，不同的风土人情……使得母亲开心异常。于是，徐母继续鼓励自己的儿子不要怕困难，继续游历四方。其实作为母亲，徐母当然也非常希望儿子能够留在自己身边，可是，为了儿子理想，徐母甘愿做出牺牲。在八十岁高龄时，徐母还特地陪着徐霞客游览了荆溪和勾曲，并且走在儿子的前面，用自己的行动让儿子放心。徐母和徐霞客的事例可以说为当今的亲子关系做了生动的诠释。

在交通、通讯如此发达的今天，哪怕是天涯海角，都已经"若比邻"了，只要一个电话或短信便能及时联系到，知道彼此之间的生活状态，所以，"父母在，不远游"的规矩更不必强行拘泥。但"儿行千里母担忧"的感情却不会因为通信发达而有所减损。孟郊的《游子吟》道出了天下父母对子女关爱的共同心情："慈母手中线，游子身上衣。临行密密缝，意恐迟迟归。谁言寸草心，报得三春晖。"子女是父母的心头肉，子女的一举一动都牵动着父母的心。因此，不让父母因为我们的远行而忧虑担心，是任何一个时代都应该坚持的，也是每一个人都必须要做的。

正是：父母俱在不远游，真把亲人挂心头；
　　　父慈子孝是本分，家庭美德万千秋。

五十七、枨也欲，焉得刚

孔子说："我没有看见刚强的人（吾未见刚者）。"有人说："申枨算一个吧。"孔子说："申枨欲望多，如何能刚强（枨也欲，焉得刚）？"很显然在孔子看来，欲望多者不刚强，而无欲望者才能刚强，即"无欲则刚"。现在"无欲则刚"早已成为一个影响深远的名言成语，人们常以此自勉或勉励他人。近代民族英雄林则徐写过一副自勉的对子，就是："海纳百川有容乃大，壁立千仞无欲则刚。"

这里的"刚"并不是血气之勇，而是内心力量并与道德意志相关。一个人如果有过多欲望或被欲望引诱，便容易屈服而不刚了。可知，刚就是不屈不挠、无坚不摧、无惧不胜。刚讲的就是道德意志的构建。李泽厚先生认为，道德意志及力量表现为感性的行为和实践，其内涵却在于这种"理性的凝聚"，即理性对包括欲在内的感性的绝对主宰和支配，这是道德理性之所本。不管说它是外在超越的绝对律令，或是内在心灵的"良知呈现"，其特征都在此"刚"。

中国历史上有许多政绩卓著、为世人所称道的英杰，他们都具有刚正不阿、两袖清风、一身正气、无私无畏的道德力量。为了定国安邦、造福人民的大业，他们不计个人安危，甚至不惜献出自己的宝贵生命。名垂史册的明代清官海瑞，就是无欲则刚的一个好典型。海瑞自号"刚峰先生"，据说他取此号的意思就是"一切以刚为主"，表示要终身无私无欲、刚直不阿。在海瑞出任淳安县知县期间，他了解到当地赋税相当严重，又因为地方官吏和富豪相互勾结、鱼肉乡里，就更加重了人民的负担。为了清除积弊，海瑞决定重新丈量土地，并以此为基础合理计税，从而大大减轻了人民负担。淳安县地处新安江的下游，是杭州府与徽州府之间的必经之路，当时总督与布政使为了讨好和笼络路过的上级官员，摊派了繁重的银差、力差，百姓不堪重负，怨声载道。海瑞对这种做法极为反感，毅然向朝廷上奏，主张不能为了巴结上面的官吏，而不管人民的死活。对他的做法有人提出劝告，请他注意，不可得罪顶头上司，不然会遭到迫害。海瑞正气凛然地回答，只要于民有利，自己即使充军甚至被判死罪都在所不惜。与此同时他还大刀阔斧地改革了徭役制，使农民重负的徭役有所减轻。

刚正不阿、无私无畏的海瑞，疾恶如仇、不畏权势的事例很多。一次，浙江总督胡宗宪的儿子路过淳安，因驿站招待不够丰厚，他就依仗父亲的势力把驿吏倒吊起来拷打。海瑞知道后很愤怒，但也知道处理起来比较棘手。于是，眉头一皱计上心来，假装不相信来者是总督之子，命令部下说："胡总督素来体恤民力，家教甚严，并教育官员要清正廉洁。如今这位花花公子，奢侈排场，气焰嚣张，一定是坏人冒充胡公子行骗。快随本官将他抓来严办。"于是，海瑞将胡公子教训一顿，还没收了其搜刮来的钱财。处理完毕，海瑞马上将此事上报胡宗宪。胡宗宪虽很是恼怒，却也无可奈何，只好不了了之。海瑞敢于主持正义，为百姓说话，赢得了广泛的赞誉。他担任巡抚后，一次出巡松江府，了解到大地主徐阶兄弟侵占民田的罪行，便不顾徐阶过去曾救援过自己的私情，强令徐阶兄弟退田。徐氏兄弟深知海瑞的刚正不阿、不徇私情，只得照办，先后退田 20 万亩，此事一时为百姓传为美谈。海瑞为官多年，从不贿赂上司，自己也以身作则，从不接受下级的礼物，始终保持了两袖清风的廉洁操守。除了祖上留下的 10 多亩地之外，当官多年没买下一亩田地。生前用银 120 两买的一所房子，是历年官俸的结余。死后，同僚替他清点遗物，全部家产只有银 151 两，绫、绸、绢各一匹，连丧事都是同僚资助办理的。纵观海瑞一生，刚正不阿、直言敢谏、不畏强暴、疾恶如仇、爱惜民力、清正廉洁，这些优秀品质都是中华民族传统美德的生动体现，他不愧是万众颂扬的海青天。

　　像海瑞这样表现出来的刚正不阿、无私无畏精神，在历史上尤其是近现代史上，可以说是史不绝书。中华民族刚正不阿的精神，纵贯几千年，磅礴于中华广阔天地之间，充盈于社会各个领域之中，凭着这样一种精神，中华民族艰苦奋斗、追求真理，创造了巨大的物质财富和灿烂的文化，推动了社会的发展和历史的前进，并造就了一个伟大的民族，傲然屹立于世界民族之林。在中国革命和建设的实践过程中，无数革命者用自己的行动谱写出一篇篇感人的"刚"性篇章。他们"明知山有虎，偏向虎山行"，哪里最艰险，他们就战斗在哪里。他们是凭着对党和人民无限忠诚的大智大勇，去出生入死，克敌制胜的。第二次国内革命战争时期，老一辈革命家陈毅同志，在梅岭从事革命活动被敌人包围，当时他有严重的伤病在身，自认为已经不能脱险，下了必死的决心。于是留诗三首以明志，其一："断头今日意如何，创业艰难百战多；此去泉台招旧部，旌旗十万斩阎罗。"这首自勉诗，清楚表明即使立刻身死敌手，到了黄泉也将召集已经牺牲了的部下，继续同敌人血战，推翻这黑暗的旧世界。其二："南国烽烟正十年，此头须向国门悬；后死诸君多努力，捷报飞来当纸钱。"这是一首勉励他人的诗，告诉后来人，在自己死后，应继续努力奋战，早日杀敌凯旋，以告慰牺牲的先烈。其三："投身革命即为家，血雨腥风应有涯。取义成仁今日事，人间遍种自由花。"是说自己从参加革命之日起，就把革命事业当作自己的家，并决心为之奋斗终身。眼前祖国大地还处于反动派的血腥残暴统治之中，虽然自己即将牺牲了，但是黑夜即将过去，黎明必会到来，始终充满了对革命事业必胜的信心。这几首诗表达了老一辈革命家，为了无产阶级革命事业，为了中国的未来而不惜抛头颅、洒热血、英勇奋战的壮志豪情，以及不怕艰苦、不怕牺牲的坚强品德意志。

　　而像陈毅诗中写的那些英勇无畏的动人篇章，在中国革命史上比比皆是，充分展现了作为中国无产阶级先锋队和中华民族、中国人民先锋队的中国共产党人的光辉形象。记得现代京剧《红灯记》中，日酋鸠山说过这样一句话："共产党简直比钢铁还要'刚'。"诚哉斯言，这正是对"无欲则刚"的共产党人道德意志的准确概括。

　　正是：*欲壑难填何谈刚？无欲则刚重任当；*

　　　　海瑞青天万众颂，我党英模后居上。

五十八、未能事人，焉能事鬼

子路问如何侍奉鬼神。孔子说："不能侍奉人（未能事人），怎能侍奉鬼神（焉能事鬼）？"又问："什么是死？"孔子回答："不懂得生，怎懂得死？"孔子与子路的这段答问非常有名，后世的解说也有很多。联系到"子不语怪力乱神""祭神如神在""敬鬼神而远之"等论述，可以看出，孔子对超越人生人世的问题与对象，统统采取存而不论的实用态度，既不肯定，也不否定，甚至也不加以讨论。在类似形而上学问题上，儒家真正显示出中国文化的实用理性，绝不做无益无用的讨论和思考。

其实，孔子回答子路问题时，也并不完全是王顾左右而言他，把子路的问题推开在一边。大概在孔子看来，鬼神的问题，生死的问题，都是探索宇宙奥秘、生命本质的根本问题，绝不是一两句话就可以说清楚的。更重要的是，此类问题不是他所处的那个时代所能搞清楚的，还有待于进一步研究和探索。所以，无法给出一个确定答案。对自己尚且搞不清楚的问题，学生问时，最好就是既不简单否定，又不简单肯定，抱一种"存疑"态度，敬而远之，留待将来有可能解决时再说。这种态度实际上是现实而理性的态度，也是当时最明智、最可取的态度。因为这些带有根本性而又短期解决不了的问题，你越想解释清楚，其结果可能就会导致更大的混乱。

对于鬼神是否存在以及如果存在其存在形态的问题，历来就有各种不同说法，存在诸多争论。例如，各种宗教所信奉的鬼神就有极大区别，民间的神灵崇拜也各有特色。至于历史上的唯物主义哲学，基本上是否定鬼神存在的，但由于科学水平发展的局限，以及过去唯物主义哲学自身不够彻底的缺陷，这种否定其实也是根据不充分、不科学的，并没有解决这个疑难问题。只有马克思主义哲学诞生以后，才从根本上解决了这一困扰人类社会几千年的无解问题，彻底地也是科学地否定了鬼神的存在。所以说，孔子当时没有正面回答学生的问题，是可以理解的。

至于死亡问题，猛一听是再简单不过的小儿科，但深入想一想，其实却是一个很重要且不易解释清楚的问题。2000年版《辞海》对死亡是这样解释的：机体生命活动的终止阶段。人和高等动物可因生理衰老而发生生理死亡或自然死亡，多因各种疾病造成病理死亡，可因机械的、化学的或其他因素引起意外死亡。其过程为，（1）临床死亡。表现为病人心跳、呼吸停止，反射消失。（2）生物学死亡，又称"脑死亡"。指先是大脑皮质，以后整个中枢神经系统发生不可逆变化，最后各个器官和组织的功能相继解体的过程，大脑功能的永久性丧失，外表征象是躯体逐渐变冷，发生尸僵，形成尸斑。这应该说是现代科学的权威解释了。不过究竟是以"心跳停止"为死亡标志，还是以"脑死亡"为死亡标志，大概也是语焉不详，可见弄清此问题之难。所以儒学避而不做解释，实为明智之举。在佛教、道教看来，死即是生、生即是死。佛教的"四大皆空"理论认为，生与死并没有明显的界限和区别。而相当多不懂科学的人则认为，死就是灵魂出窍，所有生灵都由看不见的灵魂和看得见的躯体两部分组成。灵魂可以升天，躯体则要入地。生灵与生灵之间是可以互相转化的，这显然是相信鬼神存在的迷信观点。无神论者认为，人死如灯灭，死了就完了，什么也没有了。至于死者临终的心理体验、感觉如何，这仍然是科学通过观察、实验等手段，经过长期研究，至今还说不清楚的事。既然有这么多说不清，孔子当然也无法给弟子多说。

但是，从孔子的回答中，我们也可以看出，孔子不愧为伟大的教育家。当他遇到学生向他提出自己难于解决的问题时，他不是简单地回答"不知道"，也不是指责学生找麻烦，而是绕开问题，用反问来引导学生，让学生将问题转入对现实问题的关注，既保护了学生探讨问题的学习积极性，又回避了解答不清楚的问题。从孔子的反问中，我们可以看出，孔子反对子路想知道的如何侍奉鬼神才能求福避祸的思想，但未直言。把问题转入到人事上去，回避了鬼神问题；对死的问题的回答，他仍是微妙和模棱两可的，生还弄不懂，怎么懂得死。要学生把注意力转到人事方面、生的方面；至于鬼神及死亡问题，则不要去想，对这些问题，可以敬而远之、虚以待之、悬而置之。

孔子为什么对鬼神、死亡采取这样的态度呢？首先是他重视的是现实的人生问题，是这些玄妙问题不能用当时的经验去证明其真或假，因此，陷入这些问题的争论会误入歧途。然而生活中又很难避免它，所以只好敬而远之。人的主要精力应关注人世间的现实问题。正是从这样的思想出发，孔子才从来不谈怪力乱神等问题。

其实，孔子不谈论这些问题，对其置可否，存而不论，更是从确定的实践目的出发的，是由清醒理智指导的。《说苑》中有这样的记载，子贡问人死了以后还有没有"知"，即有没有灵魂。孔子回答得很巧妙，他说："我若说有知，恐怕那些孝顺的子孙们，都会像侍奉活着的父母一样，去办理后事，那会十分铺张浪费；如果我说没有，又恐怕那些不孝的子孙，将老人弃之不管不葬。因此，子贡呀，这个问题，等你死的时候再去感受它也不晚。"当然此说的真伪已弄不清楚，但它确实反映了孔子对鬼神与死亡问题的观点。他事实上不重视鬼神与死亡，而只重视人事，只重视实际。

正是：悬而不论鬼神死，只重人事更实际；
　　　实用理性彰显处，智慧光芒照无极。

五十九、无欲速，无见小利

子夏做了莒父地方的长官，问如何搞政治。孔子说："不要图快（无欲速），不要顾小利益（无见小利）。图快（欲速），反而达不到目的（则不达）；顾小利益（见小利），就办不成大事情（则大事不成）。"当官搞政治管理，图快就不是善政，如果有心求得治理有效，就不妨从容处理一切事务；同样搞政治，如果只见眼前小利，则会带来大的危害。孔子所说，其实不仅搞政治如此，也是生活的经验和智慧。历史上，尤其是近现代中国"欲速则不达"的惨痛教训，真是太多了。

有这样一个小故事，清晰说明了"欲速则不达"的道理。有一个小孩，很喜欢研究生物，很想知道蛹是如何破茧成蝶的。有一次，他在草丛中看见一只蛹，便拾起来拿回了家，此后日日观察。几天以后，蛹出现了一条裂痕，里面的蝴蝶开始挣扎，想抓破蛹壳飞出。艰辛的过程长达数小时之久，蝴蝶在蛹里痛苦地挣扎着。小孩看着有些不忍，想要帮助它，于是拿起剪刀将蛹剪开，蝴蝶提前破蛹而出。但他没想到的是，蝴蝶挣脱蛹的束缚以后，因为翅膀还不够有力，根本飞不起来，不久，便痛苦地死去。其实，破茧成蝶的过程原本就非常痛苦、艰难，但只有通过这一痛苦艰难的经历，才能换来日后蝴蝶的翩翩起舞。外力的帮助反而让爱变成了害，违背了自然的过程，最终让蝴蝶悲惨地死去。将自然界中这一微小的现象放大至社会、人生，意义尤为深远。它告诉人们，欲速则不达，急于求成不管愿望是多么善良，都会导致最终结果的失败。因此，做人做事都应放远眼光，静下心来，注重知识的积累，厚积薄发，自然会水到渠成，达成自己的目标。许多大一些的事业，都必须有一个较长的痛苦挣扎、奋斗的过程，而这也是将你逐步锻炼得坚强，使你成长、使你增长力量的过程。

《续古文观止》上有这样一个故事，说的是某个书生，于顺治七年冬天，从小港想要进入镇海县城，吩咐小书童用木板夹好捆扎了一大沓书跟随着。这个时候，偏西的太阳已经落山，傍晚的烟雾缭绕在树头上，望望县城还有约莫两里路。他趁便问那摆渡的人："还来得及赶上南城门开着吗？"那摆渡的人仔细打量了小书童，回答说："慢慢地走，城门还会开着，急忙赶路城门就要关上了。"书生听了有些动气，认为摆渡者在戏弄人。于是，快步前进，刚到半路上，小书童摔了一跤，捆扎的绳子断了，书也散乱了，小书童哭着，没有马上站起来。等到把书理齐捆好，前方的城门已经下了锁了。书生方才醒悟似的想到那摆渡的人说的话接近哲理。天底下那些因为急躁鲁莽给自己招来失败、弄得昏天黑地到不了目的地的人，大概就像这个样子的，不知有多少。

如果眼前只盯着蝇头小利，鼠目寸光，那样不但办不成大事业，甚至会把大事业彻底毁掉。春秋时期，晋献公为了夺取崤函要地，决定南下攻打虢国（今河南陕县境），但虞国（今山西平陆北）邻虢国的北境，为晋国攻打虢国的必经之途。晋献公害怕二国联合抗晋，遂采用大夫荀息各个击破之计，先向虞国借道攻打虢国，再伺机攻灭虞国。周惠王十九年（公元前658年），晋献公派荀息携带美女、骏马等贵重礼品献给虞公，请求借道攻灭虢国。虞公贪图眼前的小利，又被荀息花言巧语所迷惑，遂不听大臣劝阻，不但应允借道，还自愿做攻击虢国先锋。当年夏，晋虞联军攻下虢国重镇下阳（今山西平陆境），使晋国控制了虢虞之间的交通要道。二十二年，晋又故技重演送厚礼，向虞国借道。虢国大夫宫之奇用"辅车相依，唇亡齿寒"的道理，说明虢、虞两国地理相连，利害攸关，虢国灭亡虞国必然会随之灭亡，劝虞公绝不能答应再次借道。但糊涂的虞公认为，晋国、虞国是同宗，不会相欺，拒不听劝。十月十七日，晋军围攻虢都上阳。十二月初一破城灭了虢国。稍后，晋国部队以班师前暂住虢国休整为名，乘虞国没有防备，发动突然袭击，俘虏虞公，灭了虞国。

虞国灭亡的惨痛教训，告诉后人贪小利而置大业于不顾，是何等危险。这也算得上贪小便宜吃大亏的典型。

总之，孔子告诉我们的，要想办成大事不能贪多求快，必须沉下心来，脚踏实地，一步步地来，稳扎稳打才能成功；而且不可只顾眼前利益，只想贪图蝇头小利，必须放开眼光，为了长远的根本利益，即使暂时放弃眼前利益也在所不惜。

正是：欲速不达情勿迫，小利大业堪斟酌；
　　　心态放平开望眼，稳步年华功业多。

六十、朝闻道，夕死可矣

孔子说："如果早上听闻了大道真理（朝闻道），即使当天晚上就死也没有什么遗憾的了（夕死可矣）。"这段话虽短，却是《论语》中非常著名的篇章。极言"道"之不易"闻"，应当穷其一生为之追求与奋斗。

在这一章里，孔子提出了一个很大的问题，就是人在什么情况下，离开这个世界，才可以死而无憾。孔子是在寻找生命意义的等价物，这是人文教化思维运用于净化人的心灵的勇敢尝试。孔子认为只有"仁义大道（道）"，才能充当这个等价物。如果我们认识或亲耳聆听到仁义大道这一真理的召唤，对生命的整体意义有了清晰贯通的理解，这样，我们就可以毫不遗憾地离开这个世界了。

孔子是当时一个给贵族主办各种丧礼事务的大师，由于较多接触丧葬活动，因此，对死亡的意义进行了深刻的反思。虽然孔子不愿对人死后的世界做过多的玄思，但却极端重视对学生的人文教化教育。他对死亡始终保持着"无为"但又"敬畏"的态度，根据这种态度推论，死亡只是种群延续过程中的自然环节，但又是决定性的环节，死亡的意义必然来自社群的实际情理，又要高于普通社群的情理。至少在先秦时期，诸侯和贵族人数较多，丧礼大概算是一个较大行业。孔子门下就有一批以此为生的学生，大概这些学生学术上没有名气，但却构成了一支准职业队伍，他们既靠这个职业维持生活，又支撑着儒家的日常发展。孔子是社会教化事业的大师级人物，他为教化事业设置了确定界限，即从人出生到死亡。生之前或死以后，不是教化问题，属于净化领域，是宗教的范畴。

教化并不是万能的，纵然一个人的修养可以达到极致，成为圣人，他最终仍然要面对死亡问题。对死的问题，儒家是从教化的角度给予辩护的。儒家对丧礼的辩护，有社会责任心者听了，是能够引起共鸣的。但是，孔子一定会感悟到，生命与死亡的意义，并不是人的社会责任与智慧所能概括得了的。人们会说，隆重的丧礼可以提高社群的凝聚力，但这只能让活着的人满意，不见得能让即将死去的人心安，即将离开人世者内心的焦虑、不舍、孤独、绝望，或者宁静、坦然、舒适、自然，是活着的人无法想象和理解的。孔子在回答学生问时，多次拒绝直接谈论死亡，也许正表现了他对死亡问题在深层次上的不安态度。

死亡问题在世界文学、哲学与宗教论坛上，是一个长盛不衰的重大题材。俄罗斯著名学者拉夫林在其名作《面对死亡》书中写道："死亡是一种客观现实，也应该把它当作客观现实加以对待。其他想法，都是多此一举。"说得非常理性与冷峻。歌德在其名著《浮士德》中，也涉及这一问题。书中写到，浮士德与魔鬼打赌，只要魔鬼能使浮士德受到感官享乐的诱惑，终于说出一句："停一下吧！你真美丽！"就证明浮士德放弃了对于超越性真理的追求，则可以判决浮士德输掉了这场赌局，意味着将其灵魂交给魔鬼，并被送往地狱。魔鬼设计了一系列的活动，包括爱情、事功、古典希腊场景、梦幻般的中世纪，但都不能使浮士德动心，只能以失败的悲剧告终。浮士德一直追求真理不肯松懈。不过到他临终前的一刻，他终于开口说道："停一下吧，你真美丽！"然而戏剧性的是，裁判这场赌局胜负的众神,并没有判决浮士德输掉这场赌局。这部不朽巨著其实是告诉人们,在流逝不已、追求不息的人生长河中,只有在生命的最后一刻,人们才可能感受到生命的神秘之美,它完全是超乎于理性之上的,是需要人文关怀和温馨理解的。

孔子的"朝闻道,夕死可矣",似乎也向我们传递了这种信息:生命的真谛只有在人们临终前才可能认识与把握,人们的一生其实都处在追求生命意义的路途上。生命的意义就像流淌的河水一样,人们一息尚存,就会追求不已。生命的真谛,没有统一的标准答案,在人的生命结束之前,随便谈论生命的意义,是悖谬狂妄之举。《周易·系辞传》有一句名言"天地之大德曰生",意思是:苍天与大地的最大道德就是爱护生命。而儒家相信,天地的本性必然合乎仁义大道。如果有人问起天性我们何时知道,孔子大概会说:在生命终结之前的瞬间。天地很仁慈,不会对人们隐藏生命的本性,在人们临终前,天地会将生命的意义告诉每一个人。也许,在获知这一秘密以后,人们就可以毫无遗憾地离开这个世界了。而在获知这个秘密后,有些人恐怕还要将这个秘密留下来,人们对临终遗言的敬畏态度,以及绝不愿违背逝者遗言的做法,也许可以从这个角度来加以解释。

《论语·泰伯》记有曾子说的一句名言,叫作:人之将死其言也善。似乎可以看作是对于孔子"朝闻道,夕死可矣"的对应解读。人的临终之言,之所以特别善良,或许是因为人在要离开这个世界时,明白了生命意义的真谛,从而使他的智慧比平时有了很大提升,所以才比平时的言论更为善良。"道"与"死"之间是否是这样一种关系呢?古人、今人已经做过许多不同的解读,我们也许很有必要继续深入地探讨。

"朝闻道,夕死可矣"一章,还可以解读为人们对真理的坚信和执着追求,并为了坚持和追求真理而不惜献出自己宝贵的生命。历史上无数仁人志士的壮烈牺牲,可以说都是对"朝闻道,夕死可矣"的最好诠释与实践。尤其是近代以来,在中华民族面临空前民族危机的时刻,更是如此。中国共产党第六届中央委员会委员,领导过著名的省港大罢工、广州起义的老一辈无产阶级革命家杨殷,于1928年8月在上海因叛徒出卖被捕。在狱中,他坦然对同志们说:"朝闻道,夕死可矣。"表现出慷慨赴义、视死如归的大无畏精神和革命英雄主义气概。同月31日,他与彭湃等同志一起被敌人秘密杀害,时年仅37岁。杨殷所说的"道",显然是革命真理。著名革命先烈夏明翰面对敌人屠刀,高歌一首:"砍头不要紧,只要主义真。"同样体现了为真理(道)献身的壮志豪情。这种解读也是有充分道理的。

正是:闻道即逝不遗憾,超越阴阳生死间;

直面归途无避让,先烈杨殷立标杆。

六十一、其心三月不违仁

孔子说:"颜回呀,内心可以长久不违反仁德(其心三月不违仁),别的学生么,只是短时期偶然想起一下罢了。"可以说这是孔子对他最得意的弟子颜回的最高评价。

在《论语》书中,共有21章记载与颜回有关。综观这21条可以看出,在孔子及其弟子看来,颜回是一个尊师重友、品德高尚、聪慧好学、善于思考而又有些内向的人。他有着虽做出重要业绩，但却不愿夸耀自己的长处，不表彰自己功劳的政治理想；又能洞察时局把握时机，该出手时就出手，火候不到则耐心等候的优秀品质。在个人品德修养上，他德行出众，即使心情不好时，也决不把烦恼和愤怒发泄到别人身上去，而且同样的错误不会犯第二次。他还非常崇敬老师孔子及孔子之道，虽身处贫寒之中，却乐观向上，从不改变远大志向。

在孔门弟子中，唯有颜回不仅天资最聪慧，而且勤奋好学，喜闻乐知；他身居陋巷，箪食瓢饮，人不堪其忧，而不改其乐。孔子说，他只看到颜回在道德与学问上不断前进，却从未见过颜回止步不前，因此，称赞颜回是仁人，而且自叹不如颜回做得好。

正是内心"三月不违仁"的颜回，在孔子的推崇赞美下，功业虽未显于当时，却名扬万古；文章虽未流传于后世，而德性却彪炳于千秋。这都是由于他好学乐知、笃志行仁、潜心体道、虚怀若谷且自强不息、精进未已，从而得到老师孔子真传的缘故。说他是孔门弟子中的佼佼者，应当说是实至名归的。即使道家的庄子虽对圣人孔子存有不恭之处，但对颜回却无一句微词。从这里也可以看到，颜回的品德修养确实是令人敬佩。

说起颜回的品德，简直是无可挑剔的。颜回笃信孔子之道，并身体力行。他始终不渝地遵行孔子教导，认真体悟孔子思想，不断完善自我，并逐渐达到"仁"的最高境界。他的高尚品德体现在诸多方面。首先，尊敬师长，关键是尊重和信仰老师孔子的学说。他的尊师重道，可以从他学习体会中得到证明。他曾感叹说："老师的学说，越仰望就越觉得高，越钻研就越觉得深。看似在眼前，忽然又似乎在后面。虽然如此高深而不易捉摸，老师善于循序渐进地诱导我，用各种文献丰富我的知识，又以一定的礼节约束我的行动，使我欲停止学习而不可能。"可见，颜回尊师道而敬孔子，其基础颇为坚厚。其次，在待人处事方面，颜回总是以仁爱诚信之心对待他人。他虚怀若谷，无所不包，稍有触犯，不忍相报，但又有着坚定的原则性。他在与同门师兄弟的对话中，可以看出它不仅能够坚持原则，而且言语颇有分寸。使他自然而然成为孔门3000子弟中，德才超群、深受大家敬爱、老师嘉许的核心人物，这当然与他的仁者风范直接相关。最后，颜回高尚道德的养成，关键在于他的好学善学，所以他的品德才可能随学业日进而不断提高。而且他还有好思并勇于实践的特点，深思远虑，总有出于他人意料之外的事与言论，见解独到，创新迭出。正是通过学、思、行之途，他才达到道德最高境界。

像颜回这样"其心三月不违仁"的典范，历史上应当说并不多见，因此，连孔子都自叹不如这个学生。但在中国近现代革命与建设史上，类似这样的典型却又涌现出许许多多。

著名无产阶级革命家、教育家徐特立、吴玉章就是很典型的两位。徐特立早年参加辛亥革命，后又在湖南第一师范担任教员，成为毛泽东最敬佩的老师之一，其学问和人品深深地教育和影响了毛泽东。在大革命失败的危急时刻，他毅然加入了中国共产党。1934年，他以58岁高龄参加了举世瞩目的两万五千里长征，是长征队伍中年纪最大的一个，因而被称为"长征路上的老英雄"。1937年1月，在他60岁生日时，毛泽东在给他的贺信中说："你是我二十年前的先生，你现在仍然是我的先生，你将来必定还是我的先生……你比许多青年壮年党员还要积极，还要不怕困难，还要学习新东西。"徐特立始终是革命第一、工作第一、他人第一，把一生献给了救国救民的伟大事业、献给了中国的教育事业，为党和人民做出了巨大贡献。为此，党中央赞扬他是中国杰出的革命教育家，号召全党全国人民学习他的革命精神和优秀品质。在他70岁生日时,毛泽东亲笔题词"坚强的革命老战士",周恩来称他为"人民之光,我党之荣",朱德则深情赞颂他为"当今一圣人"。

与徐特立同为革命五老的吴玉章,也是早年参加辛亥革命,即投身于拯救民族于危难的伟大斗争的英杰。他从参加同盟会到参加中国共产党,从参加孙中山先生领导的旧民主主义革命到参加中国共产党领导的新民主主义革命、社会主义革命,为社会进步、民族解放和社会主义建设、党的事业奋斗一生,历经三个历史时期,始终站在时代的前列,受到了全党和全国各族人民的敬重和爱戴。毛泽东曾在1940年为他60寿辰写的贺词中,这样深情地说:"一个人做点好事并不难,难的是一辈子做好事,不做坏事,一贯的有益于广大群众,一贯的有益与青年,一贯的有益于革命,艰苦奋斗几十年如一日,这才是最难最难的啊!"邓小平同志也高度评价吴玉章是杰出的无产阶级革命家、教育家、历史学家、语言文字学家,号召大家向他学习。

徐特立、吴玉章这两位革命老人,其光辉一生的伟大贡献,不是早就超过了"三月不违仁"的颜回了吗?正如毛泽东在《沁园春·雪》词中所说:"数风流人物,还看今朝。"

正是:学思力行不违仁,终身向善须奉尊;
    颜回所为孔子赞,徐吴二老绝等伦。

六十二、非敢后也,马不进也

孔子说:"孟之反从来不夸耀自己。打败仗时,大家后退奔逃,他独自殿后掩护全军撤退。而退到城门口时,他才用鞭子打着马说:'不是我不怕死敢于殿后(非敢后也),实在是马走不快啊(马不进也)!'"孟之反的"马不进"说法,确实有些牵强生硬,但孔子对孟之反这种谦逊不居功的态度非常欣赏,从他的话语中就可以看出他对孟之反的赞佩。谦逊与不居功自傲,从来是儒家大力提倡的美德。

在历史上,崇尚并实践这种美德,而且做得更好的大有人在。东汉初年,一代名将冯异就是这样一位非常谦逊的军事统帅。史书记载,冯异从小就热爱读书,深受儒家文化熏陶,还精通《左传》《孙子兵法》等典籍。他平素为人很谦让,日常出行时,如果迎面遇上其他将领,他总是先令随从将车子避到路旁,让人家先通过。他待人接物的举止,充分体现出儒家提倡的温、良、恭、俭、让的美德,很符合当时的礼仪,与那些草莽英雄大不相同。每到一地扎营后,刘秀手下的将领们常常聚集在一起,自夸战功如何之大,或互相吹捧和自吹一通。每到这时,冯异都是独自一人避开大家,坐在一棵大树下思考问题,从来不自吹自擂。因为这个原因,军中将士都称他为"大树将军"。刘秀大军攻破王郎占据的邯郸后,部队迅速扩大,在给众将分派士卒时,大家纷纷请求归属到"大树将军"麾下。从这件事可以看出,冯异是多么爱护士兵,并在军中有多么高的威信,因此,刘秀对他非常信任与赞赏。后来,冯异在拥戴刘秀当皇帝、消灭赤眉军主力、平定关中等方面,居功至伟。而且在建武六年(公元30年),冯异回京城洛阳朝见刘秀时,专门引用齐桓公与管仲的典故，委婉劝告刘秀不要忘记当初创业的艰辛，不要对臣下过于刻薄，并且进一步表示了对刘秀的忠心。这些做法，显示出他既是杰出的军事家，同时又有谦逊美德和清醒理智的政治头脑，非是那些赳赳武夫所同日而语的。冯异的出众功绩，正是由于他的谦虚美德更显得难能可贵。

著名军事家粟裕，可以说是一位在战功以及谦逊美德方面，又大大超过冯异的名将。粟裕的二辞司令一让元帅的谦逊美德，更彰显出他的伟大人格。抗日战争胜利后，1945年10月上旬，党中央复电华中局，同意任命粟裕为苏皖军区（稍后改为华中军区）司令，还决定由张鼎丞任副司令。粟裕在华中局看到了中共中央任命他为华中军区司令、张鼎丞为副司令的电报，当即向华中局负责同志提出建议，请求任命张鼎丞为司令，自己改任副职。粟裕的建议没有得到华中局负责同志的同意。当晚回到驻地，粟裕立即坐下来起草电报稿，陈述自己的建议和理由，第二天发给中央，表示为更顺畅工作以及搞好团结，请求中央任命张鼎丞为司令，自己改任副职。这份电报凝聚着共产党人对党的事业的赤胆忠心，展示了无产阶级革命家的博大胸怀和高尚情操。但中央出于全盘考虑，当时没有采纳粟裕建议，24日，中央回电重申上次任命。27日，华中局根据中央命令，宣布粟裕为军区司令、张鼎丞为副司令。当天深夜，粟裕向中央发出请求改任副职的第二次建议电，再次恳切重申15日电报的理由。中共中央收到并译出粟裕电报时，已是10月28日晨，当天就进行了慎重研究。29日复电，终于接受了粟裕的建议。1948年4月29日，粟裕奉中共中央命令，赶到西柏坡，向党中央、毛泽东汇报工作，并接受新的任务。中央决定：华东野战军司令员兼政治委员陈毅调任中原军区、中原野战军工作，华东野战军司令员兼政委由粟裕担任。对此，粟裕深感意外。多年的作战实践，使他深深体会到，华东野战军的全盘工作责任重大，有陈毅主持全局，他才能集中精力搞好战役指挥。因此，请求中央让陈毅仍回华东，但被拒绝。于是粟裕提出最后请求：陈毅的司令员兼政委继续保留。毛泽东深思后，答应了粟裕的请求。从此，粟裕就以代司令员兼代政委职务，担负起领导和指挥华东野战军的重任。这就是有口皆碑的粟裕"二让司令"。

对于粟裕辞让元帅军衔的事，毛泽东身边的卫士长李银桥，后来多次回忆说，在中南海颐年堂，中央书记处曾谈过粟裕的军衔。毛泽东说："论功、论历、论才、论德，粟裕可以领元帅衔。"周恩来说粟裕已请求辞帅。毛泽东当然也知道，又感慨地说："难得粟裕！壮哉粟裕！竟三次辞帅。"李银桥的回忆，成为十分珍贵的历史见证。粟裕的秘书鞠开曾带着疑问，两次登门小心求证，第二次还有专门人士进行了录像。李银桥每次都给予了肯定的回答，并解释说："这是没有错的，我是毛主席的贴身卫士长，和他是形影不离，他到哪里，我也跟到哪里。他不开会时我可以随便进去，他开会的时候我也可以随时进去。"其实，李银桥并不是唯一透露粟裕辞帅的人，粟裕几个知情的老战友、老部下也曾在不同场合印证了他的回忆。华东野战军参谋长、中华人民共和国建国后的工程兵司令员陈士榘回忆说："到了1955年评军衔问题时，粟裕很有可能当元帅，但是他有自己的考虑，几次诚恳地要求不当元帅。"粟裕早就视名利为身外之物，对授衔大将平静处之，曾说："评我大将，就是够高的了，要什么元帅呢？我只嫌高，不嫌低。"但许多身边人员和老部下尚未达到他这种"超凡入圣"的淡泊境界，都表示不理解。当秘书兴高采烈地转告他，民主人士黄炎培称他应该当元帅。不想粟裕很不高兴，严肃地批评说，谈这个话题是低级趣味。

讲到这里，有必要简单说一下粟裕的赫赫战功。众所周知，人民解放军在整个解放战争时期，共歼灭敌军807万，而粟裕指挥的第三野战军，不仅承担了最艰巨的战略任务，而且还消灭敌军245万人，占全部被消灭敌军的31%以上，远远超过其他几大野战军。

为孔子所深深赞佩的孟之反的谦逊美德，比起冯异来，尚且不足，比起粟裕来，那差距就不可道里计了。孔子如果地下有知，也一定会对无产阶级的著名军事家粟裕的高尚美德深表钦敬。

正是：败军后撤马慢奔，谦让口实何忍心；
　　　粟裕冯异真豪迈，担责让功亮节欣。

仁 智 篇

六十三、不知其仁，焉用佞

有人说："冉雍这个人有仁德却不会说话（雍也仁而不佞）。"孔子说："要会说话干什么（焉用佞）？用好口才对付别人（御人以口给），自然会招致人们的憎恶（屡憎于人）。我虽然不知道冉雍是否真有仁德（不知其仁），但为什么要会说话呢（焉用佞）？"这一段对答，反映出孔子相当强烈的感情色彩。他针对人们对冉雍的评价，首尾连用两个"焉用佞"，指出当时人们过于重视口才，而忽视德行表现的糊涂认识是不妥当的，同时坚定地表明了自己不以口才好坏来看一个人仁德与否的明确立场。表示出孔子评价一个人更为重视的是仁德，而不是口才。从这段话中，也可以得出在孔子看来，仁德与口才之间是没有必然联系的结论。

在《论语》中，孔子多次告诫弟子们，巧言乱德，识人最重要的是察其行为是否符合道德，而不是听其言说得如何，尤其是对花言巧语者要提高警惕。孔子认为，做人最重要的是内在德行的修养，至于口才好坏并不是最重要的；而且有时能说会道反而会遮蔽人的仁德，让人产生不信任感甚至有所警惕。为什么孔子对这个问题反映如此强烈？可能与春秋以及后来战国时期的社会风气有很大关系。那时许多策士往来于许多国家之间，巧舌如簧，纵横捭阖，为谋取自己的私利，显示自己的能耐，以其三寸不烂之舌，摇唇鼓舌，干涉各国政治乃至军事外交政策，导致一些乱象产生和社会动荡，产生了深远的影响。由于策士活动确实产生了巨大作用，这种现象导致各国国君以及整个社会都非常重视策士，愈加看重好口才这样的表面才智，而轻视人的内在仁德的修养。这在诸侯混战、道德沦丧的春秋战国时期，竟成了一种司空见惯的正常现象。因此才有像冉雍这样不会说话的老实人受气、厚道人受数落和指责的现象存在。一时之间，不管你内在品质如何，只要不是能说会道，就成了一个极大的毛病，成了一个根本缺陷。孔子对此显然是很反感的。

春秋战国时期，人们大多以口才好为时尚，所以，苏秦、张仪等舌辩之士才得以走红。而在孔子看来，一个人处世立身，要那么好的口才干什么？道德高尚才是最重要的。口才好的人，应答、搪塞人都借助于口才之便利，甜言蜜语、巧舌如簧、高谈阔论、蒙人混事，表面上看好像很有本事，而实际上往往没有真才实学，一旦被人看破，就会被认为是小人。不但不被人尊重，反而为人所憎恶，有什么好处呢？从孔子的话来看，为学之人要在仁德上下工夫，千万不可以逞口舌之快。有些所谓口才好的人，不但可憎，他们的危害也是很大的。因为他们的言论足以颠倒黑白，混淆是非，他们能以小聪明扰乱章程，也能以谗言陷害忠良，如果不仔细分辨，实地调查研究，错信了他们，小则误事，大则乱政，为害天下。

在这里，其实孔子没有贬低口才的意思，只是当时逞口舌之快的人太多，且被世人传颂称赞，滋生了一些没有真才实学、专门以口舌之能纵横天下的人，对当时社会危害甚大。孔子因此提倡以修身为上，培养自己的德能，而不是只追求口才。没有道德作为基础的口才是小聪明，只能逞一时之能，最终鄙陋自私的用心还是会被人察觉，不过是自欺欺人罢了。

历史上，依仗口才好而不屑于以道德修养成就事业的人，确实有不少，而这种人是孔子所厌恶的。例如，战国时期以合纵而名闻天下的苏秦，就是一个典型。苏秦是东周洛阳人，曾经拜在鬼谷子门下求学。后来，先后游说东周、秦、燕、齐等国。在燕国与齐国交兵时，苏秦到齐国，居然凭着能说会道，连蒙带吓使齐王退兵，并把10座城池无偿交给了燕国。

正是由于苏秦全凭一张嘴各处制造事端，招致了齐国人的不满。于是，有人就攻击他是左右摇摆，出卖国家，是个不忠不孝反复无常的小人，留居齐国将要引起乱子。苏秦怕在齐国遭到不幸，就急忙回了燕国。燕王对齐国议论苏秦的事也有耳闻，觉得像苏秦这样的纵横家们权谋欺诈，反复无常，长了恐怕对国家没有好处，就没有再提让苏秦官复原职的话。丢掉官位的苏秦，跑到燕王面前极力辩解，说自己的欺诈，甚至不孝、不廉、不忠实，都完全是为了燕国谋利益。他对燕王说："我本是东周一个穷困潦倒的人，对燕国过去没有立下一点功劳，而大王却授予我官职，在朝廷上以礼待我。如今我为大王劝退齐军，并收回10座城池，算是报答了大王的知遇之恩。大王应该对我越发亲近，而大王反而不再授我官职。一定是有人以不孝顺不廉洁不忠实的罪名在大王面前中伤我。其实，我的不孝顺不廉洁不忠实，正是大王您的福气啊！我听说，孝顺廉洁忠实的人，一切都是为了自己的目的；而奋发进取的人，一切都是为了别人去努力做事。我把老母亲抛在东周不管不顾，出来闯荡天下，本来就没打算为自己树立孝顺忠诚信实的名声，而决心帮助大王成就大业。请让我做这样一个假设，现在有三个人，一个孝如曾参、一个廉如伯夷、一个信如尾生，都来侍奉大王，大王以为如何？"燕王说："那当然好了。"苏秦说："孝如曾参，即使一个夜晚，也不离开父母而在外面住宿，大王怎么能让他不远千里，赶来服侍弱小燕国的危困之王呢？廉如伯夷，既不做孤竹君的继承人，也不肯做周武王的臣子，拒绝封侯，饿死在首阳山下，如此廉洁，大王又怎么能派他千里迢迢到齐国去劝退敌军、索取10座城池呢？信如尾生，事先和姑娘约好在桥下相会，姑娘失约没来，洪水到了他也不走，竟抱着柱子被水淹死，如此守信，大王又怎么能让他到千里之外去退强兵呢？我正是以所谓的不孝顺、不廉洁、不忠实，而得罪天下人的啊！"燕王说："你只是自己不孝顺不廉洁不忠实罢了，哪里有因为忠诚信实而获罪的呢？"苏秦狡辩说："不然，我就听说过一个类似故事。"于是杜撰了一个事例，果然蒙住了燕王，于是，又让苏秦官复原职，对他比过去更好了。

像苏秦这样毫无廉耻、不孝不忠不信的小人，居然还能混得不错。可见当时人们的思想乃至道德观念混乱到什么程度。从这里也可以看到，孔子厌恶不重道德修养、只靠一张嘴能说会道蒙人混事，是有着很强的针对性的。

今天，我们在提高品德修养的同时，也应当注意口才的训练和提高，但要永远牢记，不论在什么时候、什么情况下，道德的修养都是比口才更为根本、更为重要的，这就是孔子"不知其仁，焉用佞"告诉我们的深刻道理。

正是：道德口才两相较，仁德根本才次要；

苏秦利嘴虽成事，"三缺"愧对仁德高。

六十四、知者不失人，亦不失言

孔子说："可以和他交谈而不和他交谈（可与言而不与之言），就会失去有用的人（失人）；不可交谈而却与他谈了（不可与言而与之言），则浪费了语言（失言）。聪明的人既不会错过人才（知者不失人），也不会浪费语言（亦不失言）。"在孔子看来，一个真正的智者，是既不会失人也不会失言的。

从孔子的话我们知道，话有可说和不可说之分，这取决于我们是否面对合适的说话对象和是否有合适的说话时机。而在现实生活中，我们常常看到这样一种情况：有人也许天生就有一副热心肠，对身边所有人的问题都愿意过问，不管是私事还是公事，甚至涉及别人的隐私也要问，这样的人常常会犯失言的错误；有的人则过分谨慎，说话生怕触犯了谁，就怕得罪他人，于是对什么人、什么事都不开口，明明知道自己应该提醒别人注意的事，却因为自己有着"事不关己，高高挂起"的心理，而迟迟不愿开口，这样的人很容易犯失人的错误。如此看来，怎样在生活中做到既不失人又不失言，的确是一门不小的学问。而且即使在该说的时候，也有个说的分寸的问题，适可而止的问题。如果说的不是恰如其分，那失人比失言的后果更差。

商末周初，志在灭商的周文王姬昌修德纳士，暗结诸侯，势力越来越大。一天，他带领部下出猎渭阳，看到一位须发皆白的健壮老者，正在全神贯注地端坐垂钓，细看其垂钓的鱼钩竟然是直的。他感到此人与众不同，必是奇人，便主动谦恭地向前攀谈。这个奇人就是后世大名鼎鼎的姜子牙。二人越谈越投机，大有相见恨晚之意。周文王十分高兴地说："我先君太公曾说过，必有圣人前来周国，辅佐周国兴盛，看来这位圣人就是老先生您了，我太公盼望您已久，今日终于等到了！"于是尊称姜子牙为"太公望"，请他上车一同回朝，并拜他为军师。姜子牙为周朝的兴盛殚精竭虑，多出奇计。一方面竭力修养周德，倾覆商政；另一方面指挥大军开拓疆土，壮大实力，定都丰镐，为伐纣灭商铺平道路。文王去世后，姜子牙终于辅佐周武王灭掉商朝，奠定了周朝800年的基业。周文王主动与姜子牙攀谈，可以说是一个"不失人"的好例。

战国末期，有个范雎求见秦昭王的故事。范雎在别人的推荐下，好不容易见到了秦昭王。但范雎见到秦昭王之后，前两次秦昭王向范雎问治国安邦大计，范雎都应答敷衍，不谈正题。这让推荐他去见秦昭王的大臣感到很难堪，就去指责范雎。范雎认为，他的建议可以让秦国很快强大起来，并能在诸侯中称霸，只是因为秦昭王显得心不在焉，没有专心听他讲，所以他还不能跟昭王讲什么。推荐的人听范雎这样说了以后，就跑去跟秦昭王说明原因。到了第三次见范雎时，秦昭王就推掉了所有的公事，并叫所有侍从都退下去，单独和范雎交谈，以很尊敬的口吻地向他请教。范雎立即以"远交近攻"的计策献上，他的一席话打动了秦昭王，立即被秦昭王封为相国。又来在范雎的辅佐下，秦国的统一大业有了很大进展。应当说，范雎是个聪明人，他知道在面对合适说话对象的同时也要把握讲话的时机，不该说的时候坚决不说。如果他不懂得这点，而是在前两次见面的时候就阐述自己的计划，而秦昭王却没有专心听他讲，他说的话很可能根本不会被秦昭王听进去，说了也白说。在这里，范雎体现了他不失言的明智，这是他成功的关键。这应当说是"不失言"的一个好例。这也就是孔子所说的知者。在孔子看来，可以说却不说和不顾客观条件，不能说却硬要说，都是不明智的。做人要真诚坦率，但也要分清谈话的对象，可以说就要说，不可以说就不说。

　　我国在粉碎"四人帮"结束"文革"后，邓小平同志第三次光荣复出，他针对百废待兴、百业待举的困难局面，毅然从教育、科学入手。1977 年 7 月 29 日，邓小平指示教育部召开科学和教育工作座谈会，这是他复出抓的第一件大事。8 月 4 日座谈会由邓小平主持召开。会议期间，他自始至终参加讨论，听取发言，表示了高度的重视。在会上，武汉大学查全性教授，痛陈"文革"期间盛行的推荐工农兵学员上大学的四大弊端，明确指出：必须改革大学招生的办法。查全性的发言，触及当时全社会关注的"热点"问题，说出了广大人民群众和科学家、教育工作者的心里话。邓小平明显感受到广大科教工作者要求恢复高考制度的急迫心情，于是，果断做出中国教育史上具有划时代意义的伟大决策，当即指示："既然大家要求，那就改过来。"接着，邓小平语气十分坚决地对教育部长说："现在就要办，今年就要下决心恢复高考，教育部立刻执行。"话音刚落，全场顿时响起了经久不息的掌声。稍后，他又约见教育部负责人，批评"两个估计"，发表了著名的九一九谈话，一下子解决了科教系统多年来想解决而未能解决的大问题，受到了科学界、教育界以及社会各界的热烈欢迎。恢复高考的消息迅速传遍祖国大地，犹如滚滚春雷，极大地震撼了每个有志青年的心灵。1977 年冬天，被"文革"这场历时 10 年的"内乱"关闭了 11 年的高考考场，终于向广大莘莘学子重新敞开了大门。570 万考生走进了考场，加上 1978 年夏季的考生，共有 1160 万人参加了公平竞争的考试。从而改变了整个中国的面貌和整整一代甚至几代中国青年的命运。当年的大学毕业生，如今正作为党和国家各个部门、各个领域、各个行业的中坚力量和栋梁之材，为祖国现代化建设贡献着力量。邓小平同志在关键时刻说出了带有决定意义的话，可谓"不失言"，这一"不失言"的决策，为国家现代化建设，及时发现并培养出千千万万的人才，可谓"不失人"。而且这种"不失人，亦不失言"，不是超越了历史上所有的好例证吗？

　　当然，孔子讲的"知者不失人，亦不失言"，更是生活中的日常智慧，但却也不容易做到，失人失言的事，我们见到的还少吗？！而不管是失人，还是失言，对人们都不是一件愉快的事，因此，是需要引起我们注意的。

　　正是：失人失言两不该，智者谨慎勿疑猜；
　　　　　邓公一言兴华夏，登龙才子栋梁来。

六十五、知者乐水，仁者乐山

　　孔子说："有智慧的人喜爱水（知者乐水），有仁爱之心的人喜爱山（仁者乐山）。有智慧的人活动，有仁爱的人安静。有智慧的人快乐，有仁爱的人长寿。"孔子此言是以山水喻人，仁智并举。水性流动，无孔不入，象征灵敏、迅速、变迁等，故有智慧的人喜爱之；山性沉稳，生长万物，象征宽厚、稳固、踏实等，故有仁德的人喜爱之。由此，孔子

仁智篇

倡导"仁且智",强调君子既要修身育德,挺立道德主体意识,做一个仁人;又要睿智多谋,承担社会责任,做一个智者,实现道德与智慧的统一。他说:只有有仁德的人才能够敦守仁行,只有有智慧的人才能够将仁德的价值发挥出来。

《左传》继承孔子仁智并重的思想,在论述如何成就人生价值时进一步提出了"三不朽"的概念:"最上等的是树立德行,其次是建功立业,再其次是著书立说。即使过了很久也不会被废弃,这就叫做不朽。"所谓立德、立功、立言"三不朽",其旨归正是仁且智的理想人格,修养道德、垂范后世是仁的要求,而建功立业、著书立说则需要智慧和学识的支撑。此后,实现"三不朽",达成仁且智的圣人品德成为后世士人的永恒追求。

明代大儒王阳明小时候问他老师:"何为天下第一等事?"老师笑着回答:"第一等事当然是好好读书,考取功名。"对于这个答案,王阳明并不认同,他说:"我认为,天下第一等事是做圣贤!"王阳明的回答可谓震惊到了老师。从此后王阳明的人生轨迹来看,成为圣贤一直是他的人生追求。正德初年,宦官刘瑾专权,把持朝政、祸乱朝纲,王阳明上书弹劾,直斥刘瑾奸恶,结果被发配到贵州龙场当驿丞。面对语言不通、交通不便、住处破败的种种困难环境,王阳明毫无怨言,一方面坚持学习儒家经典,思考关于宇宙、社会和人生的哲学道理,另一方面,创办龙冈书院,教化当地百姓、开启民智,组织农业生产,改善民生。刘瑾被诛之后,王阳明重新被启用,他坚持清廉为官,不受贿、不行贿的原则,公正处事;面对宁王朱宸濠的威逼利诱不顺从、不屈服,亲自组织军队,以少胜多平定宁王叛乱。他又利用为官间隙,著书立说、授徒讲学,宣传致良知、知行合一的思想。王阳明去世后,门人至者一千余人,观葬者上万人,沿途百姓人人掩面哭泣。可以说,王阳明用其一生生动诠释了立德、立功、立言三不朽的真谛,成为古人既仁且智的典范。

孔子对仁与智的讨论,就本质来看其实是对才与德关系的探讨。其所言之仁指向的是道德世界,所言之智指向的是才智世界。在他看来,凭借聪明才智能够得到的,仁德不能保持住,即便得到,也一定会失去(知及之,仁不能守之,虽得之,必失之);而只爱好仁德而不知学习,也容易出现愚笨的情况("好仁不好学,其蔽也愚")。对此,荀子总结道:"有知识却没有仁爱之心,不行;有仁爱之心却无知识,不行。"换言之,孔子强调人的全面发展,注重德才兼备。

在知识经济迅速发展的今天,人才已然成为在激烈的竞争环境中制胜的关键,德与才的问题对个人、团体、社会变得更加重要。我们应该成为什么样的人、我们要培养什么样的人、我们又需要什么样的人,孔子仁且智的思想应当说对我们具有重要的启发意义,那就是掌握足够的知识技能,涵养自身的道德品质,成为一个德才兼备的人。

中国科学院院士、"两弹一星"元勋孙家栋少年时期的理想是成为土木工程师,但出于新中国组建空军的需要,品学兼优的孙家栋被派往苏联学习飞机发动机专业。当孙家栋以优异成绩毕业回国,本以为会跟飞机打一辈子交道时,又被分配到国防部五院一分院总体设计部,要求从事导弹研究。孙家栋毅然服从组织安排,工作期间,兢兢业业、废寝忘食,以自己的所学知识探索导弹研制方案,面对故障以实事求是的态度组织团队仔细查找、分析,终于打破大国的技术垄断,研发出中国自己的导弹。正当孙家栋在导弹研究方面事业有成之际,1967年中央决定组建中国空间技术研究院,由他重组卫星研究队伍。已是国防部五院一分院导弹总体设计部副主任的孙家栋,再一次服从国家需要,放弃了自己已经熟悉并建树颇丰的领域，担起卫星研制的重任。1967年，孙家栋担任我国第一颗人造地球卫星总体设计负责人，在前人的基础上大胆对卫星方案进行了简化设计和研制工程管理，完成了在最短的时间实现卫星上天的任务。1970年，中国第一颗人造卫星"东方红一号"，在"长征一号"运载火箭的巨大轰鸣中腾空而起，中国成为世界上第五个能够发射人造卫星的国家。此后，孙家栋又先后担任我国第一颗遥感探测卫星、第一颗返回式卫星的技术负责人、总设计师，通信卫星、同步轨道气象卫星、地球资源卫星、北斗导航卫星等第二代应用卫星的工程总设计师。他经常挂在嘴边一句话："国家需要，我就去做。"孙家栋以一个航天人的实际行动践行着对祖国的庄严承诺时，也践行者中国知识分子对仁和智的追求。

生活中我们每个人或许未必都如孙家栋先生那样能够拥有广博的科学知识，从事高等科学研究、技术开发，但却能够像他那样拥有深厚的道德涵养，做到爱国、敬业、勤劳、执著、奉献……换言之，做一个智者、有才之人并非全由我们自身把握，但成为一个仁人、有德之人却全在我们自己。那些品德高尚但却没有多高学历的人一样会绽放出生命的光辉，赢得人们由衷的敬佩，像淘粪工人时传祥、三轮车夫白方礼、养路工人郭明义……而那些学历高知识多却品德败坏的人也终会遭到人们的谴责乃至法律的审判，像"熊猫烧香"电脑病毒制造者李俊、发表辱华言论博士田佳良、高铁霸座博士孙赫……

"知者乐水，仁者乐山"，智要以仁为归依，才有真正的意义；仁要以智为门径，方有现实的价值。蒙牛集团前董事长牛根生在谈到企业用人标准时曾说道："有才有德放心使用，有德无才培养使用，有才无德谨慎使用，无才无德坚决不用。"孔子仁且智的思想恰恰也在告诉我们这样一个道理。

正是：*智者乐水很快乐，仁者乐山寿千年；*
仁智古有守仁在，孙公英雄仁智全。

六十六、侍于君子有三愆

孔子说："侍奉君子容易犯三种过失（侍于君子有三愆）：还没轮到说话的时候而抢着说话，这是急躁（言未及之而言谓之躁）；该说话时而不说话，这叫隐瞒（言及之而不言谓之隐）；不看脸色与具体情况而说话，这叫盲目（未见颜色而言谓之瞽）。"孔子这里所说的君子，就是通常人们讲的领导或长辈等，其实，就是与一般的朋友、同学、同事在一起，讲话时这几点也都是适用的。也就是说，孔子讲的这三条是有普遍意义的。从小处说，它体现出一种礼貌自尊；从大处说，它表现了一个人的涵养素质。

事实上，孔子指出的人们说话时的这三个不足，是生活经验之谈，的确也是我们一般人容易犯的错误。第一个毛病是因为急躁而抢话说，表现为没有耐心听人把话说完，缺乏应有的涵养，给人以爱出风头的印象。而此不足对于一个负一定责任的人来说，尤其显得为害极大。第二个毛病是因为患得患失而隐瞒不说，表现为欲说还休，欲言又止，该说的时候不说，遮遮掩掩，给人以城府很深、心理阴暗、深藏不露、阴险狡诈的感觉。这样就很容易失去别人的信任，使别人远离你，也容易得罪朋友、同事或同学。第三个毛病是不

仁智篇

会察言观色，不看头势说话，完全不顾别人的感受，抓住话头，只管自己说个痛快，嘚嘚嘚嘚说个没完没了，得罪了人自己还完全没有觉察。这种人就是俗话说的炮筒子脾气，让人感到很不成熟，说话没准谱。

大智若愚，大巧若拙，真正有学问、有涵养、有高深见解的人，一般是不轻易发表意见，不随便乱讲话的。只有那些胸无点墨、眼低手低，又爱慕虚荣、爱出风头的人，才喜欢口无遮拦，信口开河，滔滔不绝，大发议论。岂不知言多必失，祸从口出，说得越多，越显得你做人的平庸与不成熟；谈得越出格，说出蠢话或不着调话语的机会就越多。

西汉景帝时，有一位文武双全的大将周亚夫，他曾经以平定"七国之乱"的大功，而当上了总揽朝政的丞相。但就是因为言语说话与皇帝屡有不合，反对皇帝决策而被迫辞职。本来辞职后他闭门或回乡休息，完全是可以安度晚年的。但他总是按捺不住报效朝廷的忠心，当汉景帝又一次处理"封侯"之事不当时，周亚夫打算再把皇帝批评一顿。正好皇帝想考察他是否改过，能否再度起用他。于是，下诏召见他，目的是试试他还肯听话否。周亚夫立即进宫，拜见皇帝。景帝留他吃饭，他正想趁此机会再劝皇帝一番。厨师按照皇帝事先布置，摆上酒菜。放在周亚夫面前的只是一大块煮烂了的肥肉，没有别的菜，连筷子也没有。汉景帝就叫他这样吃。周亚夫火了，当着皇帝的面训斥伺候酒席的人员："胡闹！快拿筷子来。"那些人无动于衷。周亚夫正要发作，汉景帝却笑着说："我这样请你，你还不满意吗？"周亚夫只得向皇帝赔不是，然后站起来，头也不回地跑出去了。汉景帝气恼地说："这家伙这么傲慢，将来怎么能服从我儿子的命令呢？"于是，下定了除掉周亚夫的决心。后来周亚夫就被安上一个罪名，下了大狱，自知没有活命希望的他，在狱中绝食自杀了。周亚夫悲惨地死去，除了其他原因外，他当着皇帝的面屡次以言语冲撞，表现出的火暴耿直脾气，无疑是重要原因。他的死与他说话不看别人脸色和具体条件，性格过于耿直直接相关。

在封建专制社会中，要想说话不捅娄子，务必要做到这样几条：一是多听少说；二是绝不轻言人事是非；三是不能把话说死，注意留有余地。总而言之，需要谨言慎行。但是做到谨言慎行绝非易事，没有相当的历练和修养是不可能的。像周亚夫那样功勋卓著的名门之后，尚且因言语与皇帝不合而招来杀身之祸，何况平常官吏或平民百姓呢。那个时代的人们确实需要时时修炼，管好自己的嘴巴，避免言不由衷，言不及义，弄巧成拙，祸从口出！古人说，人生唯说话是件大难事。乍一听，便会觉得很是奇怪：每个人从婴儿牙牙学语开始，一生几十年，说话难道还会是难事？实际上，无数历史事实告诉人们，说话确实是为人处世一件非常困难的大事。说话难，难就难在说得恰到好处，当说就说，当止则止。该说话时不能沉默，该沉默时不能说话，这是恰到好处的第一点。其次，该说话时，所说话语又要说得恰当或大体正确，这是恰到好处的第二点。例如，在别人忧伤的时候，你就不要说高兴的事；别人高兴的时候，你就不要说丧气的话；在别人沉思不愿听你说话时，你应该静默；在别人愿意和你倾心交谈时，你则要敞开心扉，畅所欲言。可见，说话并非轻而易举的事啊！

我们在日常生活中，说话是最普通的日常生活行为，但正是在这样一种最普通的行为中，才能真实表现出一个人的品格、修养以及才能究竟如何。有一些人，说了许多话，其出发点与目的也许本来是好的，但由于不注意说话对象乃至说话的时机与方式，结果导致无谓的误解和争端，既在不知不觉中伤害了别人，又让别人误会了自己，也就是伤害了自己。

如何把握好说话的时机，对于我们的确是非常重要的。孔子以其周游列国几十年，与多种多样、各色人等打交道的经验教训，告诉我们讲话时应当注意的三个问题，应当说这是他与世人交往的心得体会之谈。对于今天的我们来说，在民主法治的社会里，说错几句话或说话不看头势、抢话说，都已算不得多么了不起的事，更不会像过去社会那样有杀头之罪。但是，在商务谈判、公关工作乃至一般社交活动中，我们掌握一些说话技巧，避免孔子指出的说话的那三种毛病，不是更有益于我们的工作或社交吗？！

正是：说话最难也最易，契机握好事可期；
条侯直言获死罪，后人记取话语时。

六十七、辞达而已矣

在论及讲话或写文章的原则时，孔子说："言辞足以达意就可以了（辞达而已矣）。"换言之，在孔子看来，文章或与人交流应当在准确表达含义的基础上，力求简洁明了，不要故意卖弄各种不必要的技巧，作无病呻吟之态，让人理解不了或听不明白，故弄玄虚。《论语》中还有一句与此含义相近的话，孔子说："质朴超过文采就显得粗野（质胜文则野），文采超过质朴就显得浮夸（文胜质则史）。文采和质朴搭配得当，才可称之为君子（文质彬彬，然后君子）。"这里，文泛指各种礼节仪文，自然也包含文章、语言在内。如果说，"辞达而已矣"从正面说明了文章写作、语言交流的应有方式，那么"质胜文则野，文胜质则史"则从过与不及的反面角度论述了文章写作、语言交流应当避免的两种极端。

针对文章的写作形式、内容，我国历史上发生过几次比较大的文学革命，其中两次有着深远的影响，一是中唐时期开始的古文运动，二是新文化运动时期的白话文运动。两次文学革命虽然相隔一千多年，但就其目的来看都是去冗存精，返璞归真，改革文风。尤其是后一次革命不仅是思想启蒙运动，更是以追求人的解放为鹄的。

受整体时代风气影响，东汉末年骈体文初现端倪，南北朝时达到极盛。这种以四六句式为主要写作形式的文体，在格式上讲求严格对仗，在韵律上讲求平仄有序，在修辞上则运用大量华丽辞藻、排比和典故。我们熟知的，初唐诗人王勃所作的《滕王阁序》就是这类文章的典型代表。由于骈体文异常注重形式技巧，因此在内容的表达上受到诸多限制，以至有些文章千言万语却词不达意，流于虚诞，某些情况下，骈体文甚至成为文人卖弄学问、掉书袋的工具。当时有谚语说道："博士买驴，书券三纸，未有驴字。"就表达了人们对这种文风的嘲讽与不屑。

有鉴于此，作为"唐宋八大家"之首的韩愈遂积极倡导士人应承继先秦两汉的散文写作传统，务求简洁、精微，主张文以载道、以文明道，文章追求内容与形式的统一，不要以外在形式华丽为目的。起初，因为文章写作风格与当时的整体氛围相扞格，韩愈参加科举考试屡次不中。但后来，随着呼吁的深入以及柳宗元等人的加入推动，终于掀起了一场声势浩大，且一直持续到宋朝的古文运动，彻底改革了文章写作形式，解放了骈体文的束缚，使文坛风气焕然一新。

宋朝古文运动的推动者，"唐宋八大家"中的另一位大学问家欧阳修就秉持辞达精简的原则修改文章。他在翰林院时，有次与同事一同出游，看到有匹奔跑的马把一只狗踩死，欧阳修让大家尝试记叙下这件事。一人说："有只狗趴在大街上，一匹奔跑的马用马蹄把它踩死了（有犬卧于通衢，逸马蹄而杀之）。"另外一人说："一匹马在路上奔跑，趴在路上的狗遇到而被踩死（有马逸于街衢，卧犬遭之而毙）。"这时，欧阳修说："如果让你们编撰史书，一万卷也书写不完。"同事们问他如何写，欧阳修说："奔马在大路上踩死了一只狗（逸马杀犬于道）。"可谓精简。

新文化运动期间，受西方民主与科学思想的影响，以胡适、陈独秀、鲁迅等为代表的知识分子将目光投向文学。他们认为，文言是死文字，不方便人们的阅读，而且文言文一字、一文语义较多，往往造成误读，并且在语言的表达上缺乏逻辑性，容易带有语焉不详的缺点，因此他们主张以白话文代替文言文写作。1917年，远在美国留学的胡适在《新青年》杂志发表了《文学改良刍议》一文，提出关于文学改良的八项主张，即：须言之有物、不模仿古人、须讲求文法、不做无病之呻吟、务去滥调套语、不用典、不讲对仗、不避俗字俗语。随后，陈独秀撰写《文学革命论》进行声援，一场轰轰烈烈的白话文运动就此展开。这实际上是讲语言形式必须为叙述内容服务的问题。从哲学角度来看，应当是形式为内容服务，而绝不能反过来，片面搞形式主义。

有一次，胡适正在课堂上讲解白话文写作的好处，一学生站起来反问道："难道白话文就没有缺点吗？"胡适说没有，学生反驳道："怎么会没有，白话文不简洁，浪费笔墨，打电报花钱多。"胡适说："前几天，行政院邀我去做行政院秘书，我拒绝了，回电是用白话文写的，非常简洁省钱。同学们如有兴趣可用文言文拟一则电文，看看是文言文字少，还是白话文字少。"学生们纷纷拟稿，最后，胡适从中选取了一份表达完整而且字数最少的，写着"才疏学浅，恐难胜任，恕不从命"。胡适说："这份仅12个字，言简意赅，但比之我的回电还是太长了。我用了5个字：干不了，谢谢。"学生们听后纷纷为之折服。

无论古文运动还是白话文运动，都是在当时的具体历史背景下追求"辞达而已矣"。因此，不能因为白话文运动而否定古文运动倡导的以秦汉文言文写作的历史贡献，也不能由于古文运动的巨大功绩而否定白话文运动倡导以白话文写作的必要性。因为，所谓的"辞达"是一个具体的历史概念而非抽象的绝对概念，任何流畅通顺的语言文字表达都要立足当时的历史，以历史的发展眼光看待古文运动和白话文运动追求不同意义上的"辞达"才是正确的认识。

"辞达而已矣"以及"质胜文则野，文胜质则史"今天仍然有着重要的现实意义，对我们的写作和交流来讲仍是重要的标准和参考。

一段时间以来，文风浮躁、辞藻堆砌、逻辑混乱，文章作者不懂装懂，真懂而故意不想让别人懂，成为许多文章的弊病。李泽厚先生就曾尖锐地指出，今日一大本小说或一大篇论文，迂回弯曲，佶屈聱牙，似通非通，极为难懂，经常使人头昏脑涨，如坠五里雾中，而"篇终接渺茫"，仍然不知所云，还以此为深刻、佳作。

党的十八大以来，以习近平同志为核心的党中央将改进文风列为作风建设的重要内容，中央八项规定中改进文风就是其中一项。习近平在党的新闻舆论工作座谈会上着重强调，新闻舆论工作者"要转作风改文风，俯下身、沉下心，察实情、说实话、动真情，努力推出有思想、有温度、有品质的作品"。事实上，习近平的这一要求不仅适用于新闻工作者，更是我们每个人写作、讲话应当秉承的原则。概括来讲，这一原则即是"辞达而已矣"。

古人讲"板凳宁坐十年冷，文章不写半句空"，对于我们个人，尤其是有志从事学术研究和文学创作的朋友来说，重温孔子的这一教诲，以朴实庄重的语言表达自己的观点就行了，不要搞花架子，叠床架屋，把简单的问题复杂化。

正是：辞达文意内容定，卖弄虚文坑人深；
　　　文学革命求解放，八项规定立标准。

六十八、观过，斯知仁矣

孔子说："人犯的过错，有不同的种类（人之过也，各于其党）。对过错进行细致的分析考察，就可以知道仁了（观过，斯知仁矣）。"对于孔子的这句话，还有另外一种解读，即：人所犯的过错各有类别，通过考察其所犯的错误，就能知道是哪类人。

两种解读哪一个是孔子的本义或者说更接近孔子思想的本义？从字面意思角度来看，两种解读的不同在于对"仁"字理解的差异，前者将"仁"视为孔子所倡导的核心思想仁爱之仁；后者则将"仁"视为通假字，通"人"，其文本依据是《后汉书·吴祐传》引用此句时将"仁"写作"人"。不过，通读《论语》，我们会发现，除圣人、君子、小人的指称外，孔子并无专门章节论述人的层次或类别差异，而对"为仁之方"的强调却是贯穿始终，因此，笔者认为这里当以第一种解读为是。值得注意的是，尽管李泽厚先生认同"仁"通假为"人"说，但在具体解释何以通过过错就能够判定人的类别时也出现疑惑而说道："大概有点常普遍相同，而缺点、错误却可反映出个体人格特征？"

那么，观过为什么可以知仁？南宋大理学家朱熹对此有过专门论述，他说："此是就人有过失处观之，谓如一人有过失，或做错了事，便观其是过于厚，是过于薄。过于厚底虽是不是，然可恕，亦是仁者之类；过于薄底便不得，便是不仁了。知仁只是知其仁与不仁而已。"这里的"厚"和"薄"是指人的品性优劣。朱熹认为，过失分为过和不及两种，君子所做错事是由于过而导致的，因此是可以原谅的，还是属于仁；小人所做错事是由于不及而导致的，便是不仁。笔者以为，于事情之前强分君子小人的做法恐怕不符合孔子原意，所谓君子小人也只是由事而显，观过之所以能够知仁，就在于知错而思善，通过发现、认识进而改正错误，回归到正确的道路上来。

过错是人不可避免的。《论语·宪问》篇记载，擅长自我检讨的蘧伯玉派使者看望孔子时，孔子问使者蘧伯玉在做什么，使者回答道："先生想要减少错误却无法完全做到（夫子欲寡其过而未能也）。"我们在上文《过而不改，是谓过矣》对改正错误的重要性做了说明。这里，通过孔子的观过思想，我们能够对如何认识和看待过错有进一步把握。

观过，首先要求正视自己的错误。改正错误的前提是正视错误，孔子讲："我没有看到过看见自己的错误便自我责备的人（吾未见能见其过而内自讼者也）。"错误并不可怕，可怕的是犯错之人甘心当一只鸵鸟，把头埋进沙子中，不想面对过错。正视错误，才能改正，进而变得强大。

春秋时期，秦穆公不顾谋臣蹇叔和百里奚的强烈反对，派大将率军远征郑国。郑国提前获得消息作了十足准备，秦军只好班师。在回国途中，秦军担心无功而返受到惩罚，便把依附于晋国的滑国消灭了，晋国君主因此大怒，便在崤山伏击秦军，秦军三位主帅被擒，全军覆没。面对因自己刚愎自用而导致的惨败，秦穆公没有推脱责任，怪罪臣下，而是主动公开承认自己的错误，他说："当初是我不听蹇叔劝阻而导致兵败，一切都是我的过错。"秦穆公的坦诚，赢得了臣民的尊敬和百姓的衷心拥戴。三年后，秦军终于大败晋军，为后来称霸一方和统一六国奠定了重要基础。

唐太宗李世民说："用铜做镜子，可以整理好一个人的穿戴；用历史作为镜子，可以知道政权的兴盛衰亡；用他人作自己的镜子，可以知道自己每一天的得失。"因此，观过，还应当从他人所犯的错误中吸取教训，有则改之无则加勉。面对他人所犯错误，我们应该秉持一种学习的心态，积累间接经验，避免自己今后出现相同的失误。

毛泽东对中国历史可谓熟稔于心，他从古人那里吸取了大量经验教训，运用到党和国家的治理当中，避免了许多弯路。1945年7月，著名民主人士黄炎培先生访问延安，提出共产党怎样避免历代政权"其兴也勃焉，其亡也忽焉"的"历史周期率"的问题时，毛泽东明确回答："我们已经找到新路，我们能跳出这周期率。这条新路，就是民主。只有让人民来监督政府，政府才不敢松懈。只有人人起来负责，才不会人亡政息。"在党的七届二中全会上，他更是站在历史的高度，明确要求全党，要警惕糖衣炮弹的袭击，夺取全国胜利只不过是万里长征走完了第一步。在即将离开西柏坡时，他又一次以李自成为例告诫全党，提出进京赶考绝对不能失败。建国初期，将贪污腐化的刘青山、张子善两位高级干部正法，便反映了毛泽东非常重视执政党防止腐化变质的问题。

观过的目的在于迁善，不重复犯错。孔子在评价他最得意的门生颜回时便说："不将怒气转移到别人的身上（不迁怒），不重复犯同样的过错（不贰过）。"换言之，出现错误，及时纠正，避免再犯本身就合乎"仁"道。因此，孔子的另一位学生子贡说："君子的过失就如同日食和月食一样（君子之过也，如日月之食焉）：犯了错，人人都能看到；改正后，人人都会仰望（过也，人皆见之；更也，人皆仰之）。"那么，如何才能准确地认识并改正自己的过错呢？

《论语》中给出了孔子的两种方法，一是及时主动向他人请教。孔子说："我是很幸运的，如果有过错（苟有过），他人一定会知道（人必知之）。"我们又何尝不是呢？别人知道我们的错误，我们自然可以向其请教，找出过错的原因而改正之。再者则是读书。书籍是进步的阶梯，前面我们讲到，孔子说过："再给我几年光阴，五十岁学习《周易》（五十以学《易》），就可以没有大的过失（可以无大过矣）。"《周易》原本是卜筮之书，但经过孔子的解读则成为讲述道德义理的哲学典籍。孔子读《周易》而减少过失，对于生活在今天的我们则可以通过阅读包含《周易》《论语》在内的一切经典书籍学习知识、开阔视野、锻炼思维、涵养性情，从而在面对复杂事情的时候更具准确的判断力，及时准确纠正错误。

当然，应当指出的是，孔子强调观过知仁的重要性，并不是鼓励人犯错误，而后从错误中迁善，而是告诫人们不应当把过错仅仅视为消极的事情一味地拒斥之，更应当发挥主观能动性将不利转化为有利，见过知仁。

正是：观过知仁明得失，三镜高悬自应知；

毛黄千秋窑洞对，人民作主纠偏疾。

义利篇

六十九、逝者如斯夫，不舍昼夜

孔子站在河边，望着川流不息的河水，感叹道："消逝的时光像河水一样啊（逝者如斯夫），日夜不停地流去（不舍昼夜）。"李泽厚先生认为，这是《论语》全书中最重要的一句哲学话语。儒家哲学重视实践与行动，以动为体，从小的事物直至大宇宙都是如此，从而把它同一切以"静"为体的哲学和宗教分开。说这话时，大概孔子已是老年，从孔子的话语中，我们可以想象出他对过去岁月的感怀、惆怅、苍凉与无奈。古人有言"时乎时乎不再来"，逝去的时间就像流去的河水一样一去不复返了。

"逝者如斯夫"的意义，正在于强调了河水在时间中的流动性、一去不复返性，同时也表明了时间这种物质的存在形式的特性，就是一去不复返性，也就是哲学上所说的"一维性"、不可逆性。时间只能沿着过去到现在再到将来这一个维度延伸，绝对不可以再倒转回去。正像奔腾不息的长江水一样，滚滚向前，直到大海，每时每刻、每天每夜，永不停息，永不倒流。孔子这句话既是对时间特性的形象揭示，又是对人们应当格外珍惜时间的警示和提醒。当然由于那时科学技术水平的限制，孔子对于时间的认识，是蒙眬的、不清晰的，而且带有极大的猜测性与不确定性。这都是可以理解的。但是他说这话时，那种对时间的重视和珍视之情，我们是能够感觉到的。

现代科学，已经基本解决了有关于"时间"的难题。说到时间，先让我们看两个小故事。南北朝人任昉在《述异记》中讲到，晋朝人王质进入深山老林砍柴，看到几个小孩下棋。他高兴地凑过去看，当他看完一局棋的时候，发现砍柴斧子的木把已经烂掉了。他赶紧出山回到村里一看，所有的人都不认识了。原来他在山里不到一天的时间，山下已经过去100多年了。我国古代四大名著的《西游记》里，也有类似的故事。孙悟空到"天宫"当了十多天的看马官"弼马温"，心中不爽，于是又回到花果山寻找过去的自在。群猴见了他欢喜地说："恭喜大王，上天界去了数十年，想必得意荣归了！"孙悟空甚感惊奇，才十几天为什么说成几十年呢？猴子们解释说："大王，你在天上，不觉时辰，天上一日就是下界一年啊！"

这样的神话故事，可以启发我们去思考一个哲学问题，在物质存在的不同空间，时间是否会起变化呢？如果同样用哲学的语言来回答的话，是既变又不变。变的是时间特性的具体表现，不变的是时间的本质特性。孔子所说的"逝者如斯夫，不舍昼夜"是永恒的、不变的。

实际上，时间只是运动物质的存在形式，它不能脱离物质而独立存在。没有物质也就没有时间。时间同运动物质一样，也是客观存在的。马克思主义以前的唯物主义者，已经认识到时间的客观性，但他们只承认时间的客观性和绝对性，不理解其相对性，牛顿的绝对时空观就是代表。他认为，时间就像一条河流，不论事物发生什么变化，它总是均匀地、持续地流动着。这种认识与孔子上述说法有一致之处，反映了人们对宏观物体低速运动观察的经验，是能够为人的常识所接受的。所以，它才能长期统治人的思想，甚至被当成绝对正确的真理性认识。

而 19 世纪末、20 世纪初，新的物理实验科学，有力地冲破了牛顿绝对时空观的束缚。1905 年后爱因斯坦的狭义相对论和广义相对论应运而生，才结束了牛顿时空观在自然科学中的统治。爱因斯坦相对论有力证明了时间、空间是随着物质运动速度的变化而变化的，牛顿的绝对时空观理论是有缺陷的，而且时间和空间也是互相依赖的。这当然是孔子无法认识到的。

由于时间是随着物质运动速度而变化的，这就可能出现前面神话故事中所讲的"天上一日，下界千年"的情况啊！因此，人们完全可以根据相对论的原理，大胆设想，当宇宙飞船以接近光速速度飞行时，将会出现异乎寻常的情形，可能就接近于神话传说。

时间的客观性、绝对性与相对性的道理告诉我们，必须要有很强的时间观念。这对于我们的工作、生活、学习都具有很大的现实意义。时间与我们每个人都有密切联系。我们必须要在时间中从事具体的生活和实践活动。因此，我们不论做任何工作，都不能不考虑时间问题。马克思主义讲一切从实际出发，也就是要求一切以时间、地点、条件为转移。如果离开时间条件，要贯彻无产阶级政党唯物主义的思想路线，是不可能的。

无产阶级大文豪高尔基曾这样说过："世界上最快而又最慢，最长而又最短，最平凡而又最珍贵，最容易被忽视而又最令人后悔的就是时间。"这可以说是生活经验的准确总结，又是对时间的辩证论述。就像俗话所说的"日月如梭，光阴似箭"，昼夜交替，寒暑更迭，时间总是在不停地流逝，它一去不复再来。诚如孔子所感叹："逝者如斯夫，不舍昼夜。"时间对于我们来说，是多么的宝贵啊！任何一个动植物的生命，都是由时间构成的，人的生命当然不能例外，因此，浪费时间，虚度年华，就是浪费生命。当代青少年朋友们，风华正茂，书生意气，朝气蓬勃，昂扬向上，时间对于你们，就更显得尤为珍贵。青少年朋友们，请珍惜自己的青春年华，努力学习，踏实工作吧。为不使年华虚度，为祖国、为人民，也为你们的家人和朋友做出更多更大的贡献吧！

孔子在河边发出的感叹，无疑是激励我们节约时间、珍惜时间最大限度地利用好时间的警示。我们的先人告诉我们"一寸光阴一寸金，寸金难买寸光阴"，与孔子所说是有异曲同工之妙的。改革开放的试验田深圳的建设者，就鲜明地提出过"时间就是金钱、效率就是生命"的口号，从而激励了全国人民珍惜时间，提高效率，乘势而上，大干社会主义的壮志豪情。说句套话俗话，珍惜时间，就是珍惜生命，就是充分发挥出有限生命的最大价值！

正是：孔子川上发浩叹，时间易去再回难；
　　　珍惜光阴即延寿，莫使青春付流年。

七十、不以其道得之，不处也

孔子说："发财和做官，是人们所愿望的（富与贵，是人之所欲也），不用正当的手段得到，我不接受（不以其道得之，不处也）；贫穷和卑贱是人们所厌恶的（贫与贱，是人之所恶也），不用正当的手段摆脱，我不去掉（不以其道得之，不去也）。君子去掉仁还算什么君子（君子去仁，恶乎成名）？君子一刻也离不开仁（君子无终食之间违仁），匆忙急促的时候是这样（造次必于是），困难奔波的时候也是这样（颠沛必于是）。"在孔子看来，人们追求富贵，本身并没有错误，只要合乎仁德道义就行；人们厌弃贫贱，极力要摆脱它，更是人之常情，但也要合乎仁德道义。总之，求富贵、去贫贱是人的本性，是人生在物质方面的根本追求，天经地义，但是必须符合仁德道义，富贵财富与仁德道义相比较，仁德道义始终是第一位的、决定性的。

我们通常所说的"君子爱财，取之以道"，其实就是孔子说的这个意思。这里的"道"，就是"仁义之道"，就是"公德之道"。

"君子爱财，取之以道"，告诫人们取财求富，必须要依靠自己的辛勤劳动与合法的经营，依靠自己的辛勤汗水与智慧的头脑，依靠自己的兢兢业业的勤奋劳作，用现在比较流行的话来讲，就是要靠自身的力量，要靠遵守社会公德，要靠遵纪守法。而绝不能用非法的手段去谋取利益，用不道德的行为取得富贵。那些乘人之危、巧取豪夺，以及坑蒙拐骗、假冒伪劣，甚至卖国求荣、出卖灵魂谋求暴富的行为和个人，不仅是缺德，而且是严重的犯罪，不是君子，也不是正常人致富的手段。这样的做法，轻则要受到社会公德的谴责，重者要受的法律的严惩。

历史上有这样一个故事，说的是号称中华商祖的范蠡经商行善的事。苴国是春秋战国时期的一个远离中原的小国，有一年，苴国粮商见中原各国遭受兵灾，又遇大旱，粮价暴涨，就把很多粮食运到中原各国卖高价去了。后来苴国发现自己国家粮库空了，才下禁止粮食外运令，但是已经晚了。那时，不少百姓已经断了顿，苴国虽采取施粥救济的办法，但也不能解决巨大的粮荒危机。苴国君臣急得焦头烂额，像热锅上的蚂蚁。此时，范蠡正在苴国了解通商贸易的事，于是他们找到范蠡，请求范蠡帮助苴国战胜粮荒。范蠡说，以他库存30万斤的粮食计算，解决苴国的燃眉之急问题不大。但是，俗语"百里不贩薪，千里不贩粮"，因为长途运粮，运费太贵，所以，运费需要苴国付出。而粮食价格仍按平价计算。面对粮价上涨七成的现实，范蠡放弃了巨大的商业利润，使苴国君臣感激涕零。于是当即定下了这笔交易。范蠡平价卖粮的消息很快传遍了苴国各地，饥饿中的百姓深受振奋和感动。范蠡的善举，有益于苴国，有益于百姓，但却触犯了做梦都想从中渔利的粮食奸商们的利益。他们推出代表与范蠡谈判，提出以高出平价五成的价格，全部收购范蠡的30万斤粮食。但范蠡坚持经商必须以诚信为本，不为暴利所动，打破了奸商们发国难财的迷梦。可见，范蠡既行商，又行善，薄利多销，得利又得名，不愧为古代经商者的典范。

在实行社会主义市场经济建设的今天，三百六十行，行行出状元，每个人都有充分展示自己才能的舞台，也都有合法获取金钱和财富的途径与方法。再也不会有极"左"年代那种谈"钱"色变、说"富"必修的禁锢和律条，崇尚社会主义就是绝对平均、人人穷起来的荒诞理想的年代已经一去不复返了。市场经济的先知先觉者们，可能已经成为发财致富的带头人了，后知后觉者们，可能刚刚入行，开始寻求发财致富的门路。在现实社会中，任何人都不可能貌似清高地说自己视金钱如粪土，因为金钱在今天，可以成为我们生活幸福和美好享受的物质基础。诚如作家王朔所说："金钱不是万能的，没有钱是万万不能的。"以至有人说，钱就是好东西，有了钱就有了一切，甚至出现了金钱至上的论调。毕竟人人都要生存，尤其是在人们普遍重视物质利益的今天，这样的论调应该说也有一定的市场。而且共产党领导人民推翻三座大山，建立新中国，搞社会主义建设的目的，不就是让全国人民都过上共同富裕的好日子吗?！因此，人们爱财、谈论金钱的重要性，本也无可厚非。但是，人们爱财，谈论金钱重要性、不可或缺性时，还是应该切记孔子告诫人们的：要用正当的手段得到它，决不可以违背仁德道义的大原则。

如今，无论是干什么工作，都可以达到获取合法收入的目的，干得好，都可以挣大钱、发财致富，并且只会受到鼓励与羡慕，而不会受到任何部门或个人的反对和干扰。但是过于看重钱财，又会出现一种偏向，就是有人会在物质利益的驱动下，忘乎所以，置道德甚至法律于不顾，采用各种卑劣、非法的手段，捞取钱财，获取物质利益。例如，有好多党员干部，国家公务员，就走向了贪污受贿的犯罪道路。也有许多人为了发财，不择手段地进行坑蒙拐骗甚至是杀人越货，走上了不归路。这种为财而不惜犯罪或不惧死亡的做法，难道是正常的吗？与孔子说的"仁德道义"相差何止十万八千里。发财本来是正常的社会经济行为，但是不能没有道德底线，不能违背法律，不能丧失公德唯利是图，不能出卖灵魂背叛祖国，不能丧尽天良。同样，人们要摆脱贫困的生活，也要依靠正当的手段，符合道义原则。在这方面，孔子以及儒家学说一贯主张的君子爱财，取之有道，不是能给我们极大地教益吗?！

正是：**君子爱财道中取，摆脱贫困与仁齐；**

　　　范蠡谋财多善举，盛世更应德第一。

七十一、与其奢也，宁俭

林放问礼的根本是什么，孔子说："这可是个大问题呀（大哉问）。礼，与其铺陈奢华（与其奢也），不如简朴节俭（宁俭）；丧事（丧），与其仪式隆重（与其易也），不如真正悲伤（宁戚）。"孔子对"礼"的根本的解释，很值得后人深思。他强调按礼去做事应当符合简朴节俭的精神，推而广之，这不也是我们搞好其他一切事业的根本基础吗?！其实，人们在所有工作中，都应当发挥这种"宁俭"的作风，李商隐诗中说道："历尽前贤国与家，成由勤俭败由奢。"就是说这个意思啊！

华人首富李嘉诚先生，从创业到成功，再到取得更大的成就，不就是靠着"与其奢也，宁俭"这一精神的激励吗？虽然，克勤克俭并不一定能使人走向成功，但却是催生成功的重要条件之一。李嘉诚的成功之道最重要的一条，就是不怕吃苦、克勤克俭。对于李嘉诚来说，吃苦节俭是一种难得的历练，会在心底培养出坚强的毅力。几乎白手起家的李嘉诚，就是凭着艰苦奋斗、克勤克俭的精神，才终于为自己打拼出了一片天地。可以说，李嘉诚先生的成功，正是孔子对于"礼"的解释的最佳注脚。

据李嘉诚的朋友、同事回忆，李嘉诚决心创业时，手中资金很紧张，为积蓄资金，他从未奢侈过一回，外出从来都是吃大众餐，衣服也没有一件是高档服装。但他无论是在工作时，还是在日常交往中，都给人留下了良好印象，大家感到他的诚实稳重、聪明能干，认为定会大有前途，所以都愿意资助他创业。李嘉诚脚踏实地，稳扎稳打地去实现自己的抱负。后来，他虽为老板，但仍保持当初做推销员时的老作风，每天工作16个小时，以加倍的勤勉辛勤工作。他不管是外出推销或采购，从不打的，距离远时就坐公交车，近时就步行前往。他的时间太紧了，又要省打的费，又要讲究效率，只好健步如飞，这都是让环境逼出来的。晚上，他还有做不完的事，需要做账，记录推销情况，规划产品市场区域；还要设计新产品的图纸，安排第二天的生产计划，等等。就是这样忙，他也没有间断过业余学习。正是靠着这种精神，李嘉诚的企业逐步走向正规，事业一步步走向了成功。应当说，就是在创业时期，李嘉诚多花些钱，吃几顿好饭，或用钱潇洒一回，还是能够做到的。但是，他并没有这样做，而是做到了"与其奢也，宁俭"。

李嘉诚的财富当然不是单靠简朴节俭积攒而来，但成功后的李嘉诚仍不愧是节俭的模范。也许正是凭借着这种节俭精神，使李嘉诚带领他的长江实业迎来了一个又一个新的辉煌。已经大富大贵的李嘉诚，至今仍然过着普通人的生活，有时甚至比普通人还不如。1995年8月，香港《文汇报》刊出李嘉诚的专访，他这样说："就我个人来讲，衣食住行都非常朴素、简单，跟三四十年前没有分别。"他穿的经常是一套黑色（或者深蓝）的西服，雪白的衬衣和条纹领带。西装虽然经常是旧的，但也显得笔挺、整洁、得体，而且春夏秋冬四季一样。其实他早就不需要炫耀自己的衣饰和身份了。人们也从没有看到他披金戴钻，戴的手表也不过是价值50美元的便宜货；穿的皮鞋也很普通，当然要擦得锃亮，这是礼仪。他给人的整体形象就是风度翩翩、朴实无华。除了公司必要的保安人员外，李嘉诚出门都是轻车简从，左右并无诸多彪形大汉作保镖。住的仍是1962年在深水湾购下的那幢别墅式楼房，装饰并不豪华。他虽拥有名贵的房车和游艇，却更喜欢乘坐普通轿车，有时竟然也打的。他吃饭经常是一菜一汤或者是两菜一汤，饭后一个水果。既使是公司宴请客人，也没有大鱼大肉，并且总量也要控制，即使客人吃到恰好，又不会造成浪费。李嘉诚本人既不吸烟又不喝酒，还极力避免参加舞会，朋友们都知道他有这个习惯，因此就不去勉强他。李嘉诚说："我的生活标准甚至还不如1962年的生活标准。我觉得，简朴的生活更有趣。"李嘉诚的生活方式，不就是孔子讲的"与其奢也，宁俭"吗？

虽贵为世界富豪榜中的著名人物，但穷奢极欲、挥金如土的行为，在李嘉诚身上却找不到一丝一毫。他总是强调："钱可以用，但不可以浪费。"这位控制着数百亿美元以上资产的老总，拥有十万员工的首脑人物，依然以一种超人的自律精神，劝导着人们千万不要浪费财富。也许，有人认为李嘉诚是一个守财奴，太过于吝啬，但是人们从他多次慷慨捐赠于教育以及公益事业的巨款中，还看不出他那高洁的人格吗？！其实，富而不奢、崇尚节俭，正是李嘉诚先生对个人生活的严格要求，正是一种高尚的自律精神。因为李嘉诚清楚地知道，财富并不是用来显摆炫耀的，它取自于社会，理所当然应当应用于社会、回报于社会。一个人是否有成就，并不是以他的生活方式是否穷奢极欲来衡量的。李嘉诚的成就世人瞩目，但他证明给世人的，不是他所有的巨额财富，而是他高尚的道德操守。一位富豪有如此高尚的情操，有如此简朴节俭的美德，绝不随意浪费一点社会资源，这一点不是更难能可贵吗？！李嘉诚的所作所为，不是对孔子提倡的"与其奢也，宁俭"精神的最好实践吗？

亿万富豪李嘉诚这么有钱，尚且不忘"与其奢也，宁俭"的古训，我们作为一般的工薪阶层，不应当扪心自问，我们比较李嘉诚先生又做得如何呢？想想当今一些青年结婚的豪华奢侈，请客时的排场隆重，当然还有"公仆们"慷国家之慨，肆意挥霍国家资财，所造成的极大浪费，我们难道不应当再次重温一遍孔子的"与其奢也，宁俭"的训诫吗？当然，我们讲节约，保护资源，并不是再回去过那种"新三年，旧三年，缝缝补补又三年"的苦日子，因为今天生产力毕竟比过去有了极大发展，人民生活水平理应有较大的提高，但是在适度消费的前提下，保证人民生活得好一些，但又不造成浪费，应当是必须的。因此，我们还是应当牢记"与其奢也，宁俭"这一圣人训诫。

正是：简朴节约是美德，终身切记不蹉跎；

节俭富豪李嘉诚，我辈面对可研磨。

七十二、苟合，苟完，苟美

孔子在谈到卫国公子荆时说："他善于管理经济，居家理财过日子（善居室）。刚开始有一点（始有），就说差不多够了（曰'苟合矣'）。增加了一点（少有），又说差不多完备了（曰'苟完矣'）。更多了一点（富有），便说真是完美极了（曰'苟美矣'）。"从孔子的言谈话语中，可以看出，他对公子荆是持赞许态度的。而公子荆从不为家产的事发愁，多少有一点，他就很知足，再多一点，他就很高兴了。可见，公子荆是一个知足常乐的人，而孔子则对此持肯定的态度。

从上面孔子的说法来看，公子荆是一个很容易满足的人，好像对于财富没有过多的奢望追求，用今天相当多的人的看法来衡量，他就是一个没有太大追求的平庸之辈。其实，事情还有另一方面，正是因为公子荆对财富的欲望比较低，所以多少有一点，他就感到很知足了，很高兴了。这种知足而乐的心态，同当今许多人为发财而焦虑痛苦、寝食难安相比较，不是更可取的吗？不是更应该提倡的吗？

实际上，人们对物质财富以及享乐的欲望，如果不加理性的克制，那会是无穷无尽的。试问，你挣下多少财富才叫足够，你过上多么惬意的生活才能满足呢？清朝有一位无名氏作过一首《不知足》诗，诗中说："终日奔波只为饥，才方一饱便思衣。衣食两般皆具足，又想娇容美貌妻。取得美妻生下子，恨无田地少根基。买得田园多广阔，出入无船少马骑。槽头结了骡和马，叹无官职被人欺。县丞主薄还嫌小，又要朝中挂紫衣。若要世人心里足，除是南柯一梦回。"活画出了不知足者的真实面目。人们大多认为，这首诗以道家思想为基础，其实它也体现了上述孔子的思想。当然更重要的是，它讲出了一番看似平常却又蕴含深刻的道理，揭示了凡夫俗子"不知足"的真实心态。无休止的自我欲望追求，水涨船高，漫无边际，势不可挡，一发不可收拾。大概人的痛苦和变态就是这样造成的。

同样是清朝还有一首无名氏的《知足诗》，这样说："人生尽受福，人苦不知足。思量事劳苦，闲着便是福。思量疾厄苦，无病便是福。思量患难苦，平安便是福。思量死来苦，活着便是福。也不必高官厚禄，也不必堆金积玉。看起来，一日三餐，有多少自然之福。我劝世间人，不可不知足。"这种心态可能让人感到有点消极颓废，但是，这也使"知足常乐"有了充分的根据，成了国人的人生格言和经验之谈。有这样一个故事，明朝金溪读书人胡九韶，家境很贫困。因此，他只能一面教书，一面努力耕作，才勉强可以维持衣食温饱。但每天黄昏时，胡九韶都要到门口焚香，向天拜上几拜，感谢上天赐给他一天的清福。妻子笑他说："我们一天三餐都是菜粥，怎么谈得上是清福？"胡九韶说："我首先很庆幸生在太平盛世，没有战争兵祸。又庆幸我们全家人都能有饭吃，有衣穿，不至于挨饿受冻。第三庆幸的是家里床上没有病人，也没有被抓入监牢的囚犯，这不是清福是甚么？"这位胡九韶不就是知足常乐的一个典型么！有这样一种心态的人，怎么会为些许生活的困难而吓倒或对生活感到无望呢！

说到人的"不知足"，也不是一无是处，如果是对待事业、精神以及道德修养的追求，人们总是感到"不知足"还是恰当和很对的。所以从这个意义上说，"不知足"与"知足"是辩证统一的，二者的有机结合，恰好证明了先贤的聪明智慧。如果说物质与享乐欲望上的"不知足"，如同"南柯一梦"一样，警示世人应放弃不切实际地欲望与幻想，那么对待生活上的"知足常乐"，就是告诉大家：要克制不切实际的物质欲望，正确面对人生与社会，快快乐乐地度过人生的每一天。可以说，今天在我国人民已经达到整体小康生活水平的条件下，它已成了人们幸福生活的重要座右铭。那些总是嫌钱挣得少、发财机会轮不到自己的人，不是应当深思一下吗！

表面上看"知足常乐"，好像充满了浓郁的消极无为色彩，但它和人生奋进，追求进步，攀登事业的高峰的"不知足"精神，并不矛盾。因为，它们本是人生发展的两个不同的方面：一个说的是财富与享乐欲望，当然应"知足常乐"；一个说的是理想和事业，当然要永远"不知足"，为之不断进取，终生奋斗。所以，无论是"知足常乐"也好，还是"不知足"也好，都是人生不可或缺的。二者的对立统一，才构成了人生快乐进取的靓丽风景线。

孔子赞许的公子荆"知足常乐"的精神，在人们非常重视物质生活的今天，还是很值得大力提倡的。

正是：知足常乐终身乐，事业进取更快活；

足与不足乃相对，哲理深刻完身多。

七十三、既往不咎

《论语》中有这样一段记载，鲁哀公问宰我做土地神主该用什么木料。宰我回答："夏代用松树，殷代用柏树，周代用栗树。用栗树的意思是让老百姓畏惧战栗。"孔子听到后说："陈年老账不要再去解说（成事不说）；已实行了的事就不要去劝阻了（遂事不谏）；所犯错误既然已成过去，就不要追究了（既往不咎）。""既往不咎"已成为成语，至今仍在沿用，通用于人们的日常行为活动甚至政治领域。它意在强调重视历史的经验，同时又着眼于现实及未来，主张不深究个人的错误过失。

宰我为了显示自己学识的渊博，画蛇添足似的说了周代用栗木的本意。应当说，这种说法是对鲁哀公的一种误导：对待百姓，统治者要让他们感觉到紧张战栗。这就与孔子主张的以"仁政"治国的理念和管理模式，截然相反大相径庭了。因此，孔子知道了之后，所说的上述三句话，对宰我的回答是略带责备或者说是批评的。当然，孔子也知道周代用栗木作为土地神主是不适宜的，但那已是过去多年的事，不可挽回了，责任也不在当代，所以他用了"既往不咎"一词，意思是过去的错误就不要再追究了。从孔子的话语中，我们可以看到孔子处世的达观与大度，但又是讲原则的。

我们在日常生活中，经常会遇到一种情况，两个人或两家人因某事发生矛盾，结果引起了争执，以致吵了起来，甚至动手打了两下。如果一方吃了点亏，就可能说出"秋后算账""君子报仇，十年不晚""十年河东，十年河西"等这样一些话语，这些话语中透露出一个信息，那就是只要有了合适的时机，一定要追究对方的这次过失，一定要报复对方，一定要让对方付出代价，而且这个代价一定是巨大的。从建设和谐社会的角度看，这种态度实在要不得，因为，它会使很多人陷入这种"既往必咎"的心态之中，总是不会忘记过去别人对自己的某些不敬或冲撞之处，而斤斤计较，纠缠于鸡毛蒜皮的小事之中，使许多应该做的正事也被耽误了，也使自己心态总是不平衡，导致心理状况和生活状态越来越糟糕。

要追究别人之过，当然就会念念不忘别人的过错。这样一来，使某些人就像得了传染病一样，每日不提起一些别人的短处，日子就觉得过得没有滋味。当然他们说的别人之过，有的可能是望风扑影，有的可能是借题发挥，有的可能是道听途说，有的可能是张冠李戴，有的可能是生编硬造，也有的可能是恶意攻击。即使有些真实性在里面，也不值得大惊小怪。而这样经常乱说别人之过现象的大量存在，却给本来应该是平静的生活，增加了许多污秽和乱子，给正常的人际交往设置了障碍与隔膜，从而使团结被漠视，凝聚力被消解，使本来应当轻松愉快的生活，变得沉重麻烦起来，使人们感到活得太累了。这是何苦来呢？真是自己给自己找不利索，自己给自己过不去。其实总惦记着报复别人，不也是对自己的一种心理惩罚吗？

孔子告诉我们对待过去不愉快的事，对待别人的过错，甚至对于别人对自己的"冒犯"，正确态度应是"既往不咎"。过去的事就让它过去吧，应该多想想愉快的往事，多看看别人的长处和优点，不要老是抓住别人的一点不足没完没了。要着眼于未来，从大处入手，多向前看，这样就可以使自己心胸更开阔一些，为人更豁达一些，心态也可以变得更宽容一些。中国有句俗话，叫作"金无足赤，人无完人"，告诉人们一个简单道理，就是凡人（当然包括我们自己）都是有毛病、犯过错误的，因此，不要总是盯着别人的缺陷与不足，宽松地对待别人，自己也能有一个好心情。同时，"既往不咎"还意味着为别人提供更多的机会，不要因为过去别人一件事做得不妥当，就轻易否定了一个人，使人家失去了进一步发展的可能条件。

如果是管理者，在工作中肯定能够经常发现员工的一些问题和错误，如果不分青红皂白、大小轻重，每一次都进行严厉处罚，那么，他很快就会失去大家的信任与尊敬，谁也不愿意在他负责的部门干事，使他成为孤家寡人。因此，作为管理者更需要转换待人处事的态度，切记不可与绝大多数人过不去，对于有些因经验不足或不可抗拒因素，造成的失误或问题，应本着孔子提倡的"既往不咎"原则，不要去追究具体人的责任，而应当提醒大家注意总结经验教训，避免以后再发生类似事件。以此凝聚人心，并为大家的发展提供更多的机会，这样做，他的团队将变得更加团结、更加具备凝聚力，能够吸引更多人才加入进来，其事业能不发展壮大吗！

必须注意的是，孔子讲的"既往不咎"是有原则的，只是那些小错误小毛病，不予追究；并不是所有大错、灾祸，甚至灾难的制造者的巨大罪恶都不追究责任。如果有人以"既往不咎"为挡箭牌，公然违法乱纪，损公肥私，或从事其他非法勾当，甚至违法犯罪，破坏正常的社会秩序和人民群众的生产、生活，那当然不能容许，必须要严肃追究其应负的责任，该负什么责任就负什么责任，不管是纪律方面的，经济方面的，还是法律方面的。

可见，既往不咎只是针对日常生活中出现的小问题、人们的小错误，并不是适用于一切的。

正是：既往不咎讲宽容，容人之量真英雄；

原则不变明方向，携手共进大业同。

七十四、人无远虑，必有近忧

孔子说："人没有长远的考虑（人无远虑），必然会有近在眼前的忧愁（必有近忧）。"这既是治国理政的基本方针，又是很好的生活格言。并且早已成为成语一直沿用至今。

它告诉人们，不管是对一个个人、一个家庭、一个团体，直至一个国家来说，如果没有长远的规划安排，就可能会有眼前的忧愁烦恼。因此，人们做事要有远大目光，不能只顾当前的平安无事，乐得享受。也就是说，应当有忧患意识，要忧国忧民忧世界，像范仲淹那样"先天下之忧而忧"。几千年来，正是在这种忧中，中华民族才免除了国家文化的失落，使传统中国虽经磨难却曲折发展至今而不坠。

作为个体来说，远虑与近忧相联系而存在，把两者很好地结合起来，人生才能闪现出夺目的光彩。人们在现实社会中首先要谋求生存，不能保证生存，就不会有发展，当然更不会实现自己远大的人生目的。所以，不管人的长远理想多么伟大，如果不谋求眼前的利益，那么一切都会成为镜中月水中花，成为不可能的虚幻东西。反过来说，如果一个人只想着眼前利益而失去长远目标，那么他也不会有远大光辉的前途。他只能浑浑噩噩、忙忙碌碌、蝇营狗苟、得过且过，一年到头为口中食、身上衣而东奔西走，看不到前面的路径，从而也就失去了生活的快乐，更享受不到成功的喜悦。

有这样一个寓言故事，说的是有个富翁去海边观光游玩，看见一个悠然自得的渔夫正躺在沙滩上晒太阳。富翁就走过去问："今天天气这么好，无风无浪，你怎么不下海捕鱼呢？"渔夫说："我下海一天捕的鱼，就可以吃上五六天，衣食无忧，再多捕鱼有什么用处呢？"富翁说："你多捕些鱼可以卖了挣些钱存上，这样你后来的生活不就有保障了吗？晚年你就可以安心晒太阳了。"渔夫听了带着轻蔑的语气说："我现在不是已经舒舒服服地晒太阳了吗？还存钱干什么？"富翁无言以对，只得怏怏不快地走了。几年以后，富翁又来到海边游玩，看到有个乞丐畏畏缩缩地向他伸手乞讨，嘴里喃喃地说着："先生，请您行行好，可怜可怜我吧，给我一口吃的吧！"富翁看看那个乞丐，不觉一愣，这不是几年前的那个晒太阳的渔夫吗？他吃惊地问："几年前我们见过，你怎么会败落到乞讨这一步了呢？"渔夫此时也认出了富翁，他惭愧地低下头，长叹一声说："先生，我真后悔当初没接受您的意见。我目光短浅，太容易满足了。这几年捕鱼的人多了，捕鱼的技术手段也有了很大进步，我那条小破渔船在近海已经捕不到鱼，远海又去不了。这样，我就逐渐失去了谋生的基本手段，一步一步沦为乞丐了。"这个故事不就印证了"人无远虑，必有近忧"的古训吗?！

在建设社会主义和谐社会的今天，生态环境是否良好，对人类能否健康发展起着决定性的作用。以对生态环境的认识而言，人类对自然界的认识是否有"远虑"，既关系到自然界的生存状态，更关系整个人类的发展前景。现在如果没有长远眼光之"远虑"，不注意保护生态环境，就会失去未来，很快就会"近忧"丛生，给人类带来巨大的灾难。古人有话说得好"有终身之忧，无一朝之患；不谋万世者，不足以谋一时"。凡事登高望远，提前谋划，权衡利弊，深谋远虑，趋利避害，才可保证胜券在握。

其实，早在原始社会，人类对大自然就怀有深深的敬畏之感，蒙眬地认识到大自然就是人类的衣食父母，对其索取是相当有限度的。但随着后来，尤其是近现代社会生产力的迅猛发展，大自然的神秘性被逐步打破，人们渐渐地从敬畏大自然转向改造大自然，甚至荒谬地提出了"征服大自然""人类要做大自然的主人"等口号。在工业革命后的几百年间，人类动不动就向自然宣战，大自然成了人类肆意掠夺、凌辱、蹂躏、破坏的对象。这种蔑视大自然、违背科学的做法，不能不使人类为此付出惨重代价。尤其是20世纪初叶以来，大自然开始以其固有的发展规律，对人类进行报复。人类逐步陷入不可摆脱的生态危机之中。

就中国而言，我们的祖先在文明初期就崇尚"天人合一"，提出"天时、地利、人和"相统一的理念。但是，随着近现代人口数量的不断增长，社会生产力在借助科技手段获得巨大发展后，我们也开始无视自然规律而忘乎所以为所欲为了。过去很多人都错误地认为中国地大物博，有取之不尽、用之不竭的各种自然资源，甚至一度出现过为生产的粮食太多而发愁的怪事。于是大刀阔斧地向自然界开战，干出了许多类似毁林开荒、围湖造田、伐木炼钢、熬狗肉汤施肥浇地的蠢事。以致造成生态环境严重恶化，大自然发展失衡，在一度带来物质财富的同时，灾难也就接踵而至了。这些年来频发的自然灾害，有许多就是天灾与人祸交互作用的结果，不能不说是大自然对我们的惩罚。惨痛的现实，已给我们上了重要的一课。

令人尊敬的是那些怀有"远虑"的人们，多年来不遗余力地推动着生态环境保护事业的发展。自1987年挪威布伦特兰女士提出"可持续发展"理念之后，很快就被世界各国接受，现在"可持续发展"已经成为全人类的共同目标。其实，人类出现生存危机并不可怕，可怕的是对这种危机不认识、不在乎。唯物辩证法告诉我们，任何事物的两个方面都是可以互相转化的，居安思危，危才能够转化为安；高枕无忧，对危熟视无睹，危就会变成灾祸。因此多一些忧患意识，多一些远虑，多一些未雨绸缪，我们才可能防患于未然，真正实现与大自然的和谐相处，使人类和大自然共同发展，两者才可能交相辉映、相得益彰，避免大自然对人类的进一步惩罚。

孔子告诉我们的"人无远虑，必有近忧"，对当代人面临的包括生态危机在内的各种危机，尤其有着警示作用。人类当以此自励自警，在今天的中国就应该坚定不移地贯彻落实科学发展观，在经济社会政治文化的全面协调发展中，真正做到保护好生态环境，使其既满足当代人发展的需要，又使这种发展具有可持续性，不损害子孙后代的利益。

正是：人类前行应放眼，远虑筹谋近忧免；

生态危机不可怕，科学发展化疑难。

七十五、匹夫不可夺志

孔子说:"强大的军队可以被夺去统帅(三军可夺帅也),但男子汉却不能被夺去志气(匹夫不可夺志也)。"

《三国演义》中有一段关羽温酒斩华雄的故事,讲的是关羽阵前不等热酒冷下来,就斩杀了董卓的先锋大将华雄,突出的是关羽的武艺高强和神勇,这可以说是三军夺帅的好例。其中还有张飞进军汉中时,用计俘获老将严颜,并劝其投降,严颜大呼:"但有断头将军,却无投降将军。"这是匹夫不可夺志的一个例证。

帅可夺而志不可夺,这是因为,军队虽然人多势众,但如果用兵无方,主帅仍可能被对方斩杀或抓去,从而导致全军的崩溃。匹夫虽然只有一个人,但他只要真有气节,信仰崇高,志向坚定,那么即使杀死他,也无法使他改变志向。历史上这种慷慨悲歌、宁死不屈的英烈事迹,不绝于书。相反,一个人如果没有气节,则很可能在关键时刻经不住生死考验或金钱美色的诱惑,而屈膝投降,成为可耻的叛徒。所以,信仰和志向的确立和坚守是非常重要的,这是儒家修身的根本内容之一。

儒家认为,志向必须表现正气。争取多数人的支持是做人的重要方面,因为正气从道德角度反映的是多数人的道德观念,从利益角度反映的是多数人的切身利益。所以,正义的一方必然会得到大多数人的支持和拥护,而一个人获得了多数人的支持,必然会更坚强、更有力量。从本质上说,孤立的个人都是软弱无力的,因此,当个人受到重大挫折或遭受侮辱时,必须表现出坚定的气节志向,才能得到多数人的认可与支持。一个人什么都可以丢掉,唯独气节志向不能丢。

在孔子看来,气节志向作为坚守原则之本,是成人道德的本质要求。它主要反映的是坚持真理和正义,即使身处逆境也坚贞不屈,始终不渝,就是面临着生死的考验,也壮志难移。正像于谦《咏石灰》诗中所写的那样:"千锤万击出深山,烈火焚烧若等闲;粉身碎骨全不怕,要留清白在人间。"气节志向表现的不仅是人的精神状态,更反映了人生的根本道德观念,即为了达到理想目标,生死关头不苟且偷生,暴力淫威之下不卑躬屈膝,金钱美色诱惑面前不低头弯腰的精神。

南宋末年,深受儒家思想熏陶的著名爱国者文天祥,在元军的大狱中写下了传颂千古的咏志诗《正气歌》,其中有"天地有正气,杂然赋流形……时穷节乃见,一一垂丹青……是气所磅礴,凛然万古存。当其贯日月,生死安足论。"真实再现了面临生死关头的他,所坚守的洁白无瑕气节情感和忠贞爱国的志向操守。在这方面,屈原、苏武、岳飞、于谦、海瑞、张煌言、夏完淳等,都为后人做出了光辉榜样。尤其是近代以来的无数先烈,例如,夏明翰、赵世炎、陈延年、陈乔年、方志敏等,更是用实际行动和献身精神,很好地诠释了高尚爱国的气节志向的坚定性,及其对人操守的决定作用,谱写出一曲曲"匹夫不可夺志"的颂歌。

在这方面,近现代著名表演艺术家梅派创始人梅兰芳先生,面对凶焰万丈的日本侵略军及其帮凶,横眉冷对,表现了一个伟大爱国者的高洁情怀,堪称文艺界的爱国人士的楷模和表率。1941年12月，日本侵略军攻占了香港，留居香港的梅兰芳，从此开始蓄起胡须。作为旦角演员，留起胡子来，其结果不言而喻。不久，他回到仍被日本侵略军霸占的上海，住在自家的梅花诗屋，闭门谢客，拒绝在日本人侵略期间登台演戏。他时常在书房里的台灯下作画，日复一日年复一年，靠卖画和典当艰难度日，生活日渐窘迫。上海几家大戏院的老板，见日益处于艰困之中的梅先生，已经无法维持正常生活，就出于好意，想帮他一把。于是，争相邀请他出来演戏，答应付给高价报酬，却都被他婉言谢绝。这时日军走狗大汉奸褚民谊竟也恬不知耻地闯入梅家，许以重金请梅兰芳出山演戏，以庆祝日军"大东亚圣战"一周年，被梅兰芳当面严词拒绝。不知天高地厚的褚民谊极力相劝，结果又遭到梅兰芳一阵奚落讥讽，只好狼狈逃离。1945年9月，中华民族的抗日战争胜利后，梅兰芳剃掉胡须，重新穿上戏衣，登台演出，庆贺中华民族的伟大胜利，震动了整个上海，轰动了全中国。梅兰芳一身傲骨，不畏侵略者暴行利诱，为了坚守心中的正义、为了祖国的荣誉和尊严，宁可自己做出最大的牺牲，毅然舍弃心爱的艺术，而没有半点的犹豫和彷徨，堪称"匹夫不可夺志"的典型。

梅兰芳对气节志向的坚守，具体体现了他那爱国主义的坚定信念和渴望祖国强大起来的崇高理想，显示出他对民族大义、对真理的不懈追求。这种高尚的气节志向，反对谬误，抵制浅薄，坚持正义，排斥罪恶；它出淤泥而不染，临危受命而不缩，慷慨赴死不低头；它在大是大非面前坚持立场、崇尚正义，危难时刻义无反顾，甘愿赴汤蹈火。

中华民族光辉史册上，有无数"临大节而不可夺其志"的英烈志士，他们的英雄壮举告诉后人：为人处世，必须坚守自己崇尚的崇高的气节与信念，尤其是在大是大非面前，要站稳立场，坚定信念。孔子提倡的"匹夫不可夺志"告诉我们：守其志，才能仰不愧天、俯不愧地、立不愧人，真正屹立于天地之间而毫无愧色！在进行社会主义市场经济建设的今天，人们更需谨记"匹夫不可夺志"这句箴言，不为金钱所动，不为利禄所动，不为女色所动，不为功名所动！

正是：三军统帅犹可擒，匹夫气节守绝伦；

刑天精卫志长在，无愧天地乃真人。

治道篇

七十六、动之不以礼，未善也

孔子说："聪明才智足以得到它（知及之），仁德不能保持它（仁不能守之）；这样即使得到（虽得之），也一定会丧失（必失之）。聪明才智足以得到它（知及之），仁德也能保持它（仁能守之），但不用严肃恭谨态度治理百姓（不庄以莅之），那么百姓也不会认真地生活与工作（则民不敬）。聪明才智足以得到它（知及之），仁德也能保持它（仁能守之），还能用严肃恭谨态度治理百姓（庄以莅之），但是假如不合情合法地动员百姓（动之不以礼），还是不够好啊（未善也）！"这一大段话在于告诫人们，要成就一项大的事业，才智、仁德、恭谨、合礼法四个方面，是缺一不可的。

孔子讲了一个非常重要的道理，小到个人的事业，中到担任政府官员履行政务职责，大到治国治军身系国家社稷安危，都应该切记这个道理。他告诉人们，凡事既要有足够的智力，又要有足够的仁德，还要有庄敬的态度，更要依礼法行事。在历史上乃至现实中，既得之又失之的事例真是太多了，可谓不胜枚举。智力不及之，还不算可惜，如果耗费足够大的心力获得了，却因为自己不能以仁爱之心、庄敬态度、礼义作为保守它又随之失去，岂不更为可惜？年轻的朋友们，大家将来欲成就一番大事业，一定要牢记孔子讲的这个道理：以智及之，以仁守之，以庄对之，以礼行之，四者不可或缺。这可以说是孔子对过去的人类社会历史经验的总结，也是对将来统治者的一个警示！商纣王不以仁德、恭谨、礼义治天下，而最终失天下并命丧黄泉的事例不就是这样一个突出的典型吗！商纣王年轻时本是一个胸怀大志并很有作为的君王，而且武艺超群，智商也很高，可是，中年以后，却因为取得了事业上的一些成功，而骄傲自大起来，逐渐变得骄奢淫逸，残暴无比，为所欲为而不行正道，毫无仁德、庄敬、礼义之心，以致弄得天怒人怨，终因自己的恶行而招致天谴亡国！所以，儒家的思想，从来都强调不能够单独发展某一方面，而是要几方面兼顾。智慧、仁德、庄敬、礼义四者并行才可以成就事业。

唐初贞观年间，有一次，唐太宗李世民与大臣们讨论创业与守成的难易问题。他问房玄龄和魏徵两人："创业与守业哪个更难一些呢？"房玄龄回答说："国家开始创立时，陛下率领我们和众多英雄豪杰竞相起兵较量，经过多年生死搏杀以后，才终于取得天下，使他们不得不俯首称臣，还是创业更难一些吧。"魏徵表示不同意见说："自古以来的帝王，都是在很艰难的条件下得到天下的；但又是在安逸的时候失掉了天下，可见守成更难啊！"唐太宗说："玄龄协助我取得了天下，历经百战，九死一生，所以知道创业的艰难；魏徵帮助我治理、安定天下，经常担心在富贵的时候滋生骄奢淫逸情绪，疏忽大意的时候发生灾祸动乱，所以更清楚守成的艰辛。不过今天创业的艰难已成过去，守成的艰辛困难，确是朕应该和大家一样谨慎对待的。"房玄龄、魏征等齐声赞颂说："陛下讲的真是至理名言，有如此英明的帝王治理天下，这真是天下所有臣民的福气啊！"

古话说"创业易，守成难"。就一个人的发展来说，依靠个人的聪明才智，取得一些成绩荣誉还是比较容易的，但要长久地保持住成绩荣誉，就不是那么容易了。也许一般性的、消极的保守也还可以做到，但要进一步用庄敬严谨的态度，发扬积极进取的精神，在现有的基础上，取得更大的成就，那就太困难了。因为这已经不是消极被动地守成，而是积极主动地建树，是要大展宏图，成就一番伟业了。

翻看中国悠久的历史篇章，几乎每次朝代的更替，都是经过血腥杀戮，用武力打下天下，夺取政权的。所以打江山的往往知道打天下的不容易，尚能勤勉自守，与民休养生息。历史上这样的事例很多，如文景之治、贞观之治，等等。可惜子孙享受太平生活的日子久了，不知守业之难，往往会逐渐养成骄奢淫逸，鱼肉百姓的习惯，结果弄得民不聊生，民怨沸腾，最终将祖先辛辛苦苦打下来的江山断送，史书上类似事例可谓不胜枚举。例如，秦王嬴政亲政掌权后，采纳李斯的远交近攻策略，派能言善辩之士，游说六国。等六国君臣上下离心，朝中无将，国中无人时，或招降纳叛或武力攻取，先后灭掉了韩、燕、魏、楚、赵、齐等关东六国。结束了长期以来诸侯割据、混战不堪的春秋战国时代，完成了中国历史上的第一次大统一。消灭六国之后，嬴政进一步拓土开疆，北逐匈奴，南平百越，威震四方，使中国第一次成了一个集中统一的多民族国家。为了巩固政权，他还采取各种措施，对国家建设和政权体制进行了重大改革。第一，废除分封制，实行郡县制。确立了高度专制主义的中央集权的封建国家体制。第二，集权于中央朝廷，颁布统一的法令政令。统一法律、度量衡、货币、车轨。可以说秦始皇一生功绩是伟大的，但他在全国统一之后，不知休养生息，与民休息，而是穷奢极欲，兴师动众，修筑阿房宫、骊山墓，极大地加重了人民负担。他死后，其子胡亥更是变本加厉，横征暴敛，鱼肉百姓，使人民不堪重负，不得不纷纷揭竿而起。盛极一时的秦王朝，很快被陈胜、吴广领导的农民起义摧毁，千秋伟业毁于一旦。

可见，创业时恪守的智慧、仁德、庄敬、礼义，固然能够决定事业的成功，而守业时更应当谨记智慧、仁德、庄敬、礼义的重要性，如若不然，则如枯木败叶摇摇欲坠，随时会失去那来之不易的硕果。

举一反三来看，对于任何事业与工作来说，又何尝不是如此呢？因此，做工作以及对待各项事业，我们都要献出智慧、竭尽仁德、态度庄敬、谨守礼义，如此，还怕事业不成、工作做不好吗？

正是：智慧仁德实重要，庄敬礼义不可缺；
　　　四项齐备创守易，谨记在心胜券握！

七十七、君子矜而不争，群而不党

在《卫灵公》篇中，孔子说："君子严正而不争夺（君子矜而不争），合群而不偏袒（群而不党）。"另外，在《述而》篇中，有这样一段记载，陈司败问昭公懂礼吗？孔子回答说："懂礼。"等孔子走后，陈司败对巫马期作了个揖，走近一步说："我听说君子不偏袒（吾闻君子不党），难道君子也偏袒吗（君子亦党乎）？昭公在吴国娶亲（君取于吴），是同姓（为同姓），叫她吴孟子（谓之吴孟子）。昭公懂礼（君而知礼），那还有谁不懂礼（孰不知礼）？"巫马期将此事告诉了孔子。孔子自我解嘲似地说："我真幸运（丘也幸），只要有过错（苟有过），别人一定知道（人必知之）。"可见，这里说的"君子不党"，就是君子不偏袒任何一方，引申意为君子应当在任何情况下都坚持原则，而不搞拉帮结伙、结党营私那一套。

在孔子看来，作为君子要诚信与人相交，和睦与人相处，广交朋友，善于合群。但是不能出于某种私利而拉帮结派，搞沆瀣一气，臭味相投便称知己的朋党勾结那一套。朋友与朋党表面看来，似乎有一致之处，但却有原则的区别。从现象上看，朋友与朋党都是密切交往的社会群体，都有着相互依赖、互相帮助的功能。但从本质上看，朋党只是朋友的一种退化变形，它失掉了朋友之间正常的健康和真诚的交往、交流，而蜕变为相互勾结、以营私利的宗派集团。因此朋党内部必然是不讲是非、一味附和与尔虞我诈、钩心斗角同时并存，它与朋友之间的纯洁友谊、互相帮助已不可同日而语。从总的方面看，朋友与朋党的主要区别，表现在三个方面：一是目的不同，朋友之交完全基于道义方面的志同道合，交往双方都有着高尚的追求；而朋党之间的交往则是出于各自的一己之私，是以势利往来交换为目的的。二是基础不同，朋友相交是以诚信为根本，朋党相交则是以利诱勾结为基础的。三是手段方法不同，朋友之间和而不同，互相能够做到严以律己、宽以待人，朋党之间却是同而不和，各怀鬼胎导致比而不周、排除异己。朋友与朋党孰优孰劣，应当是很清楚的。

历史上最为典型的朋党，是唐朝后期的牛僧孺和李德裕两党。他们各自拉起一帮人马，彼此猜忌，互相排挤拆台，各引党羽，结为心腹，以攻讦陷害对方为能事，凭好恶爱憎定亲疏、行褒贬，造成朝廷中大臣之间长期纷争不和，唐文宗李昂为此慨叹："去河北贼易，去朝中朋党难。"可见朝中朋党之争是一种多么大的内耗活动，不能不引起后人的警惕。从这里也可以看出，孔子反对朋党勾结的正确性。

我国历史是复杂的，还有另一种情况，就是腐朽的专制统治者借清除朋党之名，打击正常的带有积极意义的政治反对派和正直人士。东汉末年掀起的两次党锢之祸，就是宦官集团兴起的打击李膺、范滂等名士的冤狱，先后连累200多士人，许多名士死难。明朝东林党、复社等，都是具有革新精神的进步团体，却被视为朋党，惨遭宦官阉党打击迫害。另外，宋朝的大名士欧阳修也被视为党人，为辩诬以还自己清白，他写下了堪称千古名篇的《朋党论》，文章中辨析朋党的真义，用以自明。其中有"君子与君子，以同道为朋；小人与小人，以同利为朋"一句说明君子之朋为真朋友，小人之朋则为伪朋友也就是朋党。欧阳修建议皇帝应"退小人之伪朋，用君子之真朋，则天下治矣"。并在文章中举出诸多例证来说明这个道理，从而论证了一个正确观点。可见，对于由朋友进而结为党派一事，要做具体分析，其间当然有光明与黑暗、健康与腐朽、进步与守旧、为公与为私之别，不可一概而论。

结交朋友当然是有原则的，而在传统的交友之道中精华与糟粕是并存的，对此，我们要认真分析研究，正确对待。只有如此，才能真正做到古为今用。因此，对以往的认识，即使是相对正确的认识也必须加以分析、提炼和再加工，赋予其中有益的成分以新质，以适应今天社会的需要。

传统的交友之道有着鲜明的时代局限性。第一，表现在朋友之义必须服从于忠孝之道，当两者发生冲突时，只能牺牲前者，以保全后者。第二，中国封建社会中朋友相交的道义性，以宗法社会道德为标准，所以它尽善辅仁的目的，也是为了成就忠臣孝子。第三，虽然以历史的眼光看，不管是统治者士大夫之间的友谊，还是劳动人民之间的友谊，都有利国利民、超越等级、表现人类共性的一面，但是这一方面却难以充分展开。很遗憾，就是孔子所讲的合群的朋友之道，也不能不带有这样的局限。

在当代正走向现代化的中国，随着改革开放力度的增强，人际关系同过去相比已经发生了重大的新变化，交往的多样性、丰富性、广阔性、复杂性、深刻性、全面性，不知道超出以往多少倍。家庭关系和阶级关系在社会中的地位大大下降，种种新型社会关系的建立与发展，表明社会正在进入一个更高的发展阶段。在这种新形势下，传统五伦关系（即夫妇、父子、兄弟、君臣、朋友）中的前四伦，有的有些已过时，有的有些已废弃，有的有些已减弱，有的有些已嬗变，只有朋友一伦，不但没有陈旧，反而由于宗法伦理的瓦解更显示出了前所未有的活力，使其历久而日新，长盛而不衰。社会越进化，朋友关系就越重要。由于朋友关系本质上的平等性、坦诚性、开放性和互爱互助性，使其成为人们所追求的一种理想而又美好的社会关系；还由于朋友关系的兼容性、广泛性，它可以渗入其他所有人际关系中而不会与之发生冲突，而且更可以使各种关系更健康、更长久。

在新时代的今天，大力提倡和歌颂真诚的友谊，把朋友关系扩展到其他一切领域，使父母与子女、上下级、老少、师生、夫妻、兄弟姐妹、同学、同行、同乡、同缘、同道、同事，以及不同职业、民族、男女、亲戚，还有国与国、政治家与政治家之间等等，都建立起普遍的友谊，普天下人都广交朋友，都成为朋友，四海之内皆朋友，这样就可以大大改善当前人际关系的不良现状，也有利于人性的升华。在封建专制思想尚未绝迹的情况下，尤其是在上下级和家庭血缘关系中，提倡交朋友更显得重要，前者有利于政治生活的民主化，后者则有益于家庭生活和谐化，对于建设和谐社会具有十分重要的意义。

人生活在社会中，心灵不能封闭，不能没有朋友。符合道义的真诚的友谊，会变成一股巨大的精神力量，充实并美化着人们的生活，使人们变得高尚、热情、充满活力、乐于助人，同时也愿意接受朋友们的真诚指导、关爱和帮助，在真挚的友谊中享受到无比的幸福与愉悦。这也正是孔子说的君子"群而不党"的现实意义。借用某位著名学者的几句打油诗，并斗胆狗尾续貂加上两句，权作结语：

> 少年交上好朋友，健康成长有奔头；
> 成年交上好朋友，克服困难有靠头；
> 老年交上好朋友，精神充实有活头；
> 一生交上好朋友，快乐幸福无尽头！

七十八、不在其位，不谋其政

孔子说："不在那个位置上，不去谋划与之相关的政务（不在其位，不谋其政）。"这句话在《论语》中出现了两次，一次是在《泰伯》篇，一次是在《宪问》篇，所不同的是，《宪问》篇在孔子的话后紧接着记载了曾子的一句话："君子的所思所想，不超出职务范围（君子思不出其位）。"此后，儒家经典《中庸》中也有相似的论述："君子安于现在所处的地位，努力做好他应该做的事，不去想做本分以外的事。"综合来看，这些经典名句都是在强调人要有一种角色和职分的自觉，明确自己的界限，对超出自己职分之外的事物采取谨慎的态度，不要横加干预。

万里同志作为党和国家的卓越领导人，在担任安徽省委第一书记期间坚定贯彻落实中央有关改革开放的政策，大力发展农村经济，支持农民实行包产到组、包产到户，让农民重新获得生产的自主权，吹响了农村改革的号角。在他的主管下，安徽省粮食连年增产，"文革"中受到严重破坏的农业生产很快得到恢复，那时社会上流传着一句深入民心的民谚——"要吃米，找万里"，由此可见万里同志在人民百姓中的崇高威望。1993年，万里主动从人大委员长的岗位上退休后，坚持"不在其位，不谋其政"的理念，不参加任何剪彩公务活动，不写序言、题词，不担任任何名誉职务。他曾说："不问事、不管事、不惹事，就是对当权责任领导的有力支持。"

讲求分工协作是现代管理学的重要标准，所谓分工协作就是各居其位，各司其职。对领导人而言，任何一个岗位都有自己的职责，行使每一项权力更有明确的要求。角色自觉，就是要求领导人认清自身位置，认识自己定位，行守规矩，不做越俎代庖的事情。

老布什在担任美国副总统期间，深知处理好与总统里根的关系是成为一个优秀副总统的首要前提。为了取得里根的信任，老布什给自己制定了五项原则。其中第一项便是准确认识和掌握作为副总统的工作权限，避免越职行事。老布什在里根执政期间做了八年的副总统，赢得了里根与美国人民的普遍称赞，获得了"最好的副总统"的美誉。可以说，老布什之所以能够赢得这样的荣誉，关键就在于他充分认识到作为副总统的职责，找准了自己在工作中的角色定位，避免做出出格的事情。

当然，我们也必须澄清，孔子讲"不在其位，不谋其政"并非在提倡"只扫自己门前雪，不管他人瓦上霜"，而是在强调注重当下，关注自身时下的境遇，远比不切实际的幻想或枉顾人事有代谢的发展规律，而强行干预事务的行为更加重要。因此，《中庸》中讲道："如果平素处于富贵的地位，那就做富贵者应该做的事情；如果平素处于贫贱的地位，那就做贫贱者应该做的事情；如果平素居于夷狄的环境，那就依照夷狄的处境行事；如果平素处于患难的环境，那就依照患难的处境行事。"无论身处怎样的环境重要的不是改变现状，而是首先承认现状，避免"这山望着那山高""吃着碗里瞧着锅里"的错误行为。

通晓这个道理，我们才会明白下面的这个禅机故事。一个年轻的小和尚，一心向佛，希望终有一天能够得道开悟，不过，他虔心修行多年，却觉得自己依然没有长进。于是，小和尚忍不住向师父请教："您得道之前做什么？"老和尚说："砍柴、担水、做饭。"小和尚又问："您得道之后呢？"老和尚说："还是砍柴、担水、做饭。"小和尚很是不解："那什么是得道呢？"老和尚笑着说："得道之前，我砍柴时惦念着挑水，挑水时惦念着做饭，做饭时又想着砍柴；得道之后，砍柴就是砍柴，担水就是担水，做饭就是做饭，道就在其中。"

现代社会，刚刚步入工作岗位的青年人员面对激烈的竞争，短时间内难以适应，这时往往有一批人会把原因归咎于工作岗位，从而整天思索着跳槽，另谋高就，却忽略自身当下的学习与成长，最终即便跳槽成功也会面临新的难以适应的工作问题。"不在其位，不谋其政"恰恰给青年人员敲了一记警钟，砍柴即砍柴，担水即担水，杜绝眼高手低、好高骛远，考虑如何做好现在的事情才是用力之所在。这也就是角色和职分自觉的另一方面——在其位，谋其政。

现实生活中，我们每个人都处在一定的职分上，或是学生，或是老师，或是职员，或是经理……而且根据社会关系的不同人所承担的角色也会变化。但无论从事什么工作投身何种事业都应当尽职尽责，履行角色的责任，这既是对岗位负责，更是对自己负责。换言之，人只有做好本职工作，才有机会和能力谋求进一步的发展。

作为青岛港的吊车司机，许振超平时所做的工作就是把货物从码头吊上车、船，或从车、船把货物吊到码头，看似平凡的岗位，他却干出了不平凡的业绩。为了能够保持吊桥的平稳，减少作业中不必要的资源浪费，他一遍遍反复练习吊水桶，做到滴水不洒；为了节省修理时间，提高维修速度，只有初中文化的他利用业余时间学习电工知识和设备图纸，自己修理机械；面对国外的精密仪器，他又自学英语，主动处理故障机械，为单位节省了大量费用……在许振超的带领下，他所在的吊桥队创造出了每小时381自然箱的码头装卸效率，打破世界纪录，而许振超也由一名普通工人成长为令世界航运界敬佩的一流桥吊专家。

任何人都不可能随随便便成功，荣耀的背后必然有着不为人知的辛苦付出。唯有干一行爱一行，爱一行精一行，在本职岗位上踏踏实实付出，才会有硕果累累的收获。

总而言之，在其位，谋其政，是有所为；"不在其位，不谋其政"，是有所不为。清醒地认识到自己的角色定位，明晓该做什么，不该做什么；专注自己的职责，又不越权行事，唯其如此，一个和谐有序的社会才能建立起来，而这也是孔子此番告诫的现实意义之所在。

正是：人在其位谋其政，不在其位莫心惊；
本职工作先做好，立足当下好心情。

七十九、为政以德

孔子说："以德来治理国家（为政以德），自己便会像北极星一样（譬如北辰），在一定位置上，别的星辰都环绕着它（居其所而众星共之）。"心怀仁义之心，为政以德，必将能够得到所有人的尊敬，残暴的统治，严苛的政令，也终将导致自己的灭亡。

在先秦诸子中，孔子始终秉持"为政以德"的治国理念，并在具体的行政事务中率先垂范。孔子在鲁国时，曾任大司寇，主要掌管狱讼、刑罚，并参与国家政事。他十分体谅百姓的苦衷，并注重判案时的公正和宽大。他审判一个案子，往往会找人多次问话，并听取不同人的意见，多方取证和调查，等案情明白无误后再做审判。所以，经孔子审判的案件，几无喊冤之人，这在孔子的时代是十分难得的。在他治理三个月之后，贩卖猪、羊的商人就不敢再漫天要价了；男女行人都分开走路；掉在路上的东西也没有人捡；各地的商旅来到鲁国，用不着向官员求情送礼，也能得到满意的照顾，好像回到了家中。把鲁国治理得路不拾遗，夜不闭户。《史记·孔子世家》也记载，孔子任鲁国中等城市的行政长官，治理一年以后，成绩斐然，各地都效法他的治理方法。在某种程度上不也是"众星共之"的良好示范吗？

孔子之所以提倡为政以德，是因为对暴政有着切身的体会和憎恶。《礼记》中记载了这样一个故事，孔子带着他的学生从泰山旁边经过，看见有个妇人坐在坟前伤心地痛哭。孔子在车上听到后，很是同情，叫子路停车上前问清楚缘由。子路来到妇人跟前，轻声问道："您哭得这么悲痛，好像有很大的忧伤？"妇人回答说："是的。之前，我的公公被老虎吃掉了，后来，我的丈夫也被老虎咬死了，而现在我的儿子又丧身于老虎的口中。"孔子听到这里，忍不住问道："既然这儿常有老虎伤人，为什么不离开这个地方到别处去呢？"妇人回答说："那是因为这儿没有暴政，没有苛捐杂税啊！"孔子听后，对他的学生说："你们记住了，统治者的暴政要比吃人的老虎更加可怕啊！"哭坟的妇人一家三代全部死于老虎之口，但为了能免于遭受严苛的暴政，他们仍然不愿离开，可见，苛政猛于虎。不但使百姓深受苦痛，而且也会使国家动荡不安，甚至走向灭亡。

在山东嘉祥武梁祠内有一幅石刻画像，画中有一个人，右手执戈，坐在两个背向跪坐的女人的背上，而这个执戈之人就是夏王朝的最后一个君主——夏桀。他继承王位后，对内横征暴敛、搜刮百姓，对外滥施征伐、勒索小邦。为了宠妃妹喜，他不惜大肆征兵，筑倾宫、饰瑶台、作琼室、立玉门，日夜与妹喜及宫女饮酒作乐，而民众的生活则十分困苦。大臣关龙逄曾直言进谏，夏桀不仅不听从，反而将其囚禁处死。他的荒淫残暴，导致了民怨沸腾，他的亲佞远贤，终使民心相背。即使处于如此岌岌可危的境地，他仍然狂妄地把自己和太阳相比，相信夏朝的统治永远不会灭亡。百姓却恨透了夏桀，《尚书·汤誓》中记载了那时民众的心声："你什么时候才灭亡？我们宁愿与你同归于尽！"最后，夏桀的暴政将各位诸侯推向了商汤的阵营，夏王朝近五百年的统治在夏桀的暴政中结束了。他死后，人们给了他一个谥号——桀，就是凶悍、横暴的意思，可见人们对他的痛恨到底有多深了。

取代夏桀的商汤，其宽仁大度与夏桀的残暴好色形成了鲜明对比。《史记·殷本纪》记载了一个"网开三面"的故事，有一天，商汤外出，看见郊外的田野中，有一个人，四面张着罗网，张网的人祈祷道："从天上、地下、四方来的鸟儿，都到我的网里来吧。"商汤叹息道："如果这样的话，就会把鸟全都捕尽了呀！"于是，他下令让捕鸟的人去掉三面罗网，只留下一面，并让捕鸟的人这样祈祷："鸟儿啊，你想往左飞就往左飞，你想向右飞就向右飞，如果实在不想活了，那就飞到我的网里来吧。"后来，这件事传到其他诸侯的耳朵里，大家纷纷赞颂商汤，竟能够将仁慈的德行推及鸟兽的身上。于是，各部落纷纷与商汤结好，并推举他作为首领，最终成为商朝的第一代君主。

《人民日报》曾就"为政以德"发表文章说道，"政者，正也。"即政治就是要让国家和民众都行正道，而为政者自己的德行尤为重要，因为为政者的道德作风好比是风，老百姓的道德作风好比是草，风往哪边吹，草就向哪边倒，正人先要正己，上行就会下效。这就是"为政以德"的力量所在。

当然了，为政以德，并不是说不用政令刑法，而是德先行之。毕竟，法制是"为政以德"能够得以实行的有力保障。道德不是法律，但也是国家兴衰的关键。如果单用严苛的禁令和刑罚来治理国家的话，老百姓虽然也会十分惧怕，不敢违背，然而却并非发自内心，自觉遵守的，为的不过是能够免于受到刑罚罢了。老百姓时时心存恐惧，满腔怨恨，却不会因犯了过错而感到羞耻。倘若为政者以德治国，用自身的修养来引导和感化民众的话，民众就会逐渐养成有羞耻心的道德人格，人人都努力去追求善，做到善，而从根本上解决人之为人的真善美问题。所以，孔子说："用政法来诱导百姓，用刑法来整顿百姓，人民只是暂时免于罪过，却没有廉耻心（道之以政，齐之以刑，民免而无耻）；用道德来诱导百姓，用礼制来整顿百姓，人民不但有廉耻之心，而且人心归顺（道之以德，齐之以礼，有耻且格）。"关于这一点，我们在下文《道之以德，齐之以礼》中还会详细论述。

环视当今，新时代、新征程，以习近平同志为核心的党中央审时度势，深刻总结历史发展规律，以不忘初心、继续前进的姿态，推出一系列惠民、富民政策，人民获得感、满足感日益增强，幸福指数不断提升，善莫大焉！今天的中国正以昂扬的斗志为实现"两个一百年"奋斗目标而勠力前行，中华民族伟大复兴的中国梦也变得稳步可期！

正是：为政以德是根本，苛政猛虎寒人心；
    上行下效行仁治，勠力团结亿民亲。

八十、小不忍则乱大谋

孔子说："花言巧语，扰乱道德（巧言乱德）。小事情不忍耐，就会破坏大计划（小不忍则乱大谋）。"李泽厚先生认为，"小不忍则乱大谋"这句名言，既包含着真理的成分，也是一种大的策略与权术，比较充分地彰显了中国传统文化实用理性的一面。

比较各国的历史文化传统，中国人是最能够"忍"，也是最不能够"忍"的。但在历史上，凡是有较大成就业绩的伟人，都有着一般人难有的超凡忍耐力。一生事业顺遂，不经磨难，就成就一番大事业的，只能是美好的幻想。周文王曾忍食子之痛，孙膑曾忍膑足之苦，韩信曾忍胯下之辱，司马迁更是忍下了腐刑之耻，刘备在曹营的假痴不癫，毛泽东屡遭"左"倾错误路线的打击排挤而矢志如一，邓小平的三落三起……都说明一时的忍耐让步，甚至低头，对于成就将来的伟业，是多么的重要。正因为他们能忍，日后才能有机会东山再起，成就不朽的伟业。由此，我们可以知道"忍"字有多么重要。

忍是理智的抉择，是成熟的表现。能忍既是一种气度、一种胸怀，更是一种境界。忍的目的是要等待时机，为成就将来的大事业积蓄力量准备条件。因此，必须眼光放得远，为长远打算，忍一时之痛、之耻、之恨、之屈、之苦、之辱。忍一时，风平浪静，以待时机；退一步，海阔天空，积蓄势能。"忍"体现了一种大胸襟、大境界、大气魄、大格局。

楚汉战争时，霸王项羽从成皋率军去打梁地的彭越，命令大司马曹咎等人守城，嘱咐他们不管汉军怎样挑战，也不许出战，等他灭了彭越后，回军再打不迟。项羽安排好城守后，就领兵东进了。汉军果然来挑战了，楚军开始还遵照项羽命令，坚守不战。但汉军使人到阵前极力辱骂挑衅，大概把曹咎的八辈祖宗都骂遍了，五六天都不停歇，且越骂越难听，从而大大激怒了曹咎。忍不住心头怒火的曹咎，早就忘记了项羽的战略部署，下令守城人马出击，结果在汜水刚渡过一半时，被汉军乘机杀得大败，辎重财物全被汉军缴获，城池失守，曹咎等人也落得个自杀身亡的下场。这个战例可以说是对"小不忍则乱大谋"的绝好注解。至于《三国演义》中写到的，魏国老臣王朗被诸葛亮在阵前一顿臭骂，当场大叫一声，坠马倒地而亡之事。王朗就不仅是因小不忍而乱大谋，而是因小忿不忍连性命都搭上了，更谈不上什么大谋的乱与不乱了。

而春秋末期吴越争霸时的越王勾践忍辱灭吴的历史事件，正是深谙"小不忍则乱大谋"计策的一个极好例证。公元前494年，越王勾践攻吴失败，吴王夫差乘胜打进越国。勾践率领残存的5000甲士，退守会稽山，形成了吴国吞并越国之势。此时，勾践采用范蠡委曲求全之计，以重金贿赂夫差宠臣伯嚭为他们说话，使夫差置忠臣伍子胥的极力劝谏而不顾，答应了保存越国的请求。忍辱负重的勾践带着夫人和一批随从到吴国侍奉夫差。勾践像奴仆一样亲自为夫差养马驾车，表现得俯首帖耳，极为恭顺，其夫人则洒扫宫室。越国的美女和宝物也大量献到了吴国。三年以后，夫差认为勾践已对吴国完全臣服，不敢再有二心，于是放勾践返回越国。回国后的勾践发愤图强，开始了长期的复仇准备行动。他亲自参加耕作，生活格外简朴，每日睡在柴草中，头顶上悬一苦胆，饮食坐卧，都要品尝一下苦胆滋味，以示不忘在吴国遭受的苦难，激励复仇的斗志，也留下了"卧薪尝胆"的著名典故。在经济上他采取发展生产，鼓励繁殖人口的政策；政治上采取招贤纳士的方针，广招人才发挥作用；军事上加强部队建设，并建立水军，严格训练。在内部养精蓄锐的同时，外部却不露声色，照样表示出对吴国极为顺从驯服的样子，以麻痹吴国人，助长夫差的骄傲自大、骄奢淫逸的情绪和作为，消耗吴国的国力。经过勾践的成功表演，终于骗取了夫差的信任，使其逼死了主张对越国严加防范的伍子胥，然后吴国出兵中原争霸天下。趁着吴国国内兵力薄弱之机，以20年生聚教训隐忍待发的勾践，抓住战机，果断出动训练有素的数万精兵，一路截断夫差大军的退路，一路直逼吴国都城姑苏。吴国留守的老弱残兵，在越军精锐的打击下，全线溃败，留守都城的太子被活捉，姑苏失陷并被烧毁。此时勉强争得霸主地位的夫差，率大军回国，家国已成一片废墟。接着勾践连续进攻吴国，夫差无力抵抗，在公元473年终于到了亡国的地步。夫差奢望像当年自己放过勾践一样，也希望获得勾践的同情，放自己一马，继续保留吴国。但他打错了算盘，勾践不会再犯夫差所犯的错误，不再给他留机会。于是，夫差只得自刎而死，吴国遂被越国所灭。从这个历史事件中可以看出，勾践以隐忍功夫而成大业的宽广胸怀。

另外，古典名著《三国演义》第一百零三回《上方谷司马受困　五丈原诸葛禳星》中记载，诸葛亮六出祁山，在上方谷火烧魏军，司马懿幸得天降大雨才死里逃生。大败以后，司马懿就按兵不动，坚不出战。任凭诸葛亮怎样叫阵挑衅甚至辱骂，他都置之不理。诸葛亮见司马懿不出战，就派人送巾帼妇人之衣并书信一封给司马懿，嘲笑司马懿不出战是妇人之怯，不是男子汉大丈夫所为。想以此激司马懿出战。而司马懿看完虽"心中大怒，乃佯笑曰：'孔明视我为妇人耶！'即受之，令重待来使"。并和善地与来使交谈，得知了诸葛亮身体已不堪其劳的重要情报，更坚定了他以静制动，等待诸葛亮身体撑不下去时再动手的决心和信心。司马懿身为大都督，忍下这奇耻大辱，终于使操劳过度的诸葛亮无计可施，徒唤无奈，病死在五丈原，从而使司马懿不战而胜。可以说这又是一个深知"小不忍则乱大谋"计策的好例子。

孔子说的"小不忍则乱大谋"，不仅只是对敌人或敌对阵营而言的，对于一个人自身的成长，对于朋友相处也是同样有效有益的。一个人在其成长的过程中，免不了受些委屈遭些磨难，这时冷静分析，忍住一时之愤，就是很重要的了，既体现了一个人的胸怀涵养，也有利于问题的尽快正确解决。即使一时解决不了，也要理性对待，相信"路遥知马力日久见人心"的真理，不必耿耿于怀，而要放平心态，去做好当前该做的事，才可能成就将来的大业。朋友交往当中，也许会产生误会或遭人曲解，此时更需要胸怀博大，不必斤斤计较，应多想想别人的好处、长处，更应相信朋友绝不会有意害你，这样处理，友谊一定会更牢固、更长久。

"小不忍则乱大谋"已经流传了两千多年，许多人已经把它当作座右铭来看，它告诉我们：一个有着远大志向、崇高理想的人，凡事就不该斤斤计较个人得失，更不应在小事上纠缠不清，逞匹夫之勇，图一时之快，而应有开阔的胸襟和远大的抱负，用坚韧不拔的毅力和博大的胸怀对待工作和他人，才有可能实现崇高的理想。

正是：小忿不忍乱大谋，正反史鉴记心头；

　　　冷静理性成大业，年轻朋友可慰酬。

八十一、道之以德，齐之以礼

孔子在《论语·为政》中说："用政令来管理、领导（道之以政），用刑罚来整治、规范（齐之以刑），民众会只求免于处罚，而心中却不知道违法犯罪是耻辱的事（民免而无耻）；用德行来管理、领导（道之以德），用礼制来整治、规范（齐之以礼），就会使民众不但认为做坏事可耻，而且言行都会归于正道了（有耻且格）。"可见，孔子虽不反对用政令与刑罚治理国家，但更主张用道德来管理国家民众。实际上，我国汉朝以后的历代封建王朝，都是依此原则来治理国家的，即通常所说的"明儒暗法"实现其专制统治。从表面上看，这与我国今天提倡的"以法治国"与"以德治国"的统一，是有某些相似之处的，当然本质上是不同的。

上述孔子的话说明他不仅看到了政治和刑罚的力量，而且更重视道德教化的作用，主张在国家治理方面，教育提高民众的道德水平，比政治法律手段的措施更为根本。

孔子明确认识到，道德是一种巨大的精神力量，对于社会各个等级的人和社会生活的各个方面，都有着不可估量的积极影响。统治者有了道德修养，就可以按照他们阶级的整体利益和要求去做事，不会离经叛道。被统治阶级有了道德信念也可以自觉地受统治者的役使，这就是孔子说的："小人学道则易使也。"孔子还认为统治阶级的道德行为会影响被统治阶级的言行思想。因此，只要上层社会的统治者真正相亲相爱，则一般民众就会学着发扬仁爱精神了。

孔子非常强调道德教育的重要性，看到道德教育在社会发展中的重要作用。其合理积极的因素是显而易见的。作为阶级社会中的统治阶级要维护自己的统治，当然需要文治与暴力并用，既用道德教化一手，又离不开刑罚镇压一手。其实，历朝历代都有刑法的威严，有法律的强制存在，民众乃至统治者中的个别人物，触犯了法条，就要判刑坐牢甚至被处死。这是暴力的一手。这一手对任何统治阶级都是必要的。但是仅仅依靠暴力的力量是不够的。还必须有文的一手，就是靠道德教化，进行道德教育。通过道德教育，使民众能够按照统治阶级的要求和需要行事，从而维护统治阶级的统治。所以，道德和法律都是统治阶级维护统治所不可缺少的。但是，通常人们看到法律的作用比较明显，而不容易看出道德的作用。其实，道德的作用是巨大的，在一定意义上说，它比法律的作用要大得多。

　　道德的践行与法律的规范，有自觉和强制的区别。法律由国家按法定程序制定和颁布，靠强力推行，违反法律就要受到制裁。这对维护社会秩序和统治阶级的意志是必要的，但它有一定的限制和范围。而道德的特点，不是靠强制，而是靠人们的自觉性。任何一种道德，都是靠社会舆论、传统习惯和人们的内心信念来维持的。尤为重要的是，道德只有转化为人们的内心信念，才能转变为人们的行动，进而产生巨大的社会作用。中国古代的许多"杀身成仁，舍生取义"的仁人志士，近代史上更多的"鞠躬尽瘁，死而后已"的革命先驱，新民主主义革命中千千万万个"砍头不要紧，只要主义真"的英雄先烈，抛头颅洒热血，前赴后继地英勇奋斗，光照千秋，为山河增色。他们的所作所为，是为了民族的振兴，祖国的统一和富强，社会的发展与进步，人民的利益及幸福，都是受到崇高理想的驱使，是坚定的政治立场和道德观念的践行。可见道德信念的力量有多么强大。历史上高明的统治者都懂得，单纯依靠暴力镇压很难让民众自愿顺从其统治，即使百姓在统治者淫威下不得不为统治者工作，他们也不会心甘情愿。而通过道德教化，则可能会使人民自愿顺从其统治，并为其统治尽力。做任何事情，靠强力驱使只能是推一推、动一动，与靠内心信念道德力量的自觉行动，差距是极大的。

　　道德教化对维护法律起着重要作用。道德和法律虽然不同，但二者又是相辅相成的。历史地看，统治者为了推行本阶级的道德，往往把道德法律化。如中国的封建统治者，就把"三纲五常"列入封建法规之中。在今天，爱祖国、爱人民、爱科学、爱劳动、爱社会主义，是中国特色社会主义道德的主要规范，是社会主义道德建设的基本要求，但它也被写入中华人民共和国宪法。所以，法律对道德的推行有着重要的保护作用。当然，我们更应该看到，道德在维护法律实施贯彻中的积极促进作用。例如，通过经常的道德教育，使人们具有了清晰的善恶观念，明确了什么是善的什么是恶的，什么是好的什么是坏的，什么是合法的什么是非法的，从而能够自觉地扬善抑恶，去恶从善。多做善事、好事、合法之事，不干恶事、坏事、非法之事。这样，自然合法守法遵法的人就多起来了，而违法非法蔑视法律的人就少了，社会秩序就和谐了。可见，道德教育是维护法律尊严的重要手段。

　　而且，道德的作用范围又比法律使用的范围宽广得多。法律只管是否守法与违法的问题，只在这个有限的范围内起作用。这个范围之外的问题，法律就管不着、也没法管了。道德的作用范围比法律则大得多、广泛得多、普遍得多。人们生活的一切领域，比如家庭生活领域、职业生活领域、学校生活领域、社会公共生活领域等，凡是发生人与人关系的地方（甚至个人独处的时候），道德都在发生着作用。如在家庭中，对老人不够尊敬、不够孝顺，就只涉及道德问题，而不属于法律问题，完全可以通过批评教育或自我反省解决，无须诉诸法律机关。再如在工作岗位上，对待工作责任心不强，粗心大意，但没有造成严重后果，就也只是一个道德教育问题，与法律无关。可见，一些只是属于道德不良或欠缺而没有违犯法律的问题，法律就管不着，法院也不能制裁，只能在道德范畴解决。这样，运用道德手段，可以在比法律更广泛的范围内，调解好人们的各种社会关系，维护好正常的社会秩序。当然，道德也不是万能的，对那些突破道德底线的违法犯罪行为，道德教育或谴责，已无法解决问题，只能靠法律严惩。

　　重视道德教育，作为中华民族的优良文化传统，历经几千年代代相传，始终发挥着不可忽视的重大社会作用。自孔子、孟子、董仲舒、郑玄、朱熹、王阳明、王夫之、曾国藩、孙中山到今天,而不断发扬光大,可见它的强大生命力所在。在改革开放的新时期,邓小平、江泽民、胡锦涛、习近平对道德建设又有一系列理论创新。我们在坚持贯彻"依法治国"基本方略的同时,切记"以德治国"同样是不可偏废的,而且道德的建设会越来越成为基础性的工程。

正是：道德法律两相依，前者高尚后者基；
重视传统不言弃，今朝更应立德齐。

八十二、父为子隐，子为父隐

叶公对孔子说："我们这里有一个直率坦白的人，他的父亲偷了别人家的羊，他就主动告发了。"孔子说："我们那里直率坦白的人和你们的不同，父亲为儿子隐瞒，儿子为父亲隐瞒（父为子隐，子为父隐）。直率坦白就在其中了。"

孔子的这番话在后世引起了很大争论，且一直持续到今天。赞同者认为亲亲相隐，充分考虑到了家庭伦理对于维护社会秩序的重要性，体现了对基本人权的尊重，让亲人从证人席上走开也符合现代司法文明；批评者则认为孔子将血缘亲情置于法律之上，而无限夸大之，无视法律所确立的公平正义等基本准则，包庇乃至纵容罪恶，是腐败的根源。

尤其是，当把孟子的一段话同孔子"亲亲相隐"观点联系在一起时，这种批评就上升为整个儒家都坚持亲情至上的理念，包庇亲人的过错乃至罪恶。弟子桃应问孟子："舜为天子，皋陶做法官，如果舜的父亲瞽叟杀了人，该怎么办？"孟子说："应该把瞽叟逮捕起来。"桃应接着问道："那么舜不会阻止吗？"孟子说："舜怎么能去阻止呢？皋陶抓人是有依据的。"桃应问："舜应该做些什么呢？"孟子说："舜应当像丢弃破了的鞋子一样抛弃天子之位，偷偷地背着父亲瞽叟逃走，在王法管不到的海边住下来，快乐地过一辈子，把做过天子的事情忘掉。"尽管孟子从区分舜的社会和家庭角色入手，试图寻找一个法律与伦理平衡的点，但这种回答更易招致对立双方的一致责难。支持亲亲相隐的人认为孟子背离孔子初衷，舜将自己的父亲逮捕为不孝；反对亲亲相隐的人则认为孟子比之孔子更甚，非但隐瞒罪恶，更直接成为"从犯"。

由此，如何理解"父为子隐，子为父隐"这句话就成为关乎圣人"形象"的问题，古今学者也对此进行了各种解读。有学者从文字训诂的角度认为"隐"为"檃"字的假借，为矫正之意，"父为子隐，子为父隐"也就成了当父亲或儿子有错误时，双方互相矫正，而不是选择互相告发或隐瞒；有学者则从句读的角度认为"父为子隐子为父隐"当断句为"父为，子隐；子为，父隐"，"为"字不是作"替""给"讲的介词，而是作"做""干"讲的动词，"隐"字应当解释为沉默、回避，即父亲或儿子做了错事，应当相互回避，不参与其中，既不揭发也不隐瞒。这些观点固然对理解孔子的"亲亲相隐"有着重要的启发意义，但笔者以为，经典的流传自有历史，非无必要不必改字引申，即便将"隐"解读为隐瞒也无损孔子的"圣人"光辉。

笔者以为，准确把握孔子的亲亲相隐思想有赖于两个"回到"，一是回到故事本身，一是回到历史本身,只有回到语境本身理解孔子的原话才不会造成误解。

回到故事本身,我们会发现,叶公作为对话的发起者,是就父亲偷了别人家的羊来讲"直"的;而孔子作为回应者,则是就父亲偷羊和儿子告发父亲两件事情来讲"直"的。叶公认为,父亲偷羊,儿子去告发就符合直道的要求了;孔子则认为偷羊和告父两件事不能不做大小上的区分,相比父亲偷羊,显然儿子告发父亲的行为更为严重。以常理推之,如果真的想践行直道,在偷羊这件"小"事上何必大动干戈将父亲送进官府,任由邻里间公开评头论足,规劝父亲不是更好的方式?从内心来讲,这样做是想践行直道还是为了博得名声?答案是很值得怀疑的。所以,孔子强调,直道的践行还应当包含一层"真"在里面,在面对这种情况时,"亲亲相隐"同时在私下规劝之,而不是在大庭广众下宣扬亲人的过失,才是真正的直。

回到历史本身,我们会发现孔子的"亲亲相隐"观点着眼的不是法律问题,而是如何在混乱的时代背景下,重建社会秩序的问题。大家都知道这样一个常识:孔子生活的春秋末期是一个政局异常动荡的时期。据有关学者统计春秋二百多年中单是史书记载的战争就有一千二百多场,由此可见政局动荡得多么厉害。与生产生活遭到严重破坏相比,人心道德的沦丧是更为突出的问题,因为后者不解决,前者的重建便无从谈起。孟子讲:"天下的根本在于国家,国家的根本在于家庭,家庭的根本在于自身。"认为秩序的重建必须从根源处把问题解决,这一根源就是每个人自身和每个家庭。早于孟子一百多年,同样对政治有深刻认识的孔子不能说没有这样的认识,只有个人和最小的集体——家庭风气正了,国家的秩序才有可能恢复。因此,孔子亲亲相隐的观点正是在试图维护一个家庭的和谐。试想,一个社会人人都告发自己犯了错误的亲人,那将会形成怎样的一种局面?又会对这个家庭乃至社会造成怎样的伤痛?

看过电影《归来》的朋友都会对其中陆焉识之女丹丹,告发自己父亲的情节有着深刻的印象。在那个特殊的年代,由于"反右"严重扩大化,陆焉识受到迫害并被抓去劳改,十多年来与家人联系音讯全无。后来,因为思家心切,陆焉识从劳改农场逃跑,偷偷摸摸地回到家中,在自己家楼下遇到了女儿丹丹。唯一得知父亲归来的女儿,却为了获得芭蕾舞中的重要角色而举报了父亲。受丹丹这一"大义灭亲"行为的刺激,导致了母亲冯婉瑜失忆的惨剧,造成"文革"过后家庭仍旧不能重新团聚的悲剧。时代悲歌泯灭了人性,人性的泯灭又加重了时代的悲剧色彩。由此来看,孔子的亲亲相隐的观点,不正是冥冥之中早有的预警与谆谆告诫吗?

对于批评者所说的孔子支持亲情至上,纵容司法腐败之说,笔者以为这是只见树木,不见森林。因为从孔子整体思想来看,他主张仁义、孝悌、忠信等道德,是绝不会肯定偷盗,也绝不会支持司法腐败的。相反,他讲:"听诉讼、审理案子,我和别人一样,目的在于使诉讼不再发生。"诉讼不再发生的关键节点在于,法律不能违背常识常理常情。大家都知道,现代司法实践中实行陪审团制度,陪审团由各个行业、阶层的人员组成,法庭最终的定论必须经过陪审员的同意,而陪审员判定案情很重要的一点就是确保符合常识常理常情。应当说,孔子亲亲相隐的观点正是现代司法文明中所必需的。

正是:父子相隐正伦理,天下国家身为本;
　　　时代悲剧陆焉识,后人记取教训深。

八十三、刚毅木讷近仁

孔子说:"刚强的、果毅的、质朴的、口钝的,四种人的天资都与仁相近(刚毅木讷近仁)。"刚是指刚强,不为欲望所动;毅是指果决,志向坚定而不动摇;木是指质朴,做事沉稳踏实;讷是指寡言少语,为人谨言慎行。孔子认为,做到刚强、果决、质朴、寡言这四点,就接近于仁了。事实上,这也是一个层次递进的关系,性格刚强必然做事果决,行动质朴则在会在言语上谨慎。这同我们在前文《巧言令色,鲜矣仁》中谈到的巧舌如簧,以伪善欺人形成了鲜明对比。

孔子之所以有此论述应当是就此前和当时礼崩乐坏的政治、社会局面有感而发,旨在为弟子和士人指出应当具体从哪些方面践行仁德。尽管春秋时期时局动荡,西周以来的礼仪制度尽遭践踏,但依然涌现出许多仁人志士,楚国大臣鬻拳便是其中一位。

息国和蔡国是楚国北方的两个小国但却占据重要地理位置,是楚国北上中原的必经之地。《春秋》记载,公元前 684 年,息侯夫人回娘家时途径蔡国,遭到蔡侯言语上的轻薄对待,息侯大怒,但囿于息蔡两国间的同盟协议又不能直接出兵攻打。因此,息侯心生一计,请求楚文王假装讨伐自己,出于同盟,蔡国必定出兵相助,这时楚国便可发兵蔡国,息国也可以乘机反戈相向。楚文王出于北进中原的战略需求,便答应了息侯的请求。最终,蔡侯被擒。得知真相后,蔡侯大骂息侯背信弃义,骂楚文王卑鄙无耻。楚文王因此被激怒,决定用鼎镬烹杀蔡侯。此时,鬻拳考虑到烹杀蔡侯虽然容易,但由此引发的政治和军事上的问题却不是楚国轻而易举能够解决的,杀掉蔡侯极有可能导致北方诸侯国联合抵制楚国,使楚国到处树敌。鬻拳遂立即劝谏楚文王,但正在气头上的楚文王根本听不进建议,执意要杀蔡侯。见此情形,鬻拳直接拔出匕首抵在楚文王脖子上,说:"作为臣下,我宁愿同大王一同去死,也不愿见您失信于天下诸侯!"鬻拳的行为把在场的人给惊呆了,楚文王也心生畏惧,让人赶忙释放蔡侯。见蔡侯被放,急忙向楚文王认错,文王虽宽恕了他,但鬻拳自知以下犯上不可不惩,便拔出佩剑自断一足。楚文王深感鬻拳的忠心,遂让鬻拳掌管都城城门。鬻拳为了国家的发展,不畏威权,直言强谏,不惜以死相逼,可谓"刚毅"。孔子删定《春秋》,想必对这一历史事件有很深刻的认知。

如何达到刚毅的境界,我们在前文已经有过详细论述,林则徐任两广总督时,写过一副对联:海纳百川,有容乃大;壁立千仞,无欲则刚。大海之所以能够容纳百川,是因为有广阔的胸怀;峭壁之所以能够高达千仞,屹立不倒,是因为没有俗世的欲望。现实生活中也是如此,一个人如果没有个人私欲,一心为公,就不容易产生动摇,信念就会坚定;反之,欲望纷杂,就会思绪纷乱,信念动摇。

说到木讷,现代人往往会想到愚笨,实际不然。木讷之人,就外表而言,看似愚笨,但在思考问题和行为处事方面却深藏智慧;他们时刻以忠信为标准,在言行上貌似不知变通,事实上却深明大义、坚守道德。《论语》中有四科十哲之说,其中德行科的颜渊、闵子骞、冉伯牛、仲弓四人无一不是木讷淳厚之人,如当时有人评价仲弓是一个仁人,但遗憾的是口才不佳(人而不佞),孔子听到后说:"为什么需要口才,专用口快对人,只会讨人厌。我不知道雍（注：仲弓之名）是否称得上仁，但不一定需要口才（焉用佞）。"

孔子之所以强调木讷的重要，某种程度上也是因为看到人的言行极易招致祸福。在《易传》中，孔子讲："言语出于自身，要施加给百姓；行为发于近处，远处的人也能看到。言语和行为就像君子的机要枢纽，机要枢纽发动必然招来荣辱。言行是君子用来感天动地的，能不慎重吗？"因此，他要求学生和世人应当"敏于事而慎于言"。毛泽东为其两个女儿取名为李敏和李讷就是源自于此，希望她们以后能够敏捷做事，谨慎说话。

杨涟，作为明朝末年的忠义之臣可谓是孔子所说"刚毅木讷"的典范。他大公无私、为官清廉、做事正直，在朝中从不行贿走后门，为了国家社稷他上书痛斥明光宗本人。明光宗死后，他作为顾命大臣，面对魏忠贤、客氏等阉党的胡作非为、肆意为虐，上书直谏，弹劾魏忠贤二十四条大罪。由于朝政被魏忠贤等人把持，杨涟遭到诬陷，深陷牢狱。在狱中，杨涟受到百般虐待，阉党成员许显纯用钢刷把他的皮肉刷得体无完肤，牙齿也全部被打脱落，可杨涟就是刚毅不屈、不肯低头。丧心病狂的魏忠贤和许显纯变本加厉，用铜锤把他的肋骨一根根打断，然后用土袋压到杨涟身上，将铁钉从耳朵里钉入他的头中，这些酷刑终究也不会让他屈服。濒于死亡的杨涟，用满是鲜血的双手写下："我一生追求仁义，却死在天牢，虽不好说是死得其所，但对天有什么遗憾？对人世有什么怨恨呢？只是我身为御史，曾当面接受先帝任命。孔子说：托付遗孤，寄予厚望，面对死亡也不改变志气。秉持这一个念头，最终死后可以面见先皇，俯仰天地，无愧于本朝二祖十宗以及天下万世！大笑，大笑，还大笑，刀砍东风，严刑峻法又能把我怎么样呢？我即便粉身碎骨，尸体被蛆蚁所食，心甘情愿。但愿国家强盛，君主圣明，天下百姓安居乐业，长享太平之福。这些痴愚念头，至死不会改变。"这也正是孟子所说的"富贵不能淫，贫贱不能移，威武不能屈"的大丈夫！

回顾孔子的这一告诫，对指导我们今天的为人处世仍然具有重要意义。在生活、学习、工作中，时刻秉持一颗公心，坚定自己的信念，勤勤恳恳做事、踏踏实实做人，不阿谀奉承、溜须拍马，正直无私，才能成为一个屹立在天地之间的大写之人！

正是：刚毅木讷近乎仁，敏事慎言美德寻；

杨涟遭诬仍忠义，立地顶天大写人。

八十四、有道则见，无道则隐

孔子说："信仰坚定，爱好学习（笃信好学），重视死亡，履行正道（守死善道）。不去危险的国家（危邦不入），离开动乱的国家（乱邦不居）。天下太平就出来工作干一番事业（天下有道则见），天下不太平就躲藏起来（无道则隐）。国家治理得好时（邦有道），贫穷且地位低贱（贫且贱焉），是耻辱的事（耻也）；国家混乱无序时（邦无道），富裕且地位高贵（富且贵焉），同样是耻辱的事（耻也）。"强调有信仰有学问的仁人志士，是否有所作为，是与天下国家的兴衰治乱紧密相关的。李泽厚先生认为，儒家与道家的区别就在这里。因为有道无道对道家来说，已经毫无意义，不管国家的政治好与坏，他们都是主张要逃避现实的，而且认为天下乌鸦一般黑，根本不可能有好的政治、国家或天下。而儒家则对入世与出世有着灵活的把握，即天下太平时就入世成就一番事业，天下混乱时则出世隐藏起来，韬光养晦，等待合适的时机东山再起。隐的目的是将来的出山再显身手，大展宏图。如果说道家的基本点是退守隐藏，那儒家的基本点则是积极进取。

中国古代读书人从孔子那里继承下来的入世精神、参政嗜好、政治热情是很浓烈的，从而成为中国知识分子的一大特点。封建士大夫们"内圣外王"的人格理想，以"内圣"为出发点，以"外王"为归宿，其"正心修身"的目的是治国平天下的政治事功。这样，"内圣外王"的理想人格教育，就培养出士大夫们强烈的入世精神，以及一种本能的干政、参政意识。对孔子讲的"学而优则仕"的理解，就变成了学有所成就一定要步入仕途，辅佐君王，兼善天下，使其成为所有读书人的共同理想和愿望。这种愿望理想的鲜明与强烈，甚至在经过多次打击与挫折后，仍然没有被磨灭。读中国古代典籍，可以说对士人的这种精神品格，总会留下特别深刻的印象，好像中国的知识分子天生就有着对政治的无比眷恋与向往的情怀。胡适先生诗中这样写道："知其不可而为之，亦不知老之将至。识得这个真孔丘，一部《论语》都可弃。"说在孔子所处的那个离乱之世，任何人都无法力挽狂澜。孔子也深知这一点。但是他还是栖栖惶惶，席不暇暖，奔走于各国诸侯之间，幻想找到一个可以辅佐的君王，来实行他的政治主张，甚至到了饥不择食、困不择主的地步。胡适认为，强烈的入世参政意识，就是孔子的灵魂、《论语》的精髓所在。懂得了这一点，《论语》就可以弃之不读了，因为其精髓已被学到手了。胡适先生的这首诗写得虽不太高明，但也画龙点睛似地说出了孔子思想的要害。中国古代士人从孔子那里继承下来的入世精神、参政嗜好、政治热情、以天下为己任的情怀，究竟如何理解，还很难说明。但他们那种对国家、社稷的献身精神无疑是令人感动的，也是令后人记取的。

对政治的这种极大关注和钟情，极大限度地激发了中国士大夫阶层献身国家、献身天下的主动精神，从而推动他们为中国历史的发展和文化的创新与繁荣，不断地做出了巨大贡献。然而，当知识分子治国平天下的能力只有通过做官来实现的时候，长此以往，自然就会产生一种消极意识，即读书仅仅是为了求取功名，为了做官，为了光宗耀祖，为了名扬后世。读书为了做官，做官为了功名利禄，逐渐就成为古代士大夫很大一部分人的终生追求。这可以说是对孔子入世思想的一种扭曲，但却也真正成了千百年来封建士大夫"恋政情结"的思想基础，产生了很大的负面作用。从古代到近代，甚至一直到今天，中国知识分子的功名意识都是极为浓厚的，以至其中的许多人为了当官而不惜一切代价，有的连人格都不要了。甚至出现过类似吴敬梓小说《儒林外史》中"范进中举"而疯狂的荒诞怪事。可见，这种"天下有道则见"的认识，正反面的作用都是极大的。

孔子"无道则隐"的退隐思想，对后代士大夫也产生了极大影响。士大夫在政治上失意后，真正彻底绝望，以至遁入空门，皈依佛教、道教的都有，但毕竟是极少数。大多数儒家弟子，是奉行孔孟之道，隐居埋名，身在江湖，心在朝廷，不忘怀于国计民生、社稷安危，一心期盼明君出现，再度起用他们。正所谓："居庙堂之高则忧其民，处江湖之远则忧其君。"当然，一旦其被重用，又无不感激涕零，欢呼雀跃。真正的儒家士大夫，是不会对政治、对现实彻底失望的。至于在隐退期间，修身显于世，或授徒讲学、著书立说以传儒学道统的，就更是普遍现象了。明末清初的著名大学者、思想家黄宗羲、顾炎武、王夫之，就堪称"无道则隐"以授徒讲学、著书立说而在中国哲学史和思想史上留下宝贵精神遗产的光辉代表。

这方面值得大书一笔的，还有东晋末年的陶渊明。他从小习读儒家经典，深受孔孟思想的影响，青年时期即有"大济苍生"的人生壮志。但他生逢乱离之时，仕途多不顺利。29岁时他曾在州里当过祭酒，但因为亲眼看见了门阀士族垄断国家政权机构政治黑暗、吏治腐败、官场污浊、民不聊生的现实，实在不能适应这样的官场生活，很快就辞职回家了。后来，他觉得报效国家的心愿未了，就又重回官场，担任了镇军参军、建威参军等一些低级官员职位。41岁时正任彭泽县令，却赶上郡里的督邮来视察工作，下属告诉他，依照惯例，县令应当衣帽整齐，束上腰带，按照下级对上级的礼节谒见督邮。他很不愿与那些讲究排场的庸俗官员同流合污，更不愿对他们卑躬屈节，就长叹一声说："不能为五斗米（指官员俸禄）向乡里小人折腰！"立即辞去县令职务。从此，陶渊明就与封建的官员队伍决裂，再也没有外出做官。在名篇《归去来兮辞》中说："明白之前的错误已不可挽回，但知道未发生的事尚可补救；确实误入迷途，但不算太远，已觉悟如今的选择是正确的，而曾经的行为是错误的。"明确表明了再也不会投身官场的决心与意志。从此，他挂冠归田，在此后20多年的隐居生活中，亲自耕种田园，经常接近农民，写下了大量的田园诗文。诗中表达了他对田园生活的由衷热爱和劳动后的喜悦心情，使劳动第一次在我国纯粹文人创作中得到歌颂。此外，他的诗文中还充满着对封建官僚们的憎恶，以犀利的笔触深刻揭露了当朝统治的黑暗、残暴，抒发了自己的满腔悲愤。在长期的诗赋写作过程中，陶渊明即很好地继承了汉魏以来五言古诗传统，又进一步发展了民歌的白描手法，运用朴素自然并极为凝练的语言，抒情言志，写景状物，在作品中挥洒自如，不事藻绘，正如北宋李格非所赞扬的那样，其热爱生活、热爱大自然的深情，"沛然自肺腑中流出，不见斧凿痕"。

不愿为五斗米而折腰，选择了隐士之路，并从思想上由儒家积极入世而转向消极无为老庄之学的陶渊明，可以说是一个特例，但也可以说是对"有道则见，无道则隐"的一个很好的另类解读。

正是：有道则见士所盼，宏图大展报苍天；
　　　无道则隐暂蛰居，不学陶公可开颜？

八十五、先之劳之，无倦

子路向孔子请教为政之道，孔子回答说："先之劳之。"子路请孔子多讲一些，孔子说："无倦。"所谓先之，是指执政者要先于百姓，带头做事。而劳之具体是何意，则有所分歧，一种观点认为执政者要勤勉做事，身体力行；另一种观点则认为，"先之"是先之于民，其后有省略的宾语"百姓"，那么，"劳之"也应为劳之于民，即让百姓有事可做，有职业可从事。二者之中，后者较胜，本文也取"让百姓有事可做"意。无倦则是不要懈怠、松懈之意，具体则是指执政者在"先之劳之"两件事上勤勉不息。

国家的治理包括经济、政治、文化、法律、民生等多个方面，是一个复杂的系统工程。孔子做过鲁国司寇（大致相当于今天的司法部部长），子路也做过鲁国大夫季桓子的家宰（大致相当于今天的国务院办公厅主任），都曾直接参与过国家的治理，更应明白其中的复杂程度。即便对话时二人尚未担任过具体职务，但以孔子在政治、历史方面的渊博学识，也应当有所了解。然而，在这段对话里，孔子却化繁为简，从复杂的政治操作中抽绎出最为关键的内容——实践主体，即执政者和百姓，指出执政者不单单是统治者，更是先行者，应当具有率先垂范于百姓的意识；百姓也不单单是受统治者，更是参与者，执政者为百姓创造安居乐业的环境，百姓也应自觉从事生产劳动。当然，可以看出，在两者中，孔子对执政者的要求更为突出，下面我们将分而论之。

在一对多的政治格局中，孔子所谓的"先之"绝不是要求执政者将百姓做的事在此之前都要亲力亲为地做一遍，而更多的是希望执政者一方面以百姓心为心，"先天下之忧而忧"，在制定具体方针前换位思考，充分研判，真正做到惠及百姓，另一方面则要勤于政事，切不能因为缺乏对等的监督而放松自我、玩物丧志，忘记自己的本分。

嘉庆皇帝的故事或许对我们理解"先之"能起到很好的帮助作用。提及嘉庆皇帝，我们通常想到的评价就是"平庸"，的确，与他的父亲乾隆皇帝、祖父雍正皇帝、太祖父康熙皇帝所开创的盛世局面相比，嘉庆皇帝的作为确实显得平庸。但我们却不能说这是因为懒政所致。根据史料记载，嘉庆皇帝非常勤政，批阅奏章一般都到深夜，事无巨细都要亲自过问。他的作为看似符合孔子所讲的"先之"，但在他的治理下国运仍旧下滑，相继发生各种暴乱，终至形成"嘉道中衰"的局面。究其原因，除了外在客观原因之外，就在于嘉庆皇帝的"先之"是我们说的前一种，想尽办法将百姓的各种事情都要处理到，而忽略制度上的建设，顾小失大、舍本逐末。

与"先之"相比，"劳之"通常容易被误解为执政者奴役百姓，强迫百姓进行超负荷的劳作，最终将百姓的劳动成果据为己有。尤其是当"劳之"与"民可使由之，不可使知之"（可以使百姓照着我们的道路去走，不可以知道那是为什么）联系时，更易被解读为孔子支持执政者实行愚民政策。其实，我们知道，人在安逸的环境中，往往出现不思进取、自甘堕落的情况，而在辛勤劳作的时候，则会一直处于奋进的状态，更容易激发生命的潜在力量。孟子讲"生于忧患而死于安乐"恰恰是这个意思。所以，孔子讲"劳之"并非让统治者压榨百姓，成为一个暴君，而是认为百姓有依靠劳作来生存、生活的需求，因此执政者为百姓创造劳作的条件是应尽的责任和义务。

"不倦"在《论语》中出现的次数较多，如子张同样向孔子咨询为政之道时，孔子说道"居之无倦"（居其职位，心无厌倦）；在讲到自己的本领时，孔子也谈到"诲人不倦"（教人而不知疲倦）。孔子讲的"不倦"貌似是一件很轻松的事情，只要做到坚持就可以，可无论是对于普通人还是执政者来说，坚持从来不是一件易事。

比孔子稍晚出生的苏格拉底是古希腊著名的哲学家和教育家，他在教育学生时总是别出心裁。流传着这样一个他与学生的故事，有天上课的时候，他对学生们说："我们今天只学一件东西，就是把胳膊尽量往前抬，然后再尽量往后甩。"他示范了一下动作，结果所有学生都笑了。学生起哄道："老师，这还用学吗？"苏格拉底很严肃地回答道："当然需要，你不要觉得这是件很简单的事，其实它很困难。"听到这话，学生们笑得更厉害了。苏格拉底一点也不生气，他说："这堂课我就教大家学习这个动作。学会以后，从今天开始，你们每天要做300遍。"十天后，苏格拉底在课堂上问："谁在坚持做那个甩手动作？"大约三分之二的学生举起了手。二十天后，苏格拉底又问："谁还在坚持做那个甩手动作？"大约一半的学生举起了手。三个月后，苏格拉底又问："那个最简单的甩手动作，有谁在坚持做？"这一次，只有一位学生举起了手。这就是后来古希腊的另一位大哲学家、思想家柏拉图。即便是件甩手的简单动作，能够坚持下来的也是少数，何况国家治理这种复杂的事情。

中国历史上前期励精图治，实现国家富强，后期却奢靡腐化，致使国家衰败的帝王不胜枚举，汉武帝、唐玄宗……无一能够做到一以贯之。"行百里者半九十"，孔子"不倦"的观点正是着眼于人的惰性，告诫执政者要时刻警醒，保持着一种忧患意识，不能躺在过去的功劳簿上，做到不懒政、不懈怠。

孔子的三个观点放诸当今社会依然有着重要的启发意义。政府公务人员，尤其是领导同志首先应当牢固树立敢为人先的精神，带头做事，发挥模范带头作用，在政策的制定上充分调研，更加注重民生工程建设，积极创造就业岗位，让人民在工作中参与到国家的建设中来，同时，维持政策的一惯性，不能因为领导的更换而人亡政息。治理国家大事是这样，作为一个企业、部门的领导也是如此。关心职工发展，先于职工做事，规划长远发展路线，将企业打造成为一个命运共同体而不单单是一个营利组织才是企业家的应有作为。

正是：先劳无倦圣人言，普世意义早流传；
　　　战胜懒惰贵有恒，长远发展在精专。

八十六、尊五美，屏四恶

在上文《先之劳之，无倦》中我们看到子路在请教孔子为政之道时，孔子的告诫与教诲。《论语》中，关于为政之道，孔子还阐发了许多，其中子张问政是又一很重要的部分。

《论语·尧曰》篇记载，子张向孔子请教如何才能从政，孔子说："尊崇五种美德，摒弃四种恶行就可以从政了（尊五美，屏四恶，斯可以从政矣）。"子张问："什么叫五种美德？"孔子回答道："君子给百姓以好处，而自己却无所耗费；让百姓从事生产劳动，百姓而不怨恨；满足百姓的正常需求，却又不让他们产生贪欲；泰然自若，却不骄傲自满；威严而不凶猛，这就是五种美德（君子惠而不费，劳而不怨，欲而不贪，泰而不骄，威而不猛）。"子张接着问道："给百姓以好处，而自己却无所耗费该如何做？"孔子说："看百姓在何处可以得到利益，便引导他们向那边发展，难道不是施加了恩惠而自己无所耗费吗？选择适合劳动的时间、地点，又有谁怨恨呢？想要得到仁德便得到仁德，又贪求什么？无论人多少，无论势力大小，君子都不怠慢他们，这不就是威严而不凶猛吗？"子张又问道："那什么是四种恶行？"孔子说："不事先教导，便要杀戮叫作残忍（不教而杀谓之虐）；不事先告诉人，到时突然要看成果叫作粗暴（不戒视成谓之暴）；开始懈怠，突然限制期限叫作害人（慢令致期谓之贼）；答应给人，却出手吝啬叫作小家子气（犹之与人也，出纳之吝，谓之有司），这就是四种恶行。"

在这段师徒对话中，孔子从仁政与暴政正反两个方面对如何为政做出详细论述。所谓仁政就是尊崇五种美德，摒弃四种恶行；所谓暴政就是实行四种恶行，无视五种美德。为政者要想实现国家政权的长治久安，得到百姓的衷心拥护，就必须实行仁政。

就孔子所讲仁政的实质来看可以概括为两个方面,首先是执政者要为百姓的现实利益着想,满足人民的正常生活所需。提及利益,一般认为儒家强调义而忽略利,主张重义轻利,对利益采取的是一种不屑一顾的态度。事实上并非如此,孔子就曾说过:"财富如果可以求得,就是执鞭赶车,我也愿意去做(富而可求也,虽执鞭之士,吾亦为之)。"《礼记·礼运》篇也讲道:"饮食男女,人之大欲存焉。"这里的"大欲"并非指巨大的欲望而是指基本的需求。可见,追求利益并非儒家所排斥的,儒家只是认为当利益与道义发生矛盾、产生冲突时要以道义为重,舍利取义,孔子说:"不义而来的富贵,对我而言就像天边的浮云一般。"对于执政者而言,满足百姓所需的基本利益就是第一位符合道义的事情。

针对如何让百姓谋取利益,孔子给出两条建议,一是因势利导,借助现有资源,尽可能发挥出最大优势。俗话说,"靠山吃山,靠水吃水"。比如,在平原居住的百姓就靠耕种农作物谋生获利,居住在山上或山边的百姓就通过捕猎谋生获利,居住在水边的百姓就靠捕鱼晒盐谋生获利。依据其所利利之,使百姓安居乐业,既避免了执政者的巨大耗费投入,还能够使百姓快速致富,一举两得。二是,在让百姓从事生产劳作时,使民以时、节用爱人,注意度的把握。选择恰当的节令从事农业、渔猎等活动,避免人力上的浪费;执政者应当充分考虑百姓的感受,避免强制徭役事情的出现。杜牧在《阿房宫赋》中感慨道:"秦皇喜欢繁华奢侈,百姓也顾念自己的家呀!"将心比心,不过度耗费百姓体力,是执政者无论在制定政策还是建设具体工程方面应当先前考量的。

在让百姓获得利益的过程中,孔子特别指出,还应当对其进行及时的教育,将利益的谋取控制在合理范围内,否则便会引发巨大的欲望,导致人与人之间的冲突。《孟子》开篇第一章也深刻地揭露了这个问题。孟子见到梁惠王,梁惠王开口便说:"您不远千里而来,会给我的国家带来很大利益把?"孟子回答说:"大王何必谈利益?只要仁义就可以了。大王说:'怎么对我的国家有利?'大夫说:'怎么对我的封地有利?'士人和百姓说:'怎么对我个人有利?'上下相互追逐私利国家就危险了。"

某种程度上说,接受教育也是人的基本需求,物质维持人的基本生活所需,教育则规范引导人的精神世界,因此从需求内部来解决欲望滋生的问题是最好的方式。在孔子看来,这一教育的主题应当是仁爱,通过仁爱建立人的道德,规范人的行为,疏导人的欲望,社会才能达成通泰有序的局面。反之,不对百姓进行教育,仅凭武力使人屈服,这样残忍的统治在孔子看来一定不会长久。

其次,"政者正也,子帅以正,孰敢不正",执政者自己首先应当作好表率,具备深厚的道德修养,对待下属、百姓能够一视同仁,不要过于苛刻。弟子仲弓向孔子请教仁爱时,孔子说:"平常出门就像见到尊贵的宾客一般,役使百姓就像参加大的祭祀一样。"能够役使百姓的自然为执政者,在孔子看来,执政者的衣冠要整齐,仪态要端庄,使人看上去肃然起敬;面对的百姓无论是人多人少、事情是大事小,都要竭尽全力去办,由此才会政令畅通。他特别强调作为执政者应主动调度政策的落实进度和事情的处理情况,而不应静待结果,当结果不合心意时又大发雷霆,惩处下属与百姓。坐视不管、漠然处之,只重结果而不看过程,本身就是执政者的失职。

十八大以来,习近平反复强调"打铁还需自身硬",对为政者,尤其是广大党员领导干部提出了一系列高标准、严要求,以求党的执政方略更加完善、执政体制更加巩固、执政方式更加科学。某种程度上来说，孔子提出的"尊五美，屏四恶"的思想对今天党员领导干部切实提高科学执政水平，增强服务意识，加强制度化建设，改进工作方式和方法仍有着重要的借鉴意义。

正是：尊奉美德弃绝恶，表率作用好结果；
打铁还需自身硬，勤政为民不蹉跎。

八十七、克己复礼为仁

颜渊向孔子请教仁德。孔子回答说："约束自己的行为，使之符合礼的规定就是仁（克己复礼为仁）。只要一天能做到这点，天下人都会称许你是有仁德的人（一日克己复礼天下归仁焉）。践行仁德完全在于自己，还能依靠别人吗（为仁由己，而由人乎哉）？"颜渊又说："请问其中的纲领（请问其目）。"孔子说："不符合礼制的不要看（非礼勿视），不符合礼制的不要听（非礼勿听），不符合礼制的不要说（非礼勿言），不符合礼制的不要做（非礼勿动）。"颜渊说："我虽然不聪明，但一定按照这些去做。"

显然，孔子所说的"克己复礼"是针对当时礼崩乐坏的政治、社会局面而言的，因此这里的"礼"也就专指西周以来社会所形成的典章制度和道德规范。作为孔子的核心思想之一，颜渊不可能对礼仪制度不熟悉，因此他进一步追问的"目"，就不能当作具体的条目内容来理解，而应是类似子贡所问的"有一言而可以终身行之者乎"的概括纲领，即如果将繁多的礼仪制度总括为一句话应当是什么，孔子则从视、听、言、动四个方面给出了他的答案。

武王克商以后，周王室为维护王朝的统治，在政治上实行了两项最主要的制度，即分封制和宗法制。所谓分封制，即除自己直接管辖的王畿以外，周天子将土地划分给功臣和贵族，并授予他们诸侯的爵位，诸侯再分封卿大夫，诸侯和卿大夫负责自己疆域内部的事物管理，同时又向上级缴纳贡品，负责保卫周天子。宗法制则同分封制紧密关联，根据嫡长子继承的原则周天子世袭相传，是谓"大宗"，其他次子和庶子等周王室，封为诸侯，是谓从属周天子的"小宗"；同时，诸侯也根据嫡长子继承的原则世袭，其他次子和庶子则为卿大夫，诸侯相对卿大夫为"大宗"，卿大夫则为"小宗"；大宗任命小宗，小宗对大宗负有保卫职责。

总的来看，无论分封制还是宗法制，就其实质而言均是一种尊卑等级制度，而等级则需要具体的制度来区别和维系。因此，西周统治者制定了一系列礼仪，用以明确每一层级在国家生活中的职分与日常生活中的行为规范。查阅《周礼》和《仪礼》，可以看到西周的礼仪涉及生活的方方面面，对周天子、诸侯、卿大夫、士人乃至平民的祭祀、饮食起居、待人接物、婚丧嫁娶等都有着严格的要求。在孔子看来，正是这套礼仪制度的存在，才使西周社会自上而下达致一种通泰有序、有条不紊地稳定局面；同样，春秋时代之所以混乱无序，在他看来，也是因为礼仪制度遭到践踏。当时，季孙氏作为鲁大夫，却僭越使用了天子独享的六十四人的八佾舞，孔子愤怒地说："这都可以忍受的话，还有什么是不能忍受的？"因此，孔子认为谁能够做到克己复礼，恢复西周以来的社会秩序，谁就可以称之为仁人。

如果抛开春秋战国的特定时代背景,来看孔子的这段话对于我们仍然具有重要的指导和启发意义。首先,淡化时代背景的"克己复礼"之礼并不单纯指西周的礼仪制度,也可以泛指各种道德行为规范。管控自己的行为,使之符合道德规范,不仅体现着一个人的自我约束能力,更展现着深厚的自身涵养。

宋末元初的著名理学家许衡一天跟好友出游,由于天气炎热,行走一路,众人口渴难耐,恰好在路边有一棵梨树,同行之人赶忙上去摘梨以解口渴。此时,只有许衡一个人站在原地不动。有人就问他为什么不去摘梨,许衡说:"不是我的梨树,怎么可以随便摘取呢?"那人就笑道:"现在的世道如此之乱,管它是谁的梨树呢,只要能解渴就行。"许衡说:"梨虽无主,我心有主。"

儒家经典《大学》和《中庸》都强调"慎独",所谓慎独即一个人独处时也以严格的道德标准要求自己,毫不松懈。许衡的这一做法看似迂腐、不知变通,然而实际上是一种慎独的高超境界,在没有外界监督的情况下依然克制自己的私欲,坚定自己的道德理想。在现实生活中,我们也会面临诸多选择、遇到很多诱惑。当义与利发生冲突时应如何选择?"克己复礼"告诉我们的是面对诱惑应当坚定原则,不能被欲望迷惑心智,以严格的道德标准要求自己做出选择。

其次,孔子"为仁由己"的观点对人的主观能动性做出高度肯定。我们知道,任何事情的成功,都有赖于主观与客观两个方面,而两者相比较而言,主观方面又是其中的主要因素。倘若主观认识不足或努力不够,即便外在的客观条件完全具备,也可能终无所获;反之,倘若客观条件有所缺欠,但充分发挥人的主体能动性,化不利为有利,化腐朽为神奇,也会创造出必要条件,达到预期的目的。在孔子看来,仁德距离我们的生活世界并不遥远,它的实现与否只取决于人自身想不想获得仁。

有这样一个故事恰好可以形象地说明这个问题。退潮后的海边,很多小鱼由于没能跟上退去的潮水,而滞留在了海滩上的水洼里,水洼一干,等待这些小鱼的只有死亡。这时,一个小男孩正顺沙滩把水洼里的小鱼一条条扔回海里。一名游客见状对小男孩奚落道:"这么多小鱼,单凭你的力量是拾不过来的,再说又有谁在乎呢?"小男孩没有停下来,而是捡起一条小鱼说:"这条小鱼在乎。"然后,他又拾起一条小鱼说:"这条小鱼也在乎。"可能没有太多人在乎一条鱼的弱小生命,但却不能因此遮蔽人们的仁爱精神,小男孩把鱼扔回海里的行为,固然被一些人看来是杯水车薪,可仁爱之心不正是在这一过程中得以培养和生发的吗?现实生活中,我们见到的"违仁"之事,如公交车逃票、翻墙进入公园、无视老幼病残而不让座等,还是多少存在着的。

如果说,克己复礼要求的是人应当自觉遵从道德规范,那为仁由己则强调的是在践履道德过程中的主动与坚持。换言之,我们不应将道德规范视为枷锁或约束而被动接受或排斥,而应认识到道德对于人与人的交往,以及在秩序维护方面的重要意义。

正是:克己复礼为行仁,为仁由己须慎独;
　　　规章制度要遵守,自觉自愿从心殊。

八十八、人而不仁，如礼何

孔子说："人如果没有了仁爱之心（人而不仁），有礼又能怎么样呢（如礼何）？人如果没有了仁爱之心（人而不仁），有乐又能怎么样呢（如乐何）？"仁和礼作为孔子思想的核心内容，就两者的关系而言，孔子认为礼是仁的表现形式，仁是礼的本质内涵。仁爱体现的是人的道德，礼制则是人行为处事的外在规定，人若没有道德，虽有礼节之周全华丽，却也没有实质性的意义。所以，人而不仁，徒有礼又如何？

公元前537年，鲁昭公去晋国朝拜晋平公。从郊劳（晋国在郊外举行的欢迎仪式）直至馈赠等所有的外交仪式，鲁昭公都做得非常到位，从头到尾没有一点失礼，昭公不可谓不知礼。然而，知礼却未必代表能时刻践行礼，谨守礼的核心。《史记·鲁周公世家》中记载，鲁昭公的父亲去世，鲁昭公非但没有哀痛之心，竟然还面有喜色。此外，鲁昭公还从同宗的吴国娶妻，鲁国君主是周公的后人，吴国贵族是泰伯的后人，而泰伯是周公的伯祖，所以，鲁与吴同为姬姓。周朝为了保持血统的纯正性，也为了保持一个正常的家族人伦关系，同姓不可以通婚，这是最基本的礼制。按照当时"同姓不通婚"的礼制，昭公娶了吴女为夫人，显然是不合礼制的。

当时国君夫人的称谓方法是出生国的国姓加上嫁给的国君的本姓，也就是按照称谓方法，鲁昭公娶回的夫人应当被称作"吴姬"，但是如果直接称为"吴姬"的话，鲁昭公的"违礼"之举一下子就暴露了。为了掩饰此种违礼，鲁昭公便将称他夫人的称谓改为"吴孟子"。关于此事，我们在上文《君子矜而不争，群而不党》中也有所提及：陈司败向孔子问鲁昭公懂不懂得礼制，孔子回答说："懂礼。"孔子出去后，陈司败便揖请巫马期进，对他说："我听说君子无所偏袒，难道孔子也会偏袒吗？鲁君从吴国娶了位夫人，吴和鲁是同姓国家，不便叫她做吴姬，于是叫她做吴孟子。鲁君若是懂得礼，谁又不懂得礼呢？"

鲁昭公熟知外交礼节，不可谓不懂礼，然而，当他面对孝悌、娶妻甚至治国等更为重要的问题时却屡屡出错。孝悌是为仁的根本，鲁昭公在父亲的丧礼上面有喜色，流于形式，可谓不仁；同姓不得通婚，他明知违礼，却一意孤行，可谓无礼。如此舍本逐末，徒有其表的行为，即使再懂礼，也会被当时和后世人所诟病，贻笑大方。

在社会发展的进程中，非礼、违礼之事屡见不鲜，追根溯源，无一不是从人心不仁而来。"诚于中者，形于外"，人只有内在的仁，其外在的行为才会符合礼的规范。仁，是生命里最真实、最深沉的道德情感，由内而发，自然而然，是基于同情共感的爱和关怀。《中庸》中讲："仁爱是为人的根本，亲爱父母最大。"从亲爱自己的父母兄弟开始，延伸至亲戚、朋友、同事以及社会中的大部分人，正是《论语》所讲"入则孝，出则弟，谨而信，泛爱众，而亲仁"。没有了仁的基础，任何看似美好的形式礼节都是徒有其表的。

我们经常会看到这样的新闻报道，老人年迈之后，生活不能自理，但儿女忙于工作，又无暇照顾老人，只好雇佣护理人员代为料理老人的生活起居。平时，儿女也会为老人购买保健品，尽可能为老人提供丰富的物质保障，让老人安享晚年，但却很少到老人住处看望，更多的是在电话上叮嘱，倒是护理人员跟老人交心、聊天。老人过世后，子女发现老人在遗嘱上把财产继承权交给护理人员，有的子女无法理解，甚至同护理人员引起法律纠争。

子女聘请护理人员照顾老人并从物质上满足老人的生活所需，从"礼"的角度看，不能说不孝，但从"仁"的角度看，仅仅满足物质所需就是真正的"孝"吗？相比物质需求，年老的父母可能更需要的是心灵的慰藉。因此，孔子强调礼的重要性，但更看重礼背后的人心。

曾国藩论述训练军队的方法时曾说："锻炼士兵的勇猛精神，用小恩小惠不如用仁义，用威严不如用礼遇。"对待士兵要像对待自家的孩子一样，如此，自然会激发士兵的感恩之心。而礼则是指将领与士兵遵循军队的规范制度的同时，又以诚相待。将领庄严肃穆，待士兵以礼；士兵勤于训练，事将领以忠，如此，自然会激发士兵的勇猛精神。既有感恩之心又有勇猛精神的军队，不战而已，战则必胜。这也是曾国藩仁礼并重治军所达到的效果。

在今天，"人而不仁，如礼何"对我们的重要启示之一就是要杜绝只喊口号、虚多实少的形式主义，避免只顾外表、不管实际效果的形象工程。曾有报道指出，为应对上级每年年底对精准扶贫工作的考核抽检，有的部门单位明令帮扶人员必须在考核组进驻前一个月，做到每两天上门走访一次并做好记录，必须每天早晚用手机定位签到，要求扶贫工作全程留痕，造成不少扶贫干部处于"走访慰问、拍照合影、本上记录"模式。如此一来，贫困户反倒有事不能做，有工不能出，在家干等着帮扶干部来签字、拍照、发定位，既耽误了双方时间，浪费了资源，又没有什么实际效果。这种玩花架子、走过场的扶贫就是典型的形式主义，只顾外在之"礼"有没有到位，忽视乃至无视内心之"仁"。如此一来，好的政策没有得到真正落实，反而助长了歪风邪气。不得不说，孔子的话对我们是一种警醒，也是一种鞭策！

生活中，无论是学习还是工作，我们只有把握住仁这个根本，由心行事，才能更好地兼顾礼节、形式，也才能成就一番事业。反之，一味地追求礼节、形式，必然会对内涵之仁有所忽略，虽忙忙碌碌，然终无所获。这正是孔子此番告诫、提醒的价值所在。

正是：人如不仁何谈礼，昭公荒唐搞仪式；
抓住仁本礼简约，内容形式求统一。

教　学　篇

八十九、温故而知新，可以为师矣

孔子说："在温习旧知识时，能有新体会、新发现（温故而知新），就可以做老师了（可以为师矣）。"这可以说是孔子对学习经验的总结，也是他终身勤奋好学担任教师的心得体会。

温故知新已成为人所熟知的成语，其字面含义不需要多做解释。孔子以其经验之谈，告诉人们对待学习的方法和态度。学习最重要的就是获取心得，以逐步达到无师自通的程度。能够无师自通，就没有掌握不了的知识了，因此就可以做别人的老师了。应当说这是学习的一个很高境界，也是学习的至乐境界，同时又是任何一个注重学习的人，都应当达到、也能够达到的境界。所以，高明的老师总是致力于学生自学能力的培养。

"温故知新"是一个反复研读、多方琢磨、深入实践的过程。古人说"读书千遍其义自现"，就是这个意思。其实凡是经典著作，一定能够经得起咀嚼，每咀嚼一回，再对照生活的实践，就总能得出一些新的体会。随着人生经验的丰富，人们越读就会感到自己的理解越深刻，学问越加深厚。因此，有评论者说："少年时读塞万提斯的《堂吉诃德》会发笑，中年读了会深思，老年读了却想哭。"可谓是人生经验之谈。

好的书是需要反复阅读的，19世纪英国著名诗人丹尼生，几乎每天都在研读《圣经》，并以上面的故事作为诗歌创作的素材，进行了大量的创新。俄国大文豪托尔斯泰把《新约福音》读了又读，最后甚至可以整篇背诵下来，其悲天悯人的人文主义情怀，越加浓烈。毛泽东终身手不释卷地读书更是著名，马克思主义经典著作《共产党宣言》，先后读过100多遍，中国史学名著《资治通鉴》仅新中国成立以后，就通读过17遍，至于文学名著《红楼梦》他更是读了又读，并以阶级斗争的观点，对《红楼梦》做出了颠覆性的解读，以致将这部书作为阶级斗争的历史来看待。他晚年在八大军区司令员对调的谈话中，竟一时兴起，以80岁高龄一字不差地大段背诵了其中的第一回，在场的政治局成员和10多位高级将领都被毛泽东的博学所震撼。正是由于毛泽东的勤奋好学，所以他才能在复杂繁忙的革命工作中，始终做到创新迭出、胸有成竹、安排自如、游刃有余。

其实，教师就应该是能从现有知识中读出新知识的人，或者说，教师是具有对知识进行再思考能力并据以再创新的人。教师的职责从本质上说就是创造，但这种创造并不是无中生有，而是对已有知识的再加工，是在以往读书基础之上的再创造。如果说对别的行业提出"温故知新"要求是苛求的话，对教师提出这种要求，则是天经地义的。因为教师职业就是个"温故而知新"的职业，就是个传承知识、创造知识，进而创造人才的职业。

中国儒家文化重视历史经验教训、重视历史学，大概与孔子大力提倡的"温故知新"思维有关。事实上，任何真正的创新都要建立在厚重的历史经验基础之上。中国古代历史学的发达，是世界文明史上仅见的。在对历史的研究上，孔子历来反对史料的简单堆砌，而主张对史料进行必要的裁剪加工，并以继承为基础，进而予以推陈出新的研究。所以，经孔子亲手删削、整理的《春秋》一书，就体现了温故知新的道理。

《春秋》原是鲁国的一部编年史，是鲁国史官对该国重要史实的记录。孔子在晚年对这部书进行了整理，从中挑出鲁隐公元年到哀公十四年，共242年的史实加以编纂、论列，成为我国流传至今最早的一部编年史书。孔子编纂此书的目的是褒扬天子、退抑诸侯、声讨大夫，以达到张扬王事的目的。其实，孔子编《春秋》一书，目的就是通过褒贬人物，以所谓"春秋笔法"，宣传自己的政治观点。他在该书中特别注重"正名分"，把"尊王攘夷"和"君君臣臣父父子子"的等级观念贯彻始终。在写作体例上，孔子首创用不同笔法以示褒贬的史学方法。因为春秋笔法关系到对每个历史人物的评价，所以孔子十分谨慎，下笔时反复斟酌，而且总是自己动手，不让学生代笔。他在整理《春秋》时，还对原作的体例进行统一，在文字上加以认真的修改，使全书的文字更加简洁、准确、严谨。同时，对原作遗漏的重大史实加以补缺，从而使《春秋》一书成为这一时期整个中国的编年史。后来，各诸侯国的史书大部分亡佚，全靠《春秋》保存了各国的史料。孔子在温故《春秋》基础上的创新，不仅保存了难得的史料，而且已经成为后来史书的创新宗师。

在日常工作中，只要用心，也有个温故知新、可以为师的道理。例如，济南市公交总公司某路线五星级驾驶员石绍军，在运行一线只开了4年公交车，在工作实践中，他熟记行车要领，反复揣摩驾驶车辆的心得体会，不断思考行车安全与节能的规律，很快就总结出了安全行驶、爱车节能的"十二字"小窍门——"慢起步（轻踩油门，缓抬离合器）、中速行（控制油门，中速行驶）、熟信号（熟悉各路口红绿灯的变换时间）、缓进站（进站提前减速，平稳避让，合理滑行）"。他还注重学习车辆维修技术，努力钻研业务，具备了娴熟的维修技能。因此，他所驾驶的车辆不仅每月节油100多升，还始终保持了安全、良好的技术性能。他也成为安全、爱车、节能的标兵，更成为其他驾驶员争相求教的老师。这个例子，不是现实生活中"温故而知新，可以为师矣"的最好例证吗？

"温故而知新"就是从过去看将来，在这里，过去的经验与成功绝不能成为消极的定式，成为限制创新的包袱和累赘。如果囿于过去的经验、成见，变得世故、迟钝起来，就会空失许多机会。所以，温故知新贵在创新，历史上这样正反实例都说明了这一点。例如，1940年代初，法国统帅部照搬第一次世界大战的稳固防线经验，重兵固守马其诺防线，结果在德国法西斯迂回包围的闪击战打击下，防线完全失去作用，导致了国家迅速失败以及被迫投降的亡国命运。而熟读古今战策、有"论兵新孙吴"声誉的刘伯承元帅，则善于活学活用兵书，勇于出奇制胜，在全面抗战之初就创新性的先后两次于七亘村设伏，歼火骄狂的日军400多人，有力打击了日军的嚣张气焰。刘帅用兵与法军统帅部恰成鲜明对比，表现出惊人的创新能力。可见，温故不是一味重复，目的是知新、创新，这样就可以为师了。

正是：温故知新可为师，熟能生巧技艺奇；
　　　贤哲榜样高山立，我辈努力亦伟器。

九十、学而不思则罔，思而不学则殆

孔子在谈到读书学习与思考分析时说："只是注重读书学习，而不思考则会陷于迷惑

（学而不思则罔）；而只是思考却不注重读书学习，就会误事（思而不学则殆）。"在孔子看来，"学"与"思"是辩证统一的关系，只读书学习而不会思考分析问题，固然不行；而只思考分析问题而不注重学习，同样不行。总之，读书学习与思考分析是对立的，同时又是有着内在联系的，两者缺一不可。

读书学习是学习别人的经验和从现实生活中学习，思考分析是把别人的经验与现实生活中学得的东西，通过思考加以消化吸收，使之成为自己的知识。只学习前人的知识而自己不思考，只能停留在迷惘中，而分不清正确与错误。而只是凭空思考而不学习与利用前人的知识和经验，那就会一事无成。

在现实生活中，我们会常常看到，既有不思考只是读死书的书呆子，也有不读书只陷入玄虚空想的幻想家。须知，书呆子迂腐固执往往无所作为，而幻想家却浮躁不安喜欢任意胡来，胡作非为。两者都是对个人成长、对社会、对国家有害无益的。

所以，重视实际的孔子开创的儒家学派，主张既要读书又要思考。南宋儒家学者陈善在《扪虱新话》中有这样一段话："读书须知出入法，始当求所以入，终当求所以出。见得亲切，此上入书法；用得透脱，此是出书法。善不能入得书，则不知古人用心处；不能出得书，则又死在言下。惟知出知入，得尽读书之法也。"这段话中，将读书的方法简括为"入"与"出"，并指出"入"要"见得亲切"，"出"要"用得透脱"。"见得亲切"即是说当你接触到读物时，要全神贯注，全身投入，读得亲近、切实。触文能绘其形，闻其声，临其境，悟其神，乃至如醉如痴。"用得透脱"，学以致用，"用"要用得透辟、活脱；生吞活剥、死搬硬套那便是"死在言下"了。进一步说，学就是入书，思就是出书。出入有道，学业方可成。

伟大的科学家阿尔伯特·爱因斯坦在总结自己成功经验时说，学习知识要善于思考、思考、再思考。少年时爱因斯坦不喜欢说话，爱一个人静静地思考问题。有一次，爱因斯坦对着一个指南针出神，然后向父亲提了个问题：指南针为什么总是指着南面？父亲很不高兴，认为儿子只会提愚蠢问题，但他一想自己却也不能回答这个问题。从这一点上我们可以看出，爱因斯坦对自然现象具有敏锐的洞察力和深入的思考能力。正是靠着对数学、物理课程的极大兴趣和勤奋学习，又借助深入的思考，后来爱因斯坦在物理学许多领域都作出了重大的贡献。其中最重要的是在20世纪初一些新发现的推动下，用创新性思维揭示了相对论原理，建立了相对论。

当然，在"学"与"思"的关系上，孔子虽重视思考的作用，但他更强调学习是思考的前提和基础，更重视学习的作用。他说："我曾经整天不吃饭，整夜不睡觉，专心去思考，却没有益处，不如去学习。"可见思考是以学习为基础的，思考离不开学习，要依赖于学习。也就是说，只有在学习的基础上，进行的思考才是有根据的，才是有益的，也才可能是创新性的。否则，离开了学习这个基础的思考，只能是无源之水、无本之木，只能是想入非非的痴人说梦、胡思乱想。在孔子看来，学问知识应该尽可能地丰富，在此基础上的思考，才可能是有价值的。而且，孔子本人就是一个十分博学多能的人，因此，他才对中国的整理、发展，做出了划时代的决定性贡献。

郭沫若先生最敬佩的近代国学大师王国维，就是一个勤奋学习、刻意追求、思维缜密、勇于创新、贡献卓越的伟大学者。王国维少年时就勤奋好学，在私塾中成绩总是名列前茅，迅速提高了古汉语水平，掌握了通读中国古籍的工具。后来王国维又努力自学了日语和英语，并东渡日本留学，还学了德语，从而为他打开探视世界学术海洋的大门，为他更好的钻研西方学术，打下了坚实基础。王国维正是在自学中深入研究思考，而在深入研究思考后又进一步加强自学。一旦学有所得，就撰写成论文发表。在学习外语的基础上，广泛阅读西方的各种学术著作，开阔了眼界，看清了世界科学文化发展的潮流，为他深入进行学术研究开辟了广阔道路。由于王国维对知识永不满足的渴望与追求，以及勤奋刻苦、敢于思考、勇于创新的探索精神，使他涉足了学术领域的许多方面，并取得了令人瞩目的研究成果，从而使他成为蜚声中外的著名国学家。王国维的治学经验有三个特点，第一，强调自学的作用，他称之为"独学"；第二，坚持学用一致，学习的目的是应用；第三，重视外语学习并强调学了要思考消化，以利于创新。他的治学特点，恰好正确解读了孔子谈的学与思的关系，即以学为基础，坚持学与思的结合，达到创新的目的。

今天，孔子所谈学与思的关系，依然没有过时。书是前人和别人经验的总结，读书学习就是汲取前人和别人经验的过程。但切记这种学习不能不求甚解、稀里糊涂、囫囵吞枣、生吞活剥。书籍与经验是前人智慧的结晶，后人不可置之不理，乱干蛮干。要像孔子告诉的那样，既会读书学习又会研究思考，对书本既要进得去，也要出得来。我们应在注重学习、养成良好学习习惯的基础上，注重思考探索研究创新，只有这样才可能超越前人，才不会辜负我们所处的这个伟大的时代。

正是：勤学善思用苦心，为学奠基思创新；
爱因斯坦立天地，国学大师造诣深。

九十一、知之为知之，不知为不知

孔子说："子路呀，我告诉你对待知或不知的正确态度吧！知道就是知道（知之为知之），不知道就是不知道（不知为不知），这就是聪明智慧（是知也）。"这段话好像是孔子对子路的批评，既严肃又诚恳，同时更说明了对于做学问乃至做人的基本态度。

实际上，不管是做人也好，做学问也好，不懂装懂，自欺欺人，都是让人厌恶、使人反感的。人们在日常生活中，经常讽刺那种只会说"YES"招摇撞骗的"假洋鬼子"，把他们当作不懂装懂的反面典型。而如果我们认真观察社会，可以看到这样的"假洋鬼子"还真不少，虽然比例不大，但各行各业都多少存在着一些，应该不是夸张。

如果只是个人行为关在书斋里的读书求知，这种"假洋鬼子"充其量不过是自娱自乐、自我膨胀、自我陶醉、麻醉自己，没有什么大不了的。但如果这种人当上教师或公务员，或许又因为复杂的社会原因被提拔起来，从事教学或理政治国的工作，那可就不是坑害自己的问题了。这样一来，小者误人子弟，大者祸国殃民。所以，我们切不可轻视这种不懂装懂的人的社会危害，因为它完全可能由一种个人品质的缺陷，而发展成为一种社会公害、贻害无穷。大力提倡孔子早就强调的"知之为知之，不知为不知"的告诫，在今天仍然是非常必要的。坚持这种态度，就是坚持实事求是的良好作风，就是对自己对国家对别人负责任，也是加强诚信道德建设的必要手段。

其实但凡有作为者，都是始终坚持"知之为知之，不知为不知"这种态度的。孔子既是这样说的，也是这样做的。有这样一个传说故事，有一次孔子与弟子乘车外出，走着走着，发现路旁有两个10多岁的孩子正在激烈争论着。出于好奇，孔子下车走上前，询问他们争论什么问题。一个说："我说太阳早上离我们近，因为这时我们看到的太阳最大。正因为距离近，看起来才显得大而清楚。"孔子觉得有道理，不禁微微点头，以示赞许。但另一个却反驳说："他说得不对。应当是中午太阳离我们最近，因为这时太阳最热，就像火一样，离火越近不就越热吗?!"孔子听了又觉得有道理，只好又微微点了点头。这时，其中的一个孩子突然瞪大了眼睛，指着孔子说："您不是孔夫子吗？您可是当今最有学问的人，就请您评论一下谁的说法正确吧！"孔子沉吟着笑了笑，诚恳地说："我实话告诉你们，这个问题我也回答不上来。不过，我相信，这个问题将来一定可以有一个令人满意的解释，或者由你们，或者由以后的其他人。我怕是等不到那一天了。"孔子回到车上，对弟子说："知识的海洋是没有边际的，我们必须不断地奋发努力呀！"

诺贝尔物理学奖获得者、世界著名的科学家、美籍华人丁肇中先生，在接受中央电视台《东方之子》栏目采访时，面对记者的提问，曾多次坦诚地表示"不知道"。而他在南京航空航天大学做学术报告时，针对学生所问："您觉得人类在太空能找到暗物质和反物质吗？"他的回答是"不知道"。有学生又问："请您谈谈物理学未来20年的发展方向？"他又答："不知道。"还有学生再问："您觉得您从事的科学实验有什么经济价值吗？"他仍然坦诚地回答："不知道。"真可谓"一问三不知"！这让在场的所有师生都大感意外，短暂的静场后，接着响起了雷鸣般的掌声，大家为丁肇中先生的求实精神和科学态度而深感震撼。也许，当有人听到别人说"不知道"时，大概会觉得别人孤陋寡闻和浅薄无知。实际上，敢于说"不知道"，正是诚实待人和敢于面对自己学识不足的表现。丁先生的"不知道"，就体现出了一种做人的坦诚与谦恭态度，表现出了伟大科学家治学处事的严谨态度，显现出一位智者"大智若愚"的谦虚风范。因此，不能不令人肃然起敬。

"知之为知之，不知为不知，是知也。"让我们明白，学问越深奥、科学越发展，我们未知的东西就越大越多。因此，越是学识渊博，就越要坦诚待人、虚怀若谷。作为专家学者来说，对自己不知道的东西，不仅应该老老实实地承认"不知道"，而且还应该敢于说出"不知道"三个字。美国当代物理学家费曼有这样一种观点：科学家总是和疑难问题与不确定性打交道的，因此，当一个科学家不知道一个问题的答案时，他就是不知道；当他有了大概的猜测时，他的答案同样是不确定的；即使他对自己的答案已经成竹在胸了，他也会对别人的质疑留下充分的余地。所以，对科学家来说，承认自己的无知，使自己的结论留有被质疑的余地，是科学发展所必需的，也是正确对待科学的科学态度。专家学者只有坚守这样的科学态度，才能不断地超越自己，以勤奋地进取来获取新知识，达到新境界。

有句老话说"一事不知，儒者之耻"，其本意应该在于勉励儒者不断求索、不断进取，绝不是说儒者应当什么都知道，所有学问无不知晓。连儒家学派的创始人孔子都说："我有知识吗？其实我没有知识。有一个乡下人问我，我对他问的问题本来一点也不知道。我只是从这个问题的正反、本末去考察，终于得到了结果。"可见孔子也是坚决奉行"知之为知之，不知为不知，是知也"的。而且，正是认识到自己"不知"，才可能经过努力达到"知"，这才是智者所为。不客气地说，即使在专业领域内，那些自诩为或表现为无所不知的所谓"专家"，我们也完全有理由怀疑他的学问是否科学，甚至怀疑他的人品是否诚实。这些年出现的那些无所不能无所不通、呼风唤雨撒豆成兵的"大师",不都是没有什么真才实学的诈骗犯么?

还是拿丁肇中先生的大师风范为例,其实在常人眼里,他无须说"不知道",完全可以用几句学术性很强的术语糊弄过去;也可以说一些不着边际的话蒙混过关;还可以委婉地对学生说这些问题对你们太深奥,几句话解释不清,而糊弄了事。这样是不会有人故意找茬或去追究的。但丁肇中却用最老实、最坦诚的方式做了回答,而且表情自然、诚恳。没有明知不讲的矫揉造作,没有故弄玄虚的花架子,也没有故作高深的卖关子。丁肇中的老实诚恳态度,不但无损他著名科学家的形象,反而更凸显了他严谨治学的科学态度,更能够得到人们的由衷敬仰和钦佩。这就是"知之为知之,不知为不知,是知也"呀!

但遗憾的是,在现实生活中,有许多人的做法与丁先生截然相反。例如,部分官员在许多问题面前,往往会表现出"百事通""博学家""万事难不到"的风采,不管是下基层搞调研,还是检查工作听取汇报,常常是在情况还没弄清楚的时候,就大言不惭地做决定、提要求、定政策、下指示,流露出一副"傲视群雄""唯我独尊""舍我其谁"的神情。殊不知,这样的决定、要求、政策、指示,根本就与基层的实际情况不相符合,有的甚至是南辕北辙,如果真照此贯彻下去,其结果可想而知。

再例如,当今也有一些专家(在其专门研究的领域或许也真是专家),总喜欢对自己不熟悉、不了解的学科发表意见,总喜欢不负责任地乱说一通。结果是"专家意见"并不"专业",听了让人一头雾水,不知所云。因此,导致有些专家在人们心目中的地位大大降低。与此形成鲜明对照的是,科学大师丁肇中的"一问三不知",不是更令他们汗颜么?!

总之,"知之为知之,不知为不知"的坦然与诚实,不仅是科学家、艺术家、公务员们应当具有的品质,对于我们普通人来说,同样也是不可或缺的。这既是做学问的底线,也是做人的底线。

正是:治学做人当求实,知与不知自应知;
丁公风范堪学记,"假洋鬼子"可知耻?

九十二、学而不厌,诲人不倦

孔子说:"将学到的知识默记在心(默而识之),努力学习而永不厌烦(学而不厌),教导别人而不感到疲倦(诲人不倦),除了这些我还有什么呢(何有于我哉)?"可以说,这是孔子对自己人生和治学经验、教育实践的总结。其中"学而不厌,诲人不倦"已成为固定成语、千古名句,激励着后人虔心向学,感受学习的极大乐趣,活到老学到老;提醒着教育者立志终身教书育人,以能从事教育工作而感到光荣和自豪,献身于教育事业。

孔子以他的一生学习与教学生活,实践了"学而不厌,诲人不倦",为后人树立了光辉的榜样。沿着孔子脚印前行的志士仁人,可以说史不绝书。不管是在古代,还是在社会主义现代化建设的今天,"学而不厌,诲人不倦"的精神,都将成为我们中华民族的宝贵精神财富。

"凿壁偷光"的匡衡可以说就是一个学而不厌的好例。匡衡家祖祖辈辈务农，生活一贫如洗，他从小就靠给人家干活过日子。但是，他却酷爱学习，常常利用劳动之余刻苦自学。夜晚因无钱买灯油，他曾在墙壁上挖一个小洞，借助隔壁一束宝贵的亮光读书。在他家的几册书读完后，为了进一步学习，他不惜去给财主家白干活，条件是财主借给他一些书读。就这样，他白天干活，晚上读书，直到把财主家的书全部读完，才辞工另求学习之路。他这种痴迷学习的态度，感动了许多人，有位学者同意匡衡到自己家中去读书。他抓住这个难得机会，认真攻读，还边读边抄，直到把需要的资料都读完抄完才离开书房。随着求知欲的越来越强，他感到没有名师指点，许多问题得不到解决。于是，他就只身出门，访师求学。就这样，在名师指点下，经过多年的勤奋学习，匡衡终于成为西汉时期一位才华出众知识渊博的大学者，并在汉元帝时，当上了丞相。当然，当官并不是匡衡学习的根本目的，所以，直到老年他都坚持读书学习，而毫不懈怠。匡衡为了读书而凿壁偷光，为了成才而借书抄书，为了精研学问而访求名师。他这种勤奋学习、坚持不辍的精神，不正是对"学而不厌"的一种最恰当、最准确的解读吗？！

　　生前被周恩来总理赞誉为"国宝"的模范教师霍懋征，薄一波前副总理曾为其题词"一代师表"。她献身教育事业，一生从教60多年，为国家培养出了许多栋梁之材。可以说是一位终身"诲人不倦"的名师，在谈到从事教育工作的体会时，她总结了以下六点。第一，做一名教师必须要有先进的教育思想，即全面发展的思想，这是教育教学工作的灵魂。第二，教师要忠于党的事业，把教育看成是事业而不仅仅是职业，要有献身于这个事业的决心，要热爱学生，这是搞好教育教学工作最根本的一点，没有爱就没有教育。第三，教师要十分注意培养学生学习的兴趣，变"要他学"为"他要学"。创造条件培养他们良好的学习习惯，好习惯一生受益。第四，当一名教师必须时刻努力学习，不断提高自身的素养，更新观念，改进教学方法。过去常说，要给学生一杯水，教师要有一桶水，而在今天要给学生一桶水，教师应是长流水，只有渊源不断而来，才能滔滔不绝而去。第五，要想向课堂四十分钟要质量，教师必须认真备课，不同的教学要求、不同的教学对象，就必须采取不同的教学方法。例如，语文教师备课，就要进入角色，和作者的思想感情产生共鸣，要用自己的语言、丰富的感情去感染学生，才能达到好的教学效果。第六，必须营造一个民主、宽松、和谐的课堂教学氛围，只有在这样的氛围中，才能比较充分地调动起学生的教学参与意识。素质教育的核心是以人的个性全面发展为目的的，个性全面发展的教育，就能努力开发出每个学生的创造潜能。因此在教学过程中要以学生为主体，充分调动学生的能动性、主体性、积极性和创造性，让他们爱学喜学，自愿参与培养他们的自学能力的各种活动。而教师则在教学中起主导作用，既尊重学生的学习创新精神，又努力引导学生发现问题、提出问题、探讨研究问题并能设法解决问题。

　　霍懋征老师不仅以从事了一生的教育事业，真正实践了"诲人不倦"的古训，而且在师德方面已经突破了历史的局限，有了崭新的跨越。因此，温家宝前总理称她是"把爱心献给教育的人"，前副总理刘延东称她为"教育大家"。而霍老师却谦逊地说，这是党和政府对教育事业以及对教师的关怀和鼓励，荣誉属于大家。在看着她亲自培养出来的学生，一个一个走向工作岗位，成为国家栋梁之才时，霍懋征老师满怀无限深情，欣慰地说："我一生从教的体会，那就是六个字：光荣、艰巨、幸福。"承担着如此"诲人不倦"教育学生的艰巨而光荣的事业，是她一生的光荣，一生的责任，更是她一生的幸福。

在中国历史上,尤其是现代社会中,像匡衡那样"学而不厌"的学者和像霍懋征那样"诲人不倦"的老师,可以说有千千万万,正是他们的辛勤耕耘,努力工作,才使中华民族几千年的优良文化传统得以延续,并不断得到发扬光大。在我们迎接民族伟大复兴的今天,优秀的民族文化传统,正是我们从事复兴伟业的巨大精神力量。因此,孔子提倡并身体力行的"学而不厌,诲人不倦"精神,是永远值得我们珍惜和继承并发扬光大的。

正是:学而不厌终身伴,诲人不倦是圣贤;

匡衡乐学成伟器,霍师诲人感地天。

九十三、知之者不如好之者,好之者不如乐之者

孔子说:"知道它的人不如喜欢它的人(知之者不如好之者),喜欢它的人又不如陶醉于它之中的人(好之者不如乐之者)。"这里的"它",可以指读书学习,也可以指事业,当然还可以指其他游艺、娱乐活动。但从孔子一生的作为以及他的兴趣与喜好来看,大概指学习更为妥当。因此,我们就以读书学习为例,来分析把握孔子这一论述的意义与现代价值。

对于学习的内容来说,知道、喜欢、陶醉是三种不同的境界,它们既是层层递进、环环相扣的阶梯,又是互相区别、不容混淆的三个层次。知道或了解某种东西是喜欢上它的基础,而喜欢这种东西又可以进一步发展到陶醉于它之中,并乐意把它作为自己生命的一部分。可见,喜欢的层次高于知道,而陶醉又明显高于喜欢。反过来说,人们对根本不知道的东西是谈不上喜欢的,而对不喜欢的东西,就更谈不到陶醉于其中了。因此,从三者关系上看,知道是基础,陶醉是最高境界,喜欢作为中间环节,是知道与陶醉二者相互过渡与联系的桥梁。

一般而言,知道偏重于理性,几乎与情感无关。知道的对象外在于本体,这时对象是对象,自己是自己,本体并不能自由地把握对象,二者的区别是明显的。在日常生活中,我们可能都知道做一些事对人一定有好处,但这样的事我们却常常难以做到。例如,大家都知道锻炼身体很有必要,对人有益,但要人们天天坚持运动健身,恐怕就很少有人做到了。因为,理智上知道它对人有好处,并不见得使人在感觉上尝到了它的甜头。所以,仅仅停留在知道阶段是不够的,还需要发展到喜欢阶段。

喜欢已触及到"情感"问题,表征着人对某种事物发生了较大兴趣,并不是仅仅知道它了,而已对它产生了热爱的感情。这种情况就像与自己很友好的朋友相聚,又像他乡遇故知,亲切之感会油然而生。但此时朋友与故知仍然是外在于自己的存在,虽感情融洽,却有你我之分。例如,我们许多人都会说自己喜欢读书,对于一个有一定文化水平的人来说,这应当说是确定无疑的,但是喜欢的程度不同,也是确定的。其中相当多的人大概是"好读书,不求甚解",这本翻阅翻阅,那本浏览一下,忽然发现电视里正在播出一个好看的电视剧,于是放下书本,专心致志看起了电视。至于读书的事,对不起,只好等以后空闲下来再说吧。这样的喜欢读书者,过去和今天难道我们遇见的还算少吗?虽然比知道读书重要但又不愿读书者要强一些,但还是不能算作读书人啊!真正的读书者,应当

是再高一个境界的痴迷者。

而陶醉于其中则更上一层楼，是真正属于"乐之者"的境界。同样以读书为例，"乐之者"就是以读书为最大乐事，读书已成为生命中不可或缺的一部分，痴迷于读书之乐中，陶醉在书的情境里。打个不太恰当的比喻，就像一对相亲相爱的恋人一样，彼此极其亲密相处，达到物我两忘的境界，已经分不出哪个是你哪个是我了。一生勤奋学习的孔子不就是这样吗？你看他，曾经不停地翻阅、钻研《易经》，以至使连接竹简的牛皮绳都断了多次。他只顾发奋读书学习，连吃饭都忘记了，在读书之乐中不仅忘掉了忧愁，甚至连自己已是老年人的事也忘记了。孔子自己就说过："即使只有10户人家的小村子，也一定会有像我这样讲忠信的人，只是没有像我这样痴迷学习的人罢了。"至于说到无产阶级革命导师马克思、恩格斯、列宁、毛泽东，又有哪一个不是痴迷于学习的呢?！这不就是我们学习的光辉榜样么。

以上"知之者""好之者"与"乐之者"三种人，"知之者"在现实生活中为数最多，其实对于一般事物来说，做个知之者也就够了。"好之者"比"知之者"要少许多，因为"好之者"是要有一定感情投入的，已经不是一个局外人了，比如人们一般都能够喜欢自己从事的职业。而"乐之者"则比较"好之者"又少之又少，因为乐之者是需要全身心投入的，是不计后果、不留退路的。正因为此，要想真正取得学业或事业的成功，进而达之于顶峰，没有乐之者的境界是不可能的。

说到这里，笔者想到国人多年来的诺贝尔奖情结。除去诺贝尔和平奖的意识形态色彩太重，又受到某些霸权大国的操弄，我们可以暂且不谈。得到诺贝尔科学奖或文学奖，可以说是许多人梦寐以求的事。但是很遗憾，直到2011年以前，具有中国国籍的学者或文学家谁也没有美梦成真。原因何在呢？在笔者看来，评此奖由西方人主导，不可能绝对公平，这只是问题的一个方面。国内学者或文学家们的喧嚣浮躁与急功近利，是不是一个更重要的方面呢？可以说对此大奖"知之者"太多，"好之者"不少，但为了获奖而搞科学研究或文学创作的"乐之者"却微乎其微。这里笔者绝对无意否定广大科技工作者和文学家默默无闻的工作和卓越贡献。但是，科学领域和学术界乃至文学圈的乱象，不是国人有目共睹的事实么！当然这种不良的现象，现在正在逐渐改变，莫言（管谟业）先生终于在2012年成为第一个中国当之无愧的诺贝尔文学奖获得者。接着于2015年屠呦呦女士又获得了诺贝尔生理学或医学奖，对于多年苛求该项大奖的国人来说，简直是双喜临门。而随着中国的崛起与中华民族的振兴，中国科学家和文学家获得更多诺贝尔奖的一天也不会太远了。

因此，在今天我们是不是更应该大力提倡"乐之者"的境界，使正在从事各行各业工作的人们，都不仅要从"知之者"上升到"好之者"，更要努力达到"乐之者"的水平呢。这样一来，我们伟大的祖国一定会建设得越来越好、越来越繁荣、越来越兴旺发达！

正是：知之好之到乐之，三重境界登有梯；
　　　身心全付愉悦业，诺奖自然不来迟。

九十四、三人行，必有我师焉

孔子说："即使三个人一起走路（三人行），也必定有值得我学习的老师（必有吾师焉）。我要选取那些优点而学习（择其善者而从之），对于那些缺点而改正（其不善者而改之）。"被历代尊奉为"至圣先师"的孔子，竟是如此地谦虚好学，这不很令我们感动么！

孔子一生都保持着谦虚好学的态度，无论是在青少年汲取知识的时期，还是在晚年成为蜚声列国大学者的岁月里，始终具有积极进取的精神。据说，有一次年已老迈的孔子外出，遇上了一个名叫项橐的孩子，孔子请项橐坐自己的马车回家。在车上项橐问孔子："全国都知道您很有学问，我可以向您请教一个问题吗？"孔子说："说我有学问，实不敢当。但对你问的问题我都乐意回答。"项橐就问："松柏为什么常青，冬天也不落叶子？"孔子想了想说："大概是因为这种树木内部特别充实的原因吧？"项橐又问："如果说松柏常青是因为内部充实，那么竹子内部空空，为什么也能冬夏常青呢？"孔子答不上来了，于是就谦恭地说："我讲不清楚，请你谈谈你的看法吧。"项橐便滔滔不绝说了一大通，孔子听了觉得有道理，就连连点头。项橐讲完，孔子认真地说："你年纪虽小，但在这方面可以做我的老师了。真是后生可畏呀！"后来，孔子经常将项橐请到自己家里来，与他谈天说地，相处非常融洽，两人成了忘年交，历史上便留下了孔子师事项橐的佳话。

其实，"三人行，必有我师焉。择其善者而从之，其不善者而改之"的态度和精神，体现着人与人相处的一条重要原则。随时注意学习他人的长处、优点，随时以他人不足、缺点引以为戒，自然就会多看他人的长处，与人为善，与人和睦相处，待人宽而责己严。这不仅是加强自我修养，提高自身素质的最好途径，也是促进人际关系和谐的重要条件，是保证社会和谐的一种内在约束。

"三人行，必有我师焉"又体现了一种谦逊态度。毛泽东在党的八大开幕词中说过："谦虚使人进步，骄傲使人落后。"作为一个现代人，我们应当具备终身学习的理念。那么究竟应该向谁学？学什么？其实处处留心皆学问，关键看我们是不是足够谦逊，是不是足够自省。知识是学问，实践是学问，做人是学问，生活同样是学问。只有谦虚谨慎，我们才能放下身段，不顾身份，意识到"寸有所长，尺有所短"，才会抛弃自命不凡，不再我行我素。学习的对象可以说无处不在，注意向古人学，向今人学，向伟人学，向凡人学，向下属学，向子女学，向朋友学，甚至向敌人学。学"贤贤易色"，学"事父母能竭其力"，学"事君能致其身"，学"与朋友交，言而有信"。总之，只有怀抱谦逊之心才能主动去学，静下心去学，脚踏实地去学，才可能真正学好。

"三人行，必有我师焉"更体现了一种豁达心胸。我们生了一双眼睛，似乎已经习惯于向外探究，随着年龄和阅历的增长，更是练就了轻而易举发现他人的弱点、缺点、不足的能力，不知不觉中犯了"严于责人，而宽于责己"的毛病。于是少了反躬自省，多了吹毛求疵，少了温良恭俭让，多了盛气凌人，不仅败坏了自己平和的心态，也容易造成人际关系的紧张。其实人无完人，当我们只看见别人缺点时，扪心自问，是不是少了一双发现美的眼睛？是不是让瑕疵掩盖了美玉的光芒？多想一想上面那句充满哲理的格言，看一看自身的不足，老师、榜样不就在我们身边吗？!

"三人行，必有我师焉"还体现了一种哲人智慧。我们通常能接受"向胜过我的人学习，向比我能干的人学习"的观念，却排斥那些在我们眼里不完美的、有缺点的、不成功的人。殊不知，"失败是成功之母"，"师不必贤于弟子，弟子不必不如师"，当我们能做到随时注意学习他人的长处，同时以他人缺点引以为戒，真正做到"择其善者而从之，其不善者而改之"的时候，那么我们就可以把别人的直接经验与教训，内化为我们自己的能力智慧，从而少走弯路，使短暂的人生更有效率。

"三人行，必有我师焉"最后体现了一种自然而然的规律。以别人为师，以前人为师，以书本为师，以实践为师，以生活为师，以一切可学之人为师，以大自然为师，学无定师，兼及百家，博采众长，海纳百川。你以我为师，我以你为师，你、我、他互为学生与老师，在同行的路上相互扶持，相互照应，彼此欣赏，共同进步，何乐而不为。

"三人行，必有我师焉"是孔子留给我们关于学习进步的经典话语，它教我们要有谦逊之心、豁达之度，教我们智慧地学，向一切人、所有物的长处学，不仅在知识层面上提升自己，更要求我们通过学习来修身养性，做一个真正的愿学、好学、会学、乐学的人，不断在学习中提升自身的综合素质，更深地体会到学习的乐趣和意义。

正是：三人之行有我师，从善克短见贤齐；

孔子师礼项橐事，佳话千古励人智。

九十五、当仁，不让于师

孔子说："面对着仁德的事（当仁），对老师也不必谦让（不让于师）。"历来重视尊师的孔子说出这样的话，可见他对仁德的极端重视。

在名誉面前、利益面前乃至排座次面前，尊重老师、对老师表示谦让，当然是应当的、正确的。但是，面对仁德的事，就完全可以例外了。这话可以从两方面来理解：一是说，在比较重大的是非面前，老师的意见显然是错误的，而自己的意见是正确的，这时就不必要谦让、屈从于老师，而应该坚持自己的正确意见；二是说，面对着行仁德的事，就要自告奋勇，积极主动冲上前去做，即使为此献身也在所不惜，包括老师在内的所有人都不要谦让。连老师都不谦让，其他的人也自然就不在话下了。所以，今天我们大都说"当仁不让"，省去"于师"两字。其实意思完全是一样的。

清末民初的梁启超对待老师康有为的做法，可以说是"当仁不让于师"的好例子。康有为、梁启超是师徒关系，二人都是近代中国历史上向西方寻找真理的先进人物，曾为中国社会的发展进步做出过杰出的贡献。早在1890年，已经考取举人资格的梁启超，在同还没有获得功名的康有为深入交谈时，被康有为渊博的学识和深刻的见解所震撼，尤为钦佩其远大的目光，于是放下举人架子，毅然拜康有为为老师，跟随康有为到万木草堂学习。当时的康有为满怀忧国忧民、报效国家的豪情壮志，力主学习西方变法图强，先后多次上书，甚至带领梁启超等1300多举子联名上书，但并未收到效果。在各国列强肆无忌惮的侵略下，中国山河破碎，危难深重。面对国家如此受人欺凌的惨景，康有为无比愤怒，当意大利军舰开到中国浙江沿海，蛮横地提出租借三门湾要求时，他写下了《闻意索三门湾以兵轮三艘迫浙江有感》一诗，悲愤地写道："凄凉白马市中箫，梦入西湖数六桥。绝好江山谁看取，涛声怒断浙江潮。"他用愤怒的潮水来比喻自己切望祖国富强而不能的悲愤之情，感动震撼了许多爱国志士。但此后，在清王朝灭亡的历史巨变与大转折时代，作为老师的康有为却故步自封、僵化保守，不肯接受新事物、新变化，仍然顽固的抱着皇权、忠君思想不变；而作为学生的梁启超则善于吸收、与时俱进，努力挣脱旧习俗、旧传统的束缚，坚决反对封建专制和清王朝的复辟，终于导致师生最后分道扬镳。在支持与反对袁世凯称帝的问题上，师生二人尖锐对立；在对待张勋复辟这个大是大非事件上，康有为与张勋同流合污、沆瀣一气，并因支持复辟有功而当上高官。梁启超则力主武力讨伐复辟丑剧，并为段祺瑞组织的讨逆军亲笔起草讨逆宣言，其中斥责其师康有为说："大言不惭之书生，于政局甘苦，毫不所知。"并以个人名义发表通电，有好心人担心这会破坏他们之间的师生关系，梁启超却理直气壮地说："师弟自师弟，政治主张则不妨各异，吾不能与吾师同为国家罪人也。"好一个"吾不能与吾师同为国家罪人"，充分表现了梁启超真理在手、正义在胸，"当仁不让于师"的凛然豪迈气概。

其实，在西方思想史上，差不多与孔子同时代的伟大思想家亚里士多德就说过"吾爱吾师，但吾更爱真理"的名言。这种说法，与孔子说的"当仁不让于师"可以说是不谋而合，有异曲同工之妙。可以说是西方版的"当仁，不让于师"的新说法。

"当仁，不让于师"还告诉人们，学生的见解认识乃至做法，并不一定比老师差。当面对仁德、真理时，学生完全应当义无反顾，勇往直前，即使是面对自己的老师，也不必谦让客套。

这句话可以说也表达了作为老师的孔子，对学生的关怀鼓励和殷切希望。老师不是万能的，其地位不是神圣的，徒弟未必凡事都不如老师，正如同人人都有缺点不足一样，人人也都有优点长处，师生的角色有时是可以相互转换的。而且老师也会犯错误，也有不知道的学问知识，以及个人才能方面的欠缺，不能把老师的话当成金科玉律或一成不变的教条。其实，人人都可以成为老师，人人又应该是学生，要谦虚地向比自己强的人们学习。即使是总体不如自己的人他身上的长处，也值得我们去学习。像孔子说的那样："三人行，必有我师焉。择其善者而从之，其不善者而改之。"从中体现的民主与平等的教育思想，还是非常可贵的，也是应当采取的。

在知识爆炸、高科技飞速发展的现代社会，"弟子不必不如师"、弟子一定强于师的现象早已是司空见惯之事。例如，在电脑的运用与有关知识的掌握方面，越是年龄小的新手，越可能更快更好地掌握相关知识，并能够熟练运用计算机，成为内行。许许多多的学生都超过了老师。而且，今天学生敢于当着老师的面提出自己的观点，敢于挑战权威，已经是再正常不过的事了。俗话说"青出于蓝而胜于蓝"，学生后来居上，在学问乃至功业上，赶上老师、超过老师、胜于老师，做出比老师更大的贡献，可以说是历史的必然规律。

必须指出，孔子说的"不让于师"一事，是指的"当仁"时，而不是说凡事都不让于师，都要和老师争个高下。尤其是面对名誉地位甚至金钱的时候，学生还是应该谦让一些的。但是，现在遗憾的是总有一些不知天高地厚的人，老是认为自己天下第一，举世无双,老师更不会放在眼里了。对于这种骄矜、狂妄、浮躁的风气,还是有必要加以警惕的。

"不让于师"与尊重老师,关系也是辩证的。只是在面对仁时,才应当不让于师,平常还是要尊敬老师的,这也是中华民族的优良传统,这个道理无须多说。但是,这种尊师爱师的传统,现在有些淡漠,这是需要警惕的。总之,学生贤于师、胜于师、强于师、超过师,是符合规律的事,但尊重老师却是对学生道德的一个起码要求,否则,像"文化大革命"时期那样,"欺师灭祖"的混乱情况就会屡见不鲜了。

正是:当仁恩师亦不让,梁康之交细思量;
道义担当更尊师,奋进学子业辉煌。

九十六、学而时习之,不亦说乎

《论语》开篇,孔子就说:"学了,按一定时间去实习它(学而时习之),不也是很高兴的事吗(不亦说乎)?"这句话里所体现的孔子重视教育学习的思想,以及以学习作为快乐之事、作为愉悦身心的手段的卓绝见解,可以说已经跃然纸上、呼之欲出。

学了,并按一定的时间去复习、实习、践习,然后又学新的东西,如此循环往复,真是一件快乐的事,而且其乐无穷,这是一个多么令人神往的过程啊!学无止境,人不可一日不学习,也不可能一日没有困惑。作为公务人员也好,作为教师学生也好,作为社会上各行各业的人员也好,在日常工作或生活中,总会遇到许多感到困惑的问题,有这些问题必然要求得解答,解疑释惑就需要加强学习。大家运用自己的努力学习来逐渐解决工作生活中问题,以达到最好的预期效果,这不就是学习的乐趣所在吗?!如此说来,孔夫子说的"学而时习之,不亦说乎",真是至理名言呀!

从学理上来讲,"学而时习"告诉我们,在孔子那个时代"学"与"习"是两个范畴,将"学习"整合成一个词组,是近代以后的事。宋代大理学家朱熹把"学"解读为"效仿",认为它反映的是先觉者与后觉者之间的关系;而把"习"定义为重复练习,人们正是通过重复练习来强化所学到的东西。这种理解已被学界普遍接受。当然,为了论述方便起见,下面我们基本是以现代意义上的"学习"范畴来进行解说。

可能有人会问:学而时习何以会产生快乐?其实,学习本身就是快乐,就是幸福,这是人文教化事业特有的幸福观。在许多人看来学习这种富有理性精神的快乐,完全是这样自然而然的,是发自于人的内心世界的,是不需要任何理由的。学习与快乐是一个问题的两个方面,学习的快乐与快乐的学习,正如矛盾的两个方面,是不可分割地联系在一起的。这也是人类区别于动物界的一个重要标志。

以此类推,孔子《论语》的重点,正是一种教化的哲学。儒家有一个朴素而又坚定的信念:人性有一个奥秘,即它本身是值得快乐的。这是一种人性与天道的快乐,是人生全局性、整体性的快乐。但人们在学习生活或者生活学习中承受着种种习俗的重负,眼睛只盯住当前的物质利益,不屑于登高望远,视野逐渐变得狭窄,往往会对这种全局性整体性的快乐视而不见。而真正意义上的学习,正为我们提供了一种对抗习俗重负、还原生命本真，像鲲鹏一样振翅翱翔、顽强高飞的生活状态。

对于"学"来说，最重要的是人与人的效仿关系。谁是先觉者，谁是后觉者，很难界定。正因为先觉、后觉殊难预定，在学习领域里，更重要也是更常见的关系，不是以往带有强烈等级色彩的师生关系，而是相与论道的朋友关系。如果朋友不相与论道，离开了学习这个中心环节，那只是酒肉朋友，是因利益相结合、因义气相结合的"朋友"，不是《论语》所说的朋友。

既然学习的目的是发现自己本性中的快乐，那么他人是否看到了自己的快乐并不重要。效仿先觉者的回报，即在于人格的成长与丰富，自信自尊的增强，这与他人没有本质的、必然的联系。这里所说的"他人"，应当理解为论道朋友之外的"他人"。对于真正的论道朋友，是否相知，仍然是很重要的。总的来说，儒学是一种以社会为本位的学问。

《论语》中对于快乐的论述有很多，如孔子说"君子不忧""君子坦荡荡"。近现代国学大师梁漱溟发现，《论语》极少谈"忧"，而将"乐"放在显著位置。早年就对印度哲学有深湛研究，并对西方文化也很熟悉的梁先生认为：儒家与西方及印度的宗教均不相同，是一种特别重视快乐的思想学派。有的学者，例如李泽厚先生，就沿着梁漱溟的认识进一步推论，主张中国文化是一种"乐感文化"，与西方的"罪感文化"、日本的"耻感文化"截然不同。作为儒学最重要经典的《论语》，第一章揭示的"说""乐"，就是人世间的快乐。其不离人世、不离感性而又超越它们。学习"为人"以及学习知识技能而实践之，应当有益于人、有益于己，也有益于人世，对此心中愉悦，这是一种有所收获的成长快乐。这既是人世间的快乐，也是很精神性的快乐。总之，快乐是学习之乐，世俗之乐，更是精神之乐。

正是：学而时习真快乐，快乐学习愉悦多；
释疑解惑心胸阔，成才教育学乐拓。

九十七、有教无类

孔子说："任何人我都教育，没有贫富贵贱、地域等级的区别（有教无类）。"在当时的社会里，是有着严格的贵贱等级界限的，而孔子这种"有教无类"的思想，无疑是对当时等级制度的一种否定，体现了他先进的教育理念。从而使他成为中国乃至世界史上一位伟大的教育家。

梁启超在《先秦政治思想史》、冯友兰在《中国哲学史》书中，都对孔子"有教无类"思想高度赞誉，认为孔子是开私人教育为专业为先，开六艺【即：礼（礼仪制度、道德规范）、乐（音乐、诗歌、舞蹈）、射（射箭）、御（驾车）、书（文字书写）、数（算法）】教一般人、使六艺民众化之先，开不问出身如何都一律给予教育即"有教无类"之先。这"三先"体现了"三大"，即：教育史的大转折，教育事业的大解放，民族文化的大促进。在泱泱中华几千年的历史长河中，孔子依靠一人之力，利用当时仅有的典籍和散落在民间的技艺，教授学生传播六艺，从而开创了中国历史上学问私家传授的先河，成为一位世界著名的伟大教育家。

孔子的教育实践完全体现了他的教育思想。从他收的学生地域来说以鲁国为主，还有来自卫国的子贡等，来自陈国的颛孙师等，来自宋国的原宪等，来自齐国的公皙哀等，来自蔡国的漆雕开等；从家庭出身上看，有像孟懿子那样的显赫贵族子弟，有武士出身的秦商，更多的则是平民子弟如颜回等；从年龄上讲，有只比孔子小6岁的颜由（颜回之父），有比孔子小53岁的公孙宠，至于小二三十岁的更是正常；从原来的品德性格来论，更是参差不齐，颜涿曾当过江洋大盗，子路拜孔子为师前是个好勇斗狠的无业青年。史书说孔子有弟子多达3000，其中贤人就有72名之多，可见他当时办教育的规模之大、门徒之多、成就之高。

孔子"有教无类"思想的提出，是中国教育史上里程碑式的重大变革。从此，中国就由学在官府的贵族特权教育，转变为面向全社会的平民教育，培育出历史上独具特色的中国教育精神。孔子之后，2000多年的中国教育，无论私学还是官学，都基本贯彻了"有教无类"的方针。正是这种平民教育，极大地开拓了中国人才的来源。随着隋唐科举制的创立，"有教无类"便找到了一条影响中国政治的有效途径，把它所造就的大批人才推向社会上层，从而改变了中国的政治状况。这一原则与科举制的结合，促使唐宋以后中国社会政治发生了一场深刻的历史变革。基本上制止了官僚贵族化的趋势，使官员的更换有了一种经常性的机制，像唐代以前那样世代为官的现象不再容易发生。另外，"有教无类"的平民教育，还为我国确立文官制度奠定了基础。北宋吸取了晚唐五代藩镇割据、军人左右政权的教训，强调以文官治理天下，而"有教无类"的平民教育，则为文官产生提供了不竭的源泉。这一文官治国的确立，影响深远，一个饱受儒家经史文化教育的官僚集团治理国家，比起武将当政无疑是一个巨大进步。一个教育原则影响了我国两千多年政治史的变迁，这样的例子在世界史上也是仅见的。

在我国提倡建设学习型社会，贯彻落实科教兴国战略的今天，有教无类思想有着更重要的现实意义。今天教育工作者乃至全社会都已经接受了"为了每一个孩子的终身发展"这一核心理念。这一理念的关键可以从两个层面理解：第一，使社会教育资源更好地公平地惠及所有学生；第二，教育的出发点和归宿都要着眼于学生长远的发展。第一个层面，体现国家今天乃至未来的教育，将为所有青少年、社会各个群体的所有人，提供平等、优质、多样性的学习机会；第二个层面，则明确表达了社会与学校将学生潜能激发、创新精神和实践能力培养，作为实施素质教育的切入点。这一先进理念不仅与当今世界教育变革与发展的大趋势相一致，也是未来我国实现经济发展方式转变、增强国际竞争力和建成全面小康社会创新发展的现实需要。其实，这也是孔子"有教无类"思想的一个真正全面落实与创新发展，可以说是21世纪"有教无类"思想的新表现、新形式。

早在20世纪80年代初，发达国家教育改革与发展的一个共同特征，就是以全体学生为本，以创新为导向，明确以培养适应明天社会的人作为当代教育的基本目标。世界各国越来越注重学生全面素质的发展，注重发掘潜能，培养创造性，推行面向未来的教育。美国《2001年不让一个儿童落后法》明确指出，公立教育要"确保美国的每一位儿童受到一流的教育"，要求"教育公平"的观念不仅落实到每一个人有书读，还要落实到每一个人都能受到良好平等的教育，并要求切实缩小弱势群体儿童在学习成绩上的差距。英国在基础教育阶段，要求教师根据学生的个性特征，为每位儿童制订个体教学计划，因材施教，鼓励学生按自己的兴趣学习，在兴趣科目上投入更多精力，以充分发挥自己的特长。

日本则将"培养创造性"和"珍视生命、崇尚自然、保护环境"作为教育的根本目标。这些国家的先进教育理念，极大提高了国民的整体素质，使其始终保持强大的国际竞争力。应当说，"有教无类"思想在这些国家，已提前得到了全面落实。我们向外国学习，当然包括先进的教育理念与做法这一方面，即使这样的理念产生于我国，但其他国家贯彻落实得更好，我们也应当虚心地学习借鉴。

未来国与国之间的竞争，归根结底是教育的竞争、科技的竞争、人才的竞争，教育改革和发展的核心任务就是培养更多的创新型人才，全面提升人口素质和国家的综合竞争力。从这个最根本的问题上看，"有教无类"思想不仅没有过时，而且正适应了今天经济社会全面发展的需要，所以，是大有发扬光大必要的。我们说，孔子的有些思想是超越时空，具有永恒价值和意义的，"有教无类"思想就是这种情况。

正是：有教无类视野新，孔子思想绝等伦；
　　　终身学习今朝是，人才辈出话圣文。

九十八、毋意、毋必、毋固、毋我

《论语》书中讲到："孔子没有的四种毛病是（子绝四）——不凭空揣测（毋意），不绝对肯定（毋必），不拘泥固执（毋固），不自以为是（毋我）。"孔子正是克服了这四种毛病，积极向学，从善如流的人。他的学生也是以孔子为榜样，来这样严格要求自己的。

说到上述四种毛病，在相当多的人身上都是不同程度存在着的。历史上因此误事或招致失败的例证不在少数。它既是我们为学的大敌，也是我们做人的大敌，更是我们欲成就一番大事业的大敌。大敌当前，当然有坚决打倒与清除的必要。因此，必须注意防止和坚决克服这四种弊端。在孔子的一生中，正是克服和杜绝了这四种不足，因此，才能终生谦虚谨慎，奋斗不止，成为后人做事为人成就一番伟业的楷模。

因凭空揣测而做错事，甚至错杀好人的，历史上还真有不少。《三国演义》第七十二回"诸葛亮智取汉中，曹阿瞒兵退斜谷"中记载，曹操害怕别人暗中谋害他，经常吩咐身边的人说："吾梦中好杀人；凡吾睡着，汝等切勿近前。"有一天，曹操大白天在军帐中睡觉，将被子弄到了地上，一位身边的卫士慌忙上前捡起来，要给曹操重新盖上。不想并未睡着的曹操，疑心别人上前行刺，于是，迅速一跃而起拔剑将其杀死，然后又上床假装睡觉。过了不长时间他装作睡醒起床，见到地上已死的卫士，故作惊奇地问："何人杀吾近侍？"众人把实情报告给他。曹操假模假样地痛哭一场，命令将其厚葬。从此，人们都以为曹操确实有梦中杀人的习惯。曹操凭空揣测滥杀无辜，正表现了封建统治者专横无情，视人命如草芥的冷酷心态。

绝对肯定、太过自信对于一般人是不足，对于统治者来说，就是致命缺陷了。明朝末年的崇祯皇帝朱由检就是这样一位亡国帝王。史书记载，朱由检是一位疑心极重又刚愎自用的封建君主。他在刚刚即位的时候，也想有一番作为，重振大明王朝的雄风。因此，果断铲除阉党魏忠贤等人，并重新启用重臣名将袁崇焕，封其为兵部尚书全权负责东北防务，还特赐尚方宝剑，授予先斩后奏之权。袁崇焕赴任后，一面加强宁远一带城防，使清军几乎没有可能再由山海关入侵；一面建议朝廷在蓟门一带增加驻军，加强防御，以防清军绕过山海关侵入关内。但是他的建议却没有引起皇帝的重视。不出袁崇焕所料，清军见山海关走不通，便采取迂回入关路线，绕过蓟门，直逼北京城下。袁崇焕获得消息，紧急率领关外将士回援。在北京城外，双方展开激战。袁崇焕身先士卒奋勇当先，身上多处中箭。劳师日久的皇太极见不能取胜，只得退走。但在撤退时，为了干掉对清军威胁最大的袁崇焕，他施了一条反间计。密令两个亲信，在靠近明朝被俘太监的地方说悄悄话，透露出所谓袁崇焕与清军早有密约，等候时机共同灭掉明朝，分享天下的"计划"。然后，皇太极又设法使听到该"计划"的太监逃回北京。太监回京后立即将袁崇焕"勾结清军谋反朝廷"的事报告皇帝。朱由检大怒，马上将袁崇焕逮捕入狱。袁崇焕的部下听到主帅被抓，纷纷痛哭，大骂朝廷昏庸不止。但忠心报国的袁崇焕，不顾个人的荣辱安危，在狱中仍写信告诫劝慰部下应忠心为国，努力杀敌。当时许多怀有正义之心的官员，也纷纷到朝廷替袁崇焕申诉冤情，极力为袁崇焕的清白做辩护。但对自视极高、刚愎自用的朱由检来说，根本不起作用。他决不会认为自己判断错误，结果很快将袁崇焕凌迟处死，也加剧了明朝的灭亡进程。灭亡前夕的朱由检居然还说自己不是亡国之君，斥骂群臣都是亡国之臣。他就没有动动他那"聪慧无比"的大脑想一想，那些亡国之臣是何人所用，忠心耿耿的袁崇焕又是被哪个昏君所杀。这是典型的因过于自信、绝对肯定自己而不听取别人意见，招致国家败亡的例证。

　　由于拘泥固执而导致失败的事例也有不少。昆剧传统剧目《十五贯》中的过于执就是这样一个人物。剧中故事，肉商尤葫芦向别人借得本金十五贯，心中高兴，喝得酩酊大醉，黉夜才回到家中。赌徒娄阿鼠贪图钱财，杀死尤葫芦，盗走那十五贯钱。负责此案侦破的无锡知县过于执，将尤葫芦的养女苏戍娟及过路店伙熊友兰抓住，因为熊友兰身上恰恰也带着十五贯钱，因此，就认为是两人通奸杀人劫财私奔。不管两人如何解释辩白，拘泥固执的过于执就是认定二人为凶手无疑，一味使用重刑，终于屈打成招，办成死罪，判决不日问斩。幸亏苏州知府况钟奉命监斩时发现疑点，马上命令暂停执行死刑。并深夜面见应天巡抚周忱，请准停刑重审。接着况钟亲自赶赴现场勘查，又化装私访，取得罪证，终于抓住真凶，平反了冤狱。因拘泥固执而制造冤案的过于执也受到了应有的处罚。

　　凡事自以为是、骄傲自大者，其中就埋藏着失败的种子。关羽败走麦城的故事，不能不引起人们深思。蜀军大将关羽智勇兼备，武功高超，与张飞同被称为"万人之敌"。但他却有一个致命弱点，太自以为是、骄傲自满。与他同时的名将没有几个能入他的法眼，对名将如此，对一般的对手就更不须一谈了。东吴大将吕蒙正是看到关羽目中无人的缺点，并充分利用了这一缺点，才因势利导偷袭荆州，取得了重大胜利。建安24年，刘备夺取汉中后，命令关羽发动襄樊战役。关羽率军猛攻襄阳和樊城，曹军形势危急。曹操一面派军驰援襄樊，一面恳请孙权出兵袭击荆州。孙权很痛快地答应了。关羽北攻襄樊时，对东吴大将吕蒙还是有所戒备的，布置了足够的兵力来保卫后方。吕蒙于是给孙权写信，佯称有病需要休养，推荐当时名不见经传却富有韬略的陆逊代替自己，以麻痹关羽。目中无人的关羽，果然中计，觉得小小陆逊不值得认真对付，于是将后方部队大部分调到前线，导致后防空虚。吕蒙抓住战机，秘密领兵白衣渡江，顺利袭取了荆州，致使勇武一生的关羽败走麦城，最后被吴军生擒，不屈而死。可见，自以为是、骄傲自大是会害死人的。关羽的教训难道不值得很好地总结记取吗?!

今天，我们虽然不可能完全像孔子那样，从根本上杜绝以上四种弊病（实际上孔子是否完全杜绝了这四种弊病也很难说），但注意记取历史的经验教训，随时检查自身，避免再犯上述类似的错误，还是可能努力做到的。

正是：*根绝四弊学圣人，警惕忧患不犯浑；*

乐闻别人低高论，从善如流虚心纯。

九十九、由也升堂矣，未入于室也

子路喜欢演奏瑟（古代的一种乐器，和琴同类）。子路每次演奏的时候，声音很大，并且充满着杀伐之声，没有中和之音，不符合儒家以"仁"为本的思想理念。作为子路的老师，孔子不便让子路停止练习奏瑟，于是孔子就说："这个子路，为何要在我这里鼓瑟呢（由之瑟，奚为于丘之门)？"其他学生听到孔子这样评价子路奏瑟，都以为这是在批评子路鼓瑟的技艺不佳，所以，都不太尊重子路（不敬子路）。孔子知道后，为了维护子路的尊严，批评之后，又对子路进行了鼓励。对弟子们说："你们不要看轻子路，他在鼓瑟这门技艺上，已经有了一定的水平，达到了登堂的境地（升堂矣），只是还不够精深，没有达到入室的水平（未入于室也）。"

"堂"是正厅，"室"是内室。孔子弟子众多，并不是每一个学生都能亲耳聆听他的教诲，优秀的能够亲炙左右，其次的则只能从院落内倾听，再远一些的则由那些能够亲炙左右的弟子代为教导。因此，由"堂"入"室"也代表了学问的不同水平，入室代表最高阶段，学问做得最好，登堂则稍次，但也有一定的水准。成语登堂入室即由此而来。

孔子的话不仅表达了对子路的关爱，同时，也为我们揭示了一条非常重要的教学和学习原则——循序渐进。知识具有一定的系统性，有其内在的层次结构，所以，学习的时候，就必须遵循学习规律，有系统有步骤地进行学习。古往今来的学问家都经历了一个刻苦钻研、长期探索的过程才做出一番业绩。若是无视秩序和规则，一味讲求速度，就会影响学习的效果。《礼记·学记》便说道："教师杂乱地施教，学生不按顺序学习，就会混乱不知所措。"因而《学记》作者要求教学者和学习者都要做到"学不躐（音，列）等""不陵节而施"，学习不能超越次第，应有条不紊地进行。宋代理学家朱熹也说："读书的方法，在于循序渐进，熟读之后进行深入思考。"读书要做到循序渐进，要由少到多，由浅入深，由易到难，由表及里，才能逐渐达到理想的境界。

王国维在《人间词话》中谈及做学问的三种境界时说："古代和今天能够成就大的事业和学问的人，一定要经过三种境界：'昨夜西风凋碧树。独上高楼，望尽天涯路。'这是第一境界。'衣带渐宽终不悔，为伊消得人憔悴。'这是第二境界。'众里寻他千百度，蓦然回首，那人却在灯火阑珊处。'这是第三境界。"意思是，在刚开始学习的时候，就像是独自登上了一座高楼，放眼望去，知识的海洋没有边际。然后，随着学习的不断深入，投入精力的不断增加，废寝忘食，潜心钻研学问，人也因此变得痴痴迷迷。然后，随着知识的增长，阅历的增加，在长期做学问的过程中，通过不断地刻苦探索和钻研，终于融会贯通，取得一定的成就。

《列子》中记载了这样一个故事，有个叫纪昌年轻人，特别佩服那些武艺高强的勇士，于是下定决心要练就一身好功夫。他听说几十里外的村子里有个叫飞卫的神箭手，所以，纪昌便不辞辛苦来到飞卫的家中拜师求艺。到了飞卫家里，纪昌恭恭敬敬地作了个揖说道："我听说老师您是一个神箭手，非常佩服您的功夫，特地来拜您为师，学习您的箭法，请老师手下我这个徒弟。"飞卫就对纪昌说："年轻人，箭法这个东西可不是一朝一夕的事情，是一件非常苦的事情，我年轻的时候，跟着我的老师学了好多年，才到了今天的地步。"纪昌拍着胸脯说："我既然下定决心学习箭法就不怕吃苦。"

飞卫点点头，把箭给了纪昌，让他射上三箭。谁知，纪昌射的箭不是高了，就是低了。飞卫见状对纪昌说："射箭，最重要的是眼力，首先要做到不眨眼，然后我再教你箭法。"纪昌回到家后，两眼盯住织布机上那飞来飞去的梭子练习眼力。多天过后，纪昌的眼神越来越集中，能够做到在很长时间内不眨眼睛，甚至当他的妻子拿着锥子试探他的时候，他也能做到神态自若。于是，纪昌迫不及待地跑到飞卫家中："老师，我练得可以了吧？"飞卫摆摆手说："还差得远呢！回去练习看东西，当你把一个很小的东西看得很大的时候，我就可以传授给你箭法！"回家后，纪昌用牦牛毛做线，把一只虱子拴在窗口上，他就坐在屋里，眼睛一眨不眨地看着那只虱子，几天过后，那只虱子在他眼中竟然有车轮那么大。于是，他再次来到老师家里向老师汇报，飞卫高兴地说："你现在可以练习射箭啦！"飞卫让纪昌射百米以外的柳枝，结果箭无虚发！

不仅仅是学习，循序渐进也是做事的一条客观规律，要想取得相当的成就，就必须遵循这一规律，先达到"升堂"，然后进到"入室"的境界。违反了此一规律，盲目冒进就必然会遭受损失。《孟子·公孙丑上》记载：宋国有个人，担心自己的禾苗长得不够快而把它们拔高，干了一天的活，非常疲倦地回到家中，对家人说："今天可把我累坏了，我帮助禾苗长高了很多。"他的儿子跑到地里一看，禾苗都枯萎了。这就是我们熟知的揠苗助长的故事。

环视现在，我们固然没有人愚蠢到拔禾苗帮其成长，但是不是就代表没有揠苗助长式的行为呢？今天的幼儿园为了取得家长的认同与支持，在学前阶段教给幼儿小学的内容，导致幼儿园"小学化"的后果非常明显即是一例。六岁之前的幼儿思维处于直观形象阶段，以游戏为主要内容，无法理解小学所学内容，也就无法更好地将所学知识学好，幼儿园于是就用"填鸭式"的方法让幼儿一遍又一遍以机械的方式来学习。这样的后果是，哪怕基础再好的学生，也会变成被人为拔高了的"禾苗"。

于"登堂"的基础上更进一步学习，发挥自身的主动性，以循序渐进的方式达到"入室"的境界。孔子的教导，对我们今天的学习和做事来讲，不可谓不具有深刻的指导意义。

正是：登堂入室讲学习，纪昌学射练武艺；
　　　循序渐进尊规律，成功只在早与迟。

一百、敏而好学，不耻下问

子贡问："为什么给孔文子'文'的谥号呢（孔文子何以谓之'文'也)？"孔子说："他聪明勤勉而又好学（敏而好学），不以向比他地位卑下的人请教为耻（不耻下问），所以给他的谥号是'文'（是以谓之'文'也)。"这是孔子对"文"的经典解释。

这里讲到的"孔文子"原是卫国大夫，名圉，死后国君给他的封号是"文"。古代君主、大臣、贵族死后都要依据他生平事迹给一个称号，这就叫"谥"，所给称号就叫谥号。关于"文"的谥号，《逸周书·谥法解》并列了经纬天地、道德博厚、学勤好问、慈惠爱民等多种品德，也就是说，凡是具有这些品德之一的都可以谥为"文"。那么，孔文子到底是因为哪一方面的品德而被谥为"文"的呢？子贡由此而发出了疑问，孔子于是回答："敏而好学，不耻下问。"其实也就是谥法中所说的"学勤好问"。可见，孔子的回答是有历史典籍依据的，不是想当然的发挥。从这里也可以看出，孔子对历史典籍的掌握与运用是多么熟悉与准确。

"敏而好学，不耻下问"的"下"，就是指地位、身份、知识不如自己的人。不耻下问一句已成成语，主张不掩盖自己的无知，不怕丢面子与降低身份，向一切人包括比自己身份地位低下的人请教学习。孔子实际上就经常这样做，在他进入太庙时，每遇不明白或不清楚、不知道的事，就虚心向别人请教。

就"敏而好学，不耻下问"这八个字来看，对一般人来说，敏而好学似乎还比较容易做到一些，而不耻下问就非常之难。因为，敏而好学不外乎是聪明而又勤奋罢了，这方面的典型历史上有很多，例如"凿壁偷光"的匡衡、"囊萤映雪"的车胤、"头悬梁、锥刺股"的苏秦，等等。而不耻下问则是要向身份、地位甚至学问不如自己的人请教，这不仅仅是个好不好学的问题，而且还牵涉到自尊心、虚荣心，亦即面子问题。人们的天性往往就是如此不可思议。如果自己地位卑下、能力低弱、孤陋寡闻，求教于地位尊贵者、能力强者、见多识广者，那似乎就没有什么问题，都会感到是天经地义、自然而然的事情，任何人不会以为是耻辱。可是一旦反过来，以"高贵""博学"的身份求教于位卑者，以能力强者求教于能力弱者，以博学者求教于寡学者，便立即感到脸上不光彩，耻于开口了。如果你是教师，或者你是一位领导者，试试看向你的学生求教，向你领导下的群众求教，是不是有些难为情，是不是有些张不开口，是不是有些不好意思呢？应当说，相当多的人在这时候是张不开口的、是很不情愿、很不好意思的。

其实，大可不必。人只有善于学习，包括向各方面不如自己的人学习，虚心求教，不耻下问，才能使自己的知识不断充实起来、丰富起来、完善起来，才能真正成为谦虚处世、博学多能的人，赢得别人和社会的尊重，并获得更大的发展空间。古人说得好，"学无止境"。自古以来，就没有一个人可以通晓天下所有的知识，要想获取更多的知识、提高自己的能力，就要具有不耻下问的态度和精神。实际上任何一个人，不管长幼尊卑，他身上总有我们可以学习的优点与长处，俗话说"尺有所短，寸有所长"，就是讲的这个道理。而且注意向所有人学习，尤其是向不如自己的人学习，学习他们的长处，正是我们获取知识、增长才干、求得进步的一条捷径。

历史上，不耻下问取得进步的事例还真有不少。例如，明代伟大的医药学家李时珍，在撰写《本草纲目》的几十年间，多次认真攻读他搜集到的 800 多种医药典籍。在研读古书时，发现众多医学家留下的医书说法并不一致，而且有的还具有较大的矛盾。他就多方深入实际，调查研究，坚持常年奔波在各地，到野外、山中，以及不惧危险爬到悬崖峭壁上采集各种药材，同时向许多有实践经验的医生、药工、樵夫、渔夫，以及当地熟悉情况的人请教学习，终于鉴别考证了历代记载的一千多种药物的详细情况，为它们重新做出了科学结论，从而把我国的医学发展到一个新的水平。明末清初的伟大思想家顾炎武，为了探究有关国计民生的学问，为了获取真实可靠的材料，于而立之年毅然踏上了载书游学的征程。沿着塞上长城，他不畏艰辛地日夜跋涉奔波着。每当走到城堡关隘处，就停下来做认真地考察，寻访当地的住户、有经验的老人、退伍的兵卒以及放牧牛羊的孩子，详细询问城堡的历史、布防、地形等情况。当人们说的与书上记载不一致时，他就亲自到实地考察，一处处地核对清楚，然后写下笔记。晚上，则在村店之中如豆的油灯下，把一天的见闻详细记录下来。在顾炎武看来，学问是没有穷尽的，一个人的生命和精力则是有限的，学习只有到真正掌握技能的时候，询问只有到彻底弄清问题真相的时候，才称得上是学有所成。李时珍、顾炎武这种"不耻下问"的态度和精神，以及所取得的辉煌成就，不能够给我们以很好的教益吗？

一个人虚心向比自己社会地位低下的人求教，绝不是一种可耻行为，而是一种美德，是一种美好的心理和习惯。李泽厚先生认为，在今天"不耻下问"仍然有用。我想岂止是有用，而是应该进一步发扬光大，是应当大力提倡的！

正是：敏而好学是本分，不耻下问学问真；
　　　顾绛时珍榜样立，我辈更应向学醇。

一百○一、因材施教

"因材施教"是指教师要从学生的实际情况、个别差异出发，有的放矢地进行有差别的教学，使每个学生都能扬长避短，获得最佳发展。虽然这个概念并不是孔子提出来的，但却是他在中国教育史上最先创造了这一教学方法。

孔子在常年教育实践的基础上，首创了"因材施教"方法，且作为教育的一个基本原则，贯彻于日常的教育工作中，并取得了显著成效。他不愧为中国历史上第一个"因材施教"的教育家。但对"因材施教"最早作出概括的是宋代理学的集大成者朱熹，在讲到子夏、子游问孝时，朱熹《四书集注》引宋儒程颐语："子游能对父母尽赡养义务，却有失恭敬（子游能养而或失于敬）；子夏能够以仁道大义直接面对父母，面部表情上却少了温和恭顺的亲情（子夏能直义而或少温润之色）。孔子正是根据他们资质的高低，以及他们做得不够的地方，而给予不同的教育（各因其材之高下与其所失而告之），所以对二人所讲的孝的内容有所不同（故不同也）。"直到清朝末年，郑观应才正式提出了"因材施教"的概念，在《盛世危言》这一名著中，他指出："别门分类；因材施教"。这既是对孔子教学方法的很好概括，也是他自己对办好教育的深刻体悟。

孔子"因材施教"方法的创新，有其客观的历史条件。他适应当时社会变革对人才的需要，首创开办私学的先例，因为来就学的学生情况复杂，所以需要有针对性的讲授。他的众多学生从年龄来看，多数是青年，也有部分是成年人，年龄差距高达四五十岁；从社会成分上来看，贫民、小生产者、商人、地主、贵族等都有；从地域来看，鲁、齐、卫、楚、蔡等各国都有；另外，个人的文化水平、道德修养、性格特征都存在极大差别。同时大家的要求也不尽一致，有的临时请教几个问题就可能不再来了，有的则会几十年始终追随左右。这种学生情况说明，进行统一的集中教学是行不通的，也无可能性。只有从每一个人的实际情况出发，根据个性特点和具体要求来进行教育，才能达到特定的教学目的。因材施教正是适应这种需要的最好方法，同时也能够达到利于人才成长的目的。

实行因材施教教学法的前提，是承认众学生之间的个性差异，并了解每个学生的特点。孔子把握学生特点最常用的方法有两种，一是通过谈话进行。有目地找学生谈话，有时个别谈，有时三四个人或五六个人集中在一起谈，方式方便灵活，而了解学生志向，就是通过这样的谈话而达到的。二是通过个别观察进行。注意从学生的言谈话语了解学生的思想情况是重要的，但也要避免光凭言谈就做出判断的片面性。因此不仅要听其言还要观其行；而且对其行也要做全面观察，不能只看一面。孔子很注意学生的所作所为，观其所走的路，察其感情倾向。这样一来就把一个人的思想感情了解透彻了。

通过具体的了解，孔子熟悉了各个学生的独特个性，并相应作出了准确评价，《论语》中有多处这样的记载。例如，"仲由果敢决断""端木赐通情达理""冉求多才多艺"，从个性品格方面对他们的优点作出评价；再如"高柴愚笨，曾参迟钝，颛孙师偏激，仲由鲁莽"，这是从性格缺点方面做的分析；另如"颛孙师有些过分，卜商有些赶不上"，"冉求平日做事退缩"，"仲由的胆量却有两个人，勇于作为"，从两个人的比较来区分学生的特点。他对学生了解得很透彻，仅用几个字就概括出了某个学生的个性特征。

在把握学生特点基础上，根据学生的具体情况，孔子进行了有针对性的教育。《论语》中比较详细记载了孔子针对不同学生的提问，对"仁"做了形式上不同的解读。比如，樊迟不知道仁的基本思想、颜回不了解仁与礼的关系、仲弓与子贡不清楚仁的基本方法、司马牛为人言多而躁、子张为人较为偏激等情况，孔子都做出了相应的回答。这些回答的角度不同，但都是围绕着"仁"的中心原则展开的。

《论语》中还有一些针对学生缺点，进行具体教育的例子。子路问老师："听到一个很好的主张，要立即去做吗？"孔子答："家里有父兄，怎么能自作主张就去做呢？"而当冉求问这个问题时，孔子却说："当然应该立即去做。"对孔子同一个问题的不同回答，公西华很不理解，就请教孔子。孔子说："冉求遇事犹豫不决畏缩不前，所以要鼓励他立即就做；子路处事轻率莽撞，所以要抑制一下使他能够审慎一些。"这个具体的生动事例，充分证明孔子能够区分学生的不同情况，有意识、有目地进行因材施教。

在孔子一生的教育实践中，利用因材施教方法，培养出了一大批有能力有水平的人才。这是很值得后人研究与学习的。具备了"因材施教"的基本条件，怎样实施呢？《论语》中孔子所采用的多种方法，可以作为借鉴。首先，对不同智力水平的学生采用不同的教育方法。其次，针对学生的个性特点进行教育。孔子认为，学生的个性特点千差万别，因此教学的方法应有所不同，教学的内容应各有侧重，不能千篇一律。最后，根据学生的年龄特征、兴趣爱好进行教育。孔门弟子年龄参差不齐，有与孔子年龄相仿的，如秦商、子路；有与孔子差一代的，如颜回、子贡；也有差别特大的，如子张、子骄。不同年龄的学生有不同的需要，应区别对待。

"因材施教"作为一种教育思想，注重在人的个性差异基础上，通过不同的教育方法，促进每个人的全面发展。这无疑是符合教育规律的，它已成为孔子留给我们的弥足珍贵的精神财富。当然，我们也应看到因材施教的局限性，即往往注重知识的传授而忽略思维上的启发。这样带来的一个遗憾就是，当学生的知识量一旦超越老师或传授者时，其自身进一步探索未知领域知识的能力就明显缺乏，从而其创新意识也就变得相对不足。但此一局限性是次要的。

苏联著名教育家苏霍姆林斯基说："没有也不可能有抽象的学生。"意思是说，学生都是活生生的有感情的具体的个人，告诉我们在教学实践中，必须从每个学生的实际出发，注重因材施教。哈佛大学教育学教授霍华德·加德纳的多元智能理论也认为，任何学生都有其优势智能领域，每一个体智能都各具特点，从这个意义上说，受教育群体是无差别可言的。有的只是不同的外部环境和所受教育的差别。可见，只有水平不高的教师，没有教不好的学生一说，还是有一定道理的。

新时代在中国教育大发展的背景下，实行"因材施教"可谓正当其时。但真正实施"因材施教"，大概也存在一些困难：首先，教师没有足够的时间让学生充分表达自己的学习需求；其次，课程资源比较薄弱，能提供学生选修的资源很有限；再次，教师难以充分了解每一个学生的情况；最后，教师的道德素养和学识水平也存在一定差距。克服这些困难是需要时间和条件的。

正是：因材施教育人才，大树参天辛苦栽；
学子茁壮园丁汗，名师高徒何言哉。

后　记

　　写完《精研细磨话经典——〈论语〉今读》的最后一首诗，终于可以写后记了。世人皆知《论语》是我国乃至世界思想史、文化史、伦理学史和教育学上的一部巨著，对中国和世界几千年来产生了巨大深远的影响。而对这部巨著的作用和意义的不同解读书籍，古代就可谓汗牛充栋。近现代以来，尤其是1980年代中期以后，随着国学热的兴起，可以说已经出版了数之不尽、各具特色的许多著作。我们之所以愿意再写这样一部书，目的是想在中国特色社会主义发展进入新时代的今天，联系当今的现实，依据我们当下的理解，尽可能准确还原《论语》书中孔子思想的本义，并融入中外历史和改革开放当代中国的鲜活事例，争取从一个比较新颖的角度，写出一部不同于其他书籍的新书来。我们认为，写这样一部书在今天不仅是必要的，也是可能的，更是很有理论意义和现实意义的。

　　书的题目之所以定名《精研细磨话经典——〈论语〉今读》，是因为现在写经典解读的书太多，个别根本就不懂《论语》的人也跟着掺和，乱说一通，将普通读者带入误区。因此有必要拨乱反正，正确准确把握理解，要下一番精研细磨的工夫，才能对得起这部人类历史上不朽的经典著作，所以定名为"精研细磨话经典"。至于副题则是基于本书主要论述的是关于《论语》一书在今天的正确解读和现实意义，与其他历史上诸多的经典著作无涉。面对《论语》这样一部永恒的经典，提醒我们还应继续进一步学习思考、涵泳体悟，不断加深对文本的理解与把握，这是没有止境的过程。今天是这样，相信在将来也会是这样。本书对儒家学派创始人孔子与《论语》概况的介绍，或是对《论语》原文内容的解读与例证的阐释，都是与《论语》直接相关的，唯独最后一篇是以"因材施教"为题，好像并不与《论语》原文直接相关，但是此一范畴虽不出自《论语》，却更深刻反映了孔子的教育思想、教学理念和教学方法，因此，写入书中我认为也是恰当的。

　　说到我对孔子和《论语》的认识，不能不联系到"文革"十年浩劫中的"批林批孔"运动（实际上在此之前相当长一段时间，由于极"左"思想的存在，对孔子与《论语》的评价，就是消极面居多）。当时全国对孔子是一片讨伐打倒之声，尚处于青少年时期的我受此影响，也就想当然地认为孔子和林彪一样，或者说林彪就是当代的孔子。因此，就形成了孔子是一个专门开历史倒车的复辟狂、是一个搞修正主义的老手、是一个十恶不赦的坏人的荒谬认识；《论语》当然更是一部充满反革命言论的"大毒草"，是不能读，也不应该读的。因此，只要跟着运动抄抄报纸胡批乱侃一通就行了。"文革"结束后，很快迎来了改革开放的新时期，我也在1978年进入山东大学哲学系读书。在学习《中国哲学史》课程时，才真正认识到孔子及其思想的卓越伟大。大学毕业后，我始终从事马克思主义原理研究和教学工作,尤其是先后为思政本科班以及函授本科班的学生,讲了近20年的《中国哲学史》课,而孔子和《论语》都是讲这门课绕不过去的最重要的知识点,因此不得不对孔子加以认真研究与剖析,这才逐渐有了我对孔子和《论语》比较深的认识与独特体会。但是当时还没有写一部关于孔子和《论语》著作的想法。

三年前退休以后,司庆奎、徐静、宋永忠等同志和过去的几位学生找到我,希望我带领他们搞一点既紧密联系实际,又带有一定学术性的儒学思想研究。于是我就提议大家合作写一部关于《论语》的书,大家都表示赞成。这样就先由司庆奎(齐河县晏北学区)和我负责起草写作大纲、拟定体例,开始前期的准备工作。然后组织大家就大纲体例等问题进行讨论。参加讨论并提出建设性意见的有:宋永忠(高密市井沟中心校)、宋玮婕(济南市舜华学校小学部)、王教明(齐河县第二实验小学)、徐静(齐鲁师范学院继续教育学院)、赵欣(齐鲁师范学院马克思主义学院)、贾文利(济宁市育才中学)、张鑫(孟子研究院)、刘少岚(高密市经济开发区中学)、朱明方(金乡县胡集中学)、李庆国(邹城市实验中学)、宋听松(江苏省沭阳县马场镇人民政府)、孙良运(江南大学马克思主义学院)、李翔(山东省委党校研究生院)。通过讨论,大家确定了各个部分的分工和有关注意事项以及交稿时间。然后,由司庆奎和我、徐静、宋永忠、宋玮婕、王教明、赵欣、贾文利、张鑫、刘少岚、朱明方、李庆国等人分头写作。其中我负责写第一至四十篇,司庆奎负责第四十一至八十篇,徐静、宋永忠、宋玮婕、王教明、赵欣、贾文利、张鑫、刘少岚、朱明方、李庆国等人负责第八十一至一百〇一篇。

经过一年多的共同努力,就有了《精研细磨话经典——〈论语〉今读》这部书。

本书分为10个单元,第一至第七篇,主要讲《论语》及孔子的概况和影响,实际上这是一个独立的部分,第八至一百〇一篇的篇题基本都是用的《论语》书中原话。其中,第八至十九篇,讲孔子关于反省和诚信的主要内容;第二十至三十二篇,讲孔子的与人交往的做法与原则;第三十三至四十四篇,讲孔子的中庸思想与为人处事的行为标准;第四十五至五十三篇,讲孔子论小人与君子的内容与区别;第五十四至六十二篇,讲孔子关于孝道和见贤思齐的内容;第六十三至六十八篇,讲孔子论仁和智都是君子必须具备的德性;第六十九至七十五篇,讲孔子的义利思想;第七十六至八十八篇,讲孔子国家治理与政治运作思想;第八十九至一百〇一篇,讲孔子的学习与教育思想。

全书10个单元内容,初稿写完后,由司庆奎和我审阅并给每位作者提出具体意见,再交由写作者本人修改。经过两个多月紧张工作,二稿完成后,司庆奎和我对全书内容进行了统一修订与完善,有些篇章做了较大修改或者重写,然后补写上每篇后面文理不太通顺的短诗,勉强也算本书的一个特色吧。

我们在起草本书大纲时,就确定面向的读者对象主要是社会大众,尤其是大量的具有初中以上文化程度的青年朋友,因此在保证学术水平较高、恰当并准确的前提下,更多地倾向于通俗易懂。每篇文章尽量都援引古今中外一两个小故事,来对《论语》所要阐发的道理加以说明,以便尽可能让更多读者熟悉和热爱《论语》,熟悉和热爱以《论语》为代表的中国古代文化典籍,熟悉和热爱祖国的优秀传统文化。当然,本书的通俗性绝对不意味着低俗、媚俗、庸俗,相反,对于目前社会上的浮躁风气和三俗的恶劣现象,在书中则多有揭露与批评。关于这一点，读者朋友们在阅读过程中可明辨之。

在通改与出版本书与的过程中，张鑫在格式调整、内容修改以及其他一些杂事上，帮助我们做了大量工作，这是必须提及的。我对学生张鑫对本书的贡献，表示感谢，并深感满意。赵欣同志对本书的出版在前期做了许多具体工作。另外，宋听松、孙良运、李翔在本书修改定稿过程中，也做出了一定贡献。

本书写作过程中参考了许多前辈专家学者的相关著述和学术成果，在此表示衷心感谢！

当然，本书是由司庆奎和我具体负责撰写的，大纲也是由司庆奎和我拟定的，最终修改定稿的也是我们两人。因此，本书如果有不妥之处，当然由我们负全部责任。

宋继和
2019 年 10 月